▶ 中国服务经济丛书

U0611465

文化创意服务业：

发展与选择

Cultural and Creative Service Industry

DEVELOPMENT AND CHOICE　　王佳元　著

山西出版传媒集团　　山西经济出版社

序　言

　　当今世界，服务业已成为经济社会发展的战略引擎，成为世界经济增长的重点所在。服务业的兴旺发达，是现代经济的重要特征，也是国家竞争优势的重要解释变量。各国工业化、信息化、城镇化、市场化、国际化的深入发展，以及产业结构（供给结构）、需求结构、要素投入结构和产业组织结构的调整升级，正在与服务业发展之间形成广泛深入的互动效应。与此同时，我国发展中不平衡、不协调、不可持续的问题仍然比较突出，加快转变发展方式的要求日趋强烈，迫切要求加快发展服务业，加快形成三次产业在更高水平上协同发展的格局。《国民经济和社会发展第十二个五年规划》提出要以科学发展为主题，以加快转变经济发展方式为主线，坚持把经济结构战略性调整作为加快转变经济发展方式的主攻方向，把推动服务业大发展作为产业结构优化升级的战略重点。推动服务业大发展，有利于顺应我国发展的新的阶段性特征，推动经济社会结构加快转型，是推进经济发展方式转变的重要突破口。

　　"十二五"时期，是我国经济社会发展的重要战略机遇期，也是推动我国服务业大发展的良机。在此期间，我国全面建设小康社会正处于关键时期，深化改革开放、加快转变经济发展方式正处于攻坚时期。错过"十二五"，就会错过推动服务业大发展的契机！

　　在"十二五"期间，加快发展服务业，有一系列有利条件，也面临着严峻制约和挑战。特别是，我国经济社会发展面临若干重大阶段性乃至"拐点性"变化，为加快发展服务业提供了特殊机遇和新的要求。一是从2011年开始，我国城市人口将超过农村人口。这意味着城市发展和城市化对服务业发展的拉动作用将明显增强，城市生产方式和生活方式对发展方式转变的带动效应将显著增强。二是我国在总体上处于从中等收入国家向中等发达国家迈进的阶段，需要时刻警惕"中等收入陷阱"。这就要求我国通过发展服务业，在鼓励创新创业和扩大就业，在解决民生问题、缓解社会矛盾、增进社会和谐方面有更大作为。三是到"十二五"末，服务业很可能同时成为三次产业中占国内生产总值比重最高、吸纳就业人数最多的产业。因此，在产业结构优化升级和现代产业体系建设中，更需要把促进服务业大发展放在突出地位，在更广领域、更深层次上推进服务业与三次产业融合发展、协同发展和互动发展。四是我国人口老龄化进一步深化，由此将会深刻影响服务业的人才和劳动力供给，并深刻影响服务业需求（结构）和重点产业选择。到"十二五"末，我国65岁及以上老人占总人口的比重很可能超过10%，60岁及以上人口很可能超过2亿人。

在此背景下，加强对服务业发展的理论和政策研究至关重要。这也是许多发达国家加快服务业发展的重要经验之一。为了从理论与实践的结合上，更好地促进我国服务业发展的理论和政策研究，山西经济出版社邀请我担任主编，推出这套山西省重点图书——"中国服务经济丛书"。本套丛书冠名"中国服务经济丛书"，主要有两个原因。一是服务经济是以服务业为主导的经济形态，代表着以现代服务业为主导的发展方式；在发展服务经济的过程中，必须以发展服务业和促进服务业与三次产业融合发展为重点。这些恰好是本套丛书关注的重点。二是无论当前是按照服务业增加值占国内生产总值的比重，还是按服务业就业占全社会就业的比重，我国都还没有进入服务业占主导地位的服务经济时代。但是，我国已有部分地区、部分行业在发展服务经济方面走在全国前列，发展服务经济同样不可错过战略机遇期。2010年，在我国36个省会城市和计划单列市中，已有16个城市服务业占国内生产总值的比重超过50%。

本丛书的作者主要来自国家发改委宏观经济研究院。基于作者们的研究专长和工作特点，考虑当前国内服务业或服务经济图书市场的状况，本套丛书将力求突出3个特点：其一，突出宏观性或战略性。本套丛书大多针对中国服务业发展的宏观性、战略性问题，尽可能进行深入分析。虽有个别书的内容偏重于微观分析，但它关注的内容也是中国服务业发展中较为重要的战略性问题，或较具成长性的领域。其二，突出前瞻性和前沿性。邀请一批主要从事服务业或服务经济理论，特别是政策研究的学者，就中国服务业和服务经济发展的前沿问题进行前瞻性分析，避免空谈，力戒无病呻吟。其三，突出现实指导性和可读性。本套丛书力求有别于主要介绍国际经验或服务业发展一般理论的图书，坚持理论联系实际的原则，针对中国服务业或服务经济发展的现实问题进行探讨，并提出建设性意见。本套丛书还力求增强文字的可读性。当然，本套丛书实际上能否体现以上3个特点，最权威的评判是读者，而不是我们作者自己。

　　本套丛书的出版，首先应该感谢山西经济出版社的慷慨支持，尤其是总编辑赵建廷编审和第一编辑室主任李慧平副编审，他们对出版本套丛书的热情支持让我们感动，他们良好的敬业精神和优秀的专业素质，为提高本书编辑质量提供了保证。赵建廷先生和李慧平女士是我多年的老朋友，我多次受益于他们的支持，这次我又荣幸地获邀担任本套丛书的主编，借此机会感谢他们和山西经济出版社对我的信任，是必须的！本套丛书出版，还要感谢各位作者所在单位，尤其是国家发改委宏观经济研究院及其产业经济与技术经济研究所、经济体制与管理研究所提供了良好的科研环境。

　　实施"十二五"规划，等于吹响了服务业火热发展的号角。近年来，我国服务业发展的实践如火如荼，对加强服务业和服务经济研究的需求日趋旺盛。但是，坦率地说，我国服务业、服务经济发展的理论和政策研究，同推动服务业大发展的需求仍有很大差距。但愿本套丛书在加强服务业、服务经济理论和政策研究方面能够真正的有所贡献！但愿本套丛书能让广大读者，真正的有所启发，则幸甚！

2011 年 12 月 17 日
于北京西城区国宏大厦

前　言

随着经济社会的发展，生产力水平不断提高，人们工作及从事家务劳动的时间逐渐减少，转而追求更高层次的物质享受和精神享受。先秦思想家墨子曾说："食必常饱，然后求美；衣必常暖，然后求丽；居必常安，然后求乐。"在现代社会物质生活条件不断改善的背景下，人们从来没有像今天这样食物追求色、香、味，衣服追求新、款、丽，住所追求阔、爽、华，心情追求喜、乐、满，而美、丽、乐、爽、谐等需求活动既是文化创意产品的最终实现，又多是文化创意思想驱使的结果。同时，由于文化创意因素不断地渗透到经济社会发展的各个层面，文化对经济发展的促进作用日益显现。在新一轮的经济增长中，文化逐渐成为重要的组成要素，参与到旅游、研发、设计、会展、游戏等诸多行业之中，涌现出了越来越多与文化相融合的新兴行业，如文化传媒业、文化展览业、文化旅游业、动漫产业、网络游戏、数字电视、艺术品交易等。文化创意与传统产业之间的相互渗透和相互融合已经成为现代产业发展的大趋势。通过发展文化创意及与文化相关的服务业，不仅能够满足人们日益增长的文化消费需求，而且能够提升传统产业的附加值，促使传统产业的"价值再定位"，从而实现传统产业的结构调整和战略升级。因此，文化创意服务业从生活和生产两个方面促进了社会文明的发展和进步。

许多专家学者称，"21世纪全球产业的转移与升级当中，一个重要的动向就是创意产业的兴起"。罗默（P.Romer）在1986年所著的《收益增长和长期增长》一文中也指出，新创意会衍生出无穷的新产品、新市场和财富创造的新机会，所以创意才是推动一国经济成长的原动力。更有学者预言：21世纪是创意经济的世纪。创意产业将成为引领世界经济腾飞的支柱产业，成为新的经济增长点。长期致力于创意产业推广与研究的联合国贸易与发展会议创意产业计划主任埃德娜·多斯桑托斯·杜伊森博格认为，创意产业是世界贸易中最有活力的部门之一。

进入新世纪以来，鉴于文化对经济结构调整和优化升级以及对繁荣群众文化生活发挥的越来越突出的重要作用，我国越来越重视文化创意服务业的发展。2009年，国务院制定出台了《文化产业振兴规划》，把文化产业提升到国家战略产业的层面上来。党的十七大报告做出了"兴起社会主义文化建设新高潮的重大部署，采取切实有效的措施激发全社会的文化创造活力，推动文化大发展大繁荣"的战略部署。在《中华人民共和国国民经济和社会发展第十二个五年（2011~2015年）规划纲要》中专门列出《传承创新，推动文化大发展大繁荣》一篇，提出要推动文化产业发展，表明了我国由重视经济发展速度向增强文化软实力方面的转变。在知识经济时代，文化创意服务业所创造的有形的经济效益与无形的文化影响力，能够开发人类的创造力，提升产业的竞争力，从而显著提高国家竞争力、提升国际形象，增强国家的软实力，因此，在世界各国都十分重视文化创意服务业的发展的大背景下，发展文化创意服务业也成为推动我国文化大发展大繁荣的重要抓手。

文化创意服务业有其独特的生产和消费过程，其中既包括精神生产和消费，也包括物质生产和消费，还受到生产条件、技术创新、交易平台和水平等因素影响，因此文化创意服务业的生产和消费过程既有与其他产业相近或相同的共性，也有区别于其他产业的特殊性。笔者通过对国内外文化创意服务业发展历史的梳理，从文化创意服务业概念的科学内涵和文化创意服务业产业链的构成入手，依托产业融合理论、现代产业集群理论、创意经济理论，借鉴了国内外文化创意服务业发展路径和经验，总结其成功的发展模式，系统地分析了我国文化创意服务业的发展现状、特点、存在问题和发展前景，重点阐述了基于价值链条的文化创意产品从创作、制作、传播及衍生等各个环节的基本特征和发展机理，探讨、揭示了凝结一定知识产权并传递象征性意义的文化创意产品的生产、制作、传播、扩散等规律，对文化创意服务业的重点行业发展以及文化创意集聚区建设等问题进行了研究，集中探讨了我国文化创意服务业发展面临的外部环境，构建了我国多行业、多层级文化创意服务业发展战略框架，对促进我国文化创意服务业发展提出了一系列具有建设性、实用性和可操作性的政策建议，为准确把握文化创意服务业的发展规律提供参考。笔者还尝试探讨了文化创意服务业产业链的构成，明确了拓展产业链条，培育优势行业，攀升价值链高端环节，推动我国由文化资源大国向文化创意强国转变等发展思路。

本书是笔者多年来从事文化创意服务业研究工作的理论思考和实践总结，视角多元、内容丰富，对文化创意服务业理论研究和实践工作具有一定的参考意义。

目　录

第二编 专题编

第三编 实践编

第一编　总论编

文化创意服务业作为 21 世纪的新兴产业、朝阳产业在各国的经济发展中占有越来越重要的地位，在全世界范围内不断显示出越来越大的发展潜力和活力。而我国文化创意服务业起步较晚，文化创意服务业对国民经济的贡献和影响远远低于发达国家，既未充分发挥其强大的产业引领、带动作用，也难以满足人民群众日益增长的文化需求。推进文化创意服务业的发展必须充分认识文化创意服务业的特性，正确认识文化创意服务业的性质和基本特征，深入探讨产业链的构成及其各环节特定的运行机理和科学内涵，对于促进我国文化体制改革，推动文化创意服务业健康、有序、可持续发展，具有重要的学术价值和实践价值。

第一章　文化创意服务业：边界与视角

文化创意服务业的兴起和发展是当代经济、文化、科技、政治融合发展在产业层面的具体表现。它以独特的产业形态和运行模式与其他相关产业发生广泛而复杂的联系，对全世界、国家及城市的经济和社会发展的影响越来越深刻。那么，何为文化创意服务业呢？

一、文化产业概念的产生

要阐述文化创意服务业的内涵，必须从文化产业这一概念开始。文化产品的生产自古有之，但是在人类历史漫长的发展进程中，文化生产长期处于自然经济生产状态，文化产品的供给与服务也是以自给自足、自娱自乐为主要目的。文化之成为产业，首先是由于文化生产方式的变化，即由传统的那种分散的、个体的、手工作坊式的创作转化为依照大规模生产的模式加以组织并遵循惯例性的程式和规则的商品生产。

　　"文化产业"这一提法首先出自西方法兰克福学派，距今仅有半个多世纪的历史。学术界一般认为是法兰克福社会学派的阿多诺（Adorno）和霍克海默（Hockheimer）于1947年在阿姆斯特丹出版的《启蒙辩证法》中初次提出文化产业（culture industry）以代替"大众文化"一词。文化产业的快速发展及其在国民经济中地位的提高，促使各国政府结合本国实际，对文化产业进行界定。托斯（Towse）认为："文化产业也叫做'创意产业'，是批量生产具有丰富创意和文化内容的产品和服务的行业，其重要特征是规模的工业生产和文化内容的结合。经济与文化研究的前沿人物施罗斯比（Throsby）在其所著的《经济学与文化》一书中把文化产业定义为：是以"创造"为核心并与其他各种投入相结合而组成各类文化产品的经济集合。施罗斯比认为文化产业包括三个方面：在生产中融入某种形式的创意；与象征意义的产生或传播有关；它们的产出至少潜在地包含某种形式的智力财富。"虽然大家对文化产业所包含的主要内容基本达成一致，但是截至目前，文化产业的概念尚未得到十分严格和统一的界定，甚至没有形成统一的称谓，各国政府和学者也都认同这一概念具有多重含义，并在不同的历史和文化背景与不同的意义上理解和使用着这一概念。如在英国、新西兰、新加坡等国称之为"创意产业"，在韩国称之为"文化内容产业"；美国将其定名为"版权产业"；日本把文化产业统称为"娱乐观光业"；西班牙将其定名为"文化休闲产业"等。凯夫斯（Caves）认为，"创意产业是提供宽泛地与文化的、艺术的或仅仅是娱乐的价值相联系的产品和服务的产业，它们包括书刊出版、视觉艺术（绘画与雕刻）、表演艺术（戏剧、歌剧、音乐会、舞蹈）、录音制品、电影电视，甚至时尚和玩具"[①]。"创意产业"是从创造者、策划者、设计者出发的概念，它强调创意者的个人创造力；"内容产业"则是从产品自身的内容出发考虑的概念，是知识经济浪潮中以网络高新技术、互联网与数字化为基础产生的概念，它关注当代数字类产品的文化内容；"版权产业"是从知识内容、市场权益出发做出的分类概念，它高度关注知识产权的归属，与美国这个版权大国的国家利益有着密切的关联。目前，联合国教科文组织对文化产业的定义是：文化产业是按照工业标准，生产、再生产、存储以及分配文化产品和服务的一系列活动，文

---

① 参见金元浦：《文化创意产业相关概念研究》，中国文化产业网 http://www.cnci.gov.

化产业包括影视、音像、摄影、广告、信息咨询、大众传播媒介、流行音乐、平面设计等诸多行业。

二、我国对文化产业的定义

20世纪80年代，文化产业概念从日本传入我国，从1992年到2002年的10年里，是我国文化产业初步发展期。1992年国务院办公厅综合司编著的《重大战略决策———加快发展第三产业》一书，明确使用"文化产业"一词，这是政府主管部门第一次使用"文化产业"概念。20世纪90年代以来，我国专家、学者的研究和探索丰富了文化产业理论，提高了人们对文化产业的认识，其中从宏观角度介绍了我国文化产业的兴起、特征和类型及对策建议的著作、文章比较多，并已开始对文化产业特点进行了探讨，取得了一定的共识，也为政府制定相关政策提供了参考。

2000年10月，《中共中央关于制定国民经济和社会发展第十个五年计划的建议》中，第一次在中央正式文件使用了"文化产业"这一概念，提出了完善文化产业政策，加强文化市场建设和管理，推动有关文化产业发展的任务和要求。2004年，国家统计局为规范文化及相关产业统计工作，出台了《文化及相关产业分类》标准，将文化产业定义为：为社会公众提供文化、娱乐产品和服务的活动以及与这些活动有关联的活动的集合；其特征是以产业为手段来发展文化事业，以文化为资源来进行生产，向社会提供文化产品和服务，目的是满足人民群众日益增长的精神文化生活需求。文化产业包括：提供实物型文化产品和娱乐产品的活动，如书报出版、制作、发行等；文化服务和休闲娱乐服务，如广播电视、电影、文艺表演等；文化管理和研究，如文物和文化遗产保护、图书馆、文化社会团体活动等；提供文化娱乐产品和服务所必需的设备、材料的生产经营，如文具、印刷设备、广播电视设备、电影设备的生产经营等；与文化、娱乐相关的其他活动，如工艺美术、设计等。根据《文化及相关产业指标体系框架》的界定，以新闻出版、广播影视、文化艺术为主的行业为文化产业核心层，以网络、旅游、休闲娱乐、经纪代理、广告会展等为主的新兴文化服务业为文化产业外围层，以文化用品、设备及相关文化产品生产和销售为主的行业为文化产业相关层。文化产业具体涵盖演出业、影视业、音像业、文化娱乐业、文化旅游业、网络文化业、图书报刊业、文物和艺术品业以及艺术培训业等行业门类。最近几年，文化产业由宏观逐步走向中观，由概念逐步转向内容，其标志就是文化创意产业概念逐步取代了传统的文化产业概念，并在全国各个城市取得了实践性成果。

三、文化创意产业的提出

文化创意产业是文化产业发展到一个新阶段后的提法，不再简单地囿于过去的传统文化产业，它是适应新的产业形态而出现的创新概念，是对新形态的概括、总结和发展。适应于文化创意产品的需求，科技进步不仅改变着文化创意服务业的生产方式和传播方式，而且带来了文化创意产品形式的不断更新和丰富。随着新技术的发展，文化产业发生了巨大变化：汉字激光照排系统彻底改变了传统的出版业，计算机、物联网、数字技术和现代通讯技术造就了动漫产业和网络游戏产业、移动通信（短信、彩信、数据传输、手机电视等）产业、软件产业等。高科技和文化创意不仅成为拉动现代文化产业发展的动力，也成为改造其他产业发展的动力，成为一个国家、地区、行业和企业竞争力和重要标志之一。在这种背景下，专家、学者们提出了"创意产业"和"文化创意产业"。

1998 年，英国最早提出创意产业概念，英国创意产业特别工作组在《英国创意产业路径文件》中首次对创意产业进行了定义，将创意产业界定为"源自个人创意、技巧及才华，通过知识产权的开发和运用，具有创造财富和就业潜力的行业"。这一概念影响了欧洲、美洲、亚洲等许多有意发展创意产业的国家，在短短几年内迅速地被全球接受，各国根据自身习惯将其略作调整后应用。依据 David Thirsby 的说法，创意产业具有三大特色：第一，创意产业活动会在生产过程中运用某种形式的"创意"；第二，创意产业活动被视为与象征意义的产生与沟通有关；第三，创意产业的产品至少有可能是某种形式的"智能财产权"。2002 年，我国台湾借鉴英国创意产业的概念及发展经验，提出发展文化创意产业，并将其定义为"源自于创意或文化累积，透过智慧财产的形式与运用，具有创造财富与就业机会潜力，并促进整体生活提升之行业"。

英国提出的创意产业包括 13 个产业：广告、建筑、艺术及古董市场、工艺、设计、流行设计与时尚、电影与录像带、休闲软件游戏、音乐、表演艺术、出版、软件与计算机服务业、电视与广播。这 13 类创意产业部类主要涵盖了新生的产业类别，如动漫、游戏、数字艺术、甚至软件设计、手机增值文化产品，也包括虽然仍然采用数字技术的电影、电视、服装设计。台湾文化创意产业也包括与英国文化创意产业相类似的 13 个产业：视觉艺术产业、音乐与表演艺术产业、文化展演设施产业、工艺产业、电影产业、广播电视产业、出版产业、广告产业、设计产业、数字休闲娱乐产业、设计品牌时尚产业、创意生活产业、建筑设计产业。

文化创意产业作为 20 世纪 90 年代发达国家提出的一个新概念，不同国家和城市的提法不尽相同，如前文所述，有的称之为"创造性产业"、"创意产业"、"文化创意产业"等。普遍认为文化创意产业是一种在经济全球化背景下产生的以创造力为核心的新兴产业，源自于创意或文化累积，透过智慧财产的形式与运用，具有创造财富与就业机会潜力，强调一种主体文化或文化因素依靠个人（团队）通过技术、创意和产业化的方式开发、营销知识产权的行业。被业内人士称为"创意产业之父"的约翰·霍金斯在《创意经济》（The Creative Economy）一书中，把创意产业界定为其产品都在知识产权法的保护范围内的经济部门。知识产权有四大类：专利、版权、商标和设计①。

每一类都有自己的法律实体和管理机构，每一类都产生于保护不同种类的创造性产品的愿望。每种法律的保护力量都粗略地与上述所列顺序相对应。霍金斯认为，知识产权法的每一形式都有庞大的工业与之相应，加在一起"这四种工业就组成了创造性产业和创造性经济"（Howkins，2001，xiii）。在这个定义上，创意产业组成了资本主义经济中非常庞大的部门。有版权的产品（包括书籍、电影、音乐等）带来的出口收入超过了像汽车、服装等制造业。正如霍金斯所说，"拥有主意的人开始变得比使用机器的人能量更大，在很多情况下，甚至胜于那些拥有机器的人。"美国学者迈克·波特认为，基于文化的优势是最持久的发展优势，文化创意产业也成为国家创新体系最基本的发展优势与创新基础。目前，文化创意产品已成为很多西方国家的最重要出口产品，2007 年美国的视听产品出口仅次于航空业和食品业。目前，英国文化创意产业是仅次于金融服务业的第二大产业；日本文化产业对经济增长的贡献已经超过汽车产业，成为日本第三大产业，占其 GDP 的 14%；韩国自从 1998 年确立"文化立国"国家战略以来，文化产业发展异常迅猛，其文化内容产业在销售额、资产总额、净利润、市值等项目的综合排名中已位居世界第 9 位。

在世界各国加快发展文化创意产业的同时，我国中共中央办公厅、国务院办公厅印发的《国家"十一五"时期文化发展规划纲要》也对文化创意产业的形态和业态进行了界定，明确提出国家发展文化创意产业的主要任务，标志着国家已经将文

---

① 金元浦：《当代文化创意产业的勃兴》，2004 年中国创意产业发展论坛，2004 年 12 月 23 日。

化创意产业作为文化创新的重要载体进行整体布局，我国文化产业发展进入了新阶段。与此同时，全国各大城市也都推出相关政策支持和推动文化创意产业，一些城市实现了从发展工业——发展现代服务业——提升发展文化创意产业的"三级跳"，特别是上海市、北京市、杭州市、深圳市、广州市等一些大型和特大型城市，更是把文化产业或文化创意产业作为城市的支柱产业予以扶持，以加快其发展速度。

四、本书对文化创意服务业的界定及内涵

近年来，文化创意产业逐渐成为政府部门、各机构组织以及专家学者研究和关注的焦点，在对文化创意产业的研究中采用了各种各样的定义，但对其概念一直没能形成统一的认识，对其理论探讨也很少，这直接导致了计量、比较和与文化创意产业同步的经济研究方面的困难。在生产领域和研究领域内，尽管不同的行业、企业和专家对于文化创意产业应该更侧重"文化"还是更侧重"创意"都有着自己的偏好和利益诉求，且每种定义所包含的产业部门不尽相同，但是业内人士已经基本达成共识：虽然"文化创意产业"、"文化产业"、"创意产业"、"内容产业"、"版权产业"、"体验产业"、甚至是"眼球经济"、"注意力经济"等内涵界定角度不同，但是外延却极其相似，在宽泛的经济学研究中，普遍被专家学者们视为同一概念。他们认为从事这一行业的主体主要是从事广播影视、动漫、音像、传媒、视觉艺术、表演艺术、工艺设计、雕塑、环境艺术、广告装潢、服装设计、软件和计算机服务等方面的文化创意群体。而且，随着信息技术领域的不断革新，更加增强了文化创意产业的供给能力和扩展能力，极大地丰富了其内涵。因为笔者将文化创意产业的本质看做是知识密集型服务业，且有些文化创意产品并不是以产业生产的方式来提供的，而是由政府购买的公共服务或无偿服务，因此，笔者认为从价值链的角度，考虑我国文化创意产业自身的发展背景和语境，即目前在我国的某些特定场合、特定条件下，文化创意产品是由政府无偿提供或购买的，属于非经营性服务业，这部分目前在我国还占有相当大的比重，在进一步深化改革、创新体制机制后，将具有较大的市场化潜力，由非经营性服务业转化为文化创意产业，这也是一个巨大的市场，将会涌现出较多的文化创意产业企业，故将提供文化创意产品的行业称之为文化创意服务业更为确切。

综合以上的历史渊源及想法，本书中的文化创意服务业是指：以文化为依托，以创作、创造、创新为核心，以高科技技术手段为支撑，以满足人们精神文化娱乐

需求为主要目的，以知识产权的实现、交换或消费为交易特征，推动文化艺术与产业全面结合的、解放和发展文化生产力、为社会公众提供文化体验的具有内在联系的产业集群。本书中的文化创意服务业是个相对宽泛的概念，涵盖了文化创意产业、创意产业和文化事业等诸多内容，由于受全国和各地统计口径的限制，在数据应用上与文化产业、文化创意产业等不做细致区分。尽管依靠作者一己之力难以对文化创意服务业进行统计上的严密界定，但是在界定清楚基本概念的情况下，根据其内涵及参考《北京市文化创意产业分类标准》，本书所指的文化创意服务业主要包括：文化创意产品制作和销售活动、文化创意传播服务、文化休闲娱乐服务、文化创意设备生产和销售活动及其他相关文化创意产品制作和销售活动。具体包括以下九大类：文化艺术，新闻出版，广播、电影、电视，软件、网络及计算机服务，广告会展，艺术品交易，设计服务，旅游、休闲娱乐，其他辅助文化创意生产和服务等。

五、本书的观察视角

当前国内关于我国文化产业、创意产业和文化创意产业的理论研究已有一定的基础，一批全国性及各地区相关的文化产业发展的蓝皮书陆续出版，一批西方文化创意产业的报告和著作相继发表，一批文化创意产业的案例研究也已发布，研究成果是非常丰硕的。但是与飞速发展的文化创意服务业现实相比仍很不相称。特别是国内对文化创意服务业总体发展战略的研究还很不够，对国外文化创意服务业发展的理论基础、政策制定、发展模式、产业布局、人才战略的研究还有待加深。对美国、英国及欧盟其他国家、日本、韩国、澳大利亚文化创意产业的各自特色与取向还缺乏深入细致的探讨。因此，我国文化创意服务业的发展仍然需要一个更加富有开拓性的理论先导，需要与全世界文化创意产业专家共同探讨它的发展、危机和困境，共同寻找未来发展的道路。

本书在明晰文化创意服务业的性质、特点，理清产业型和公益型（经营性和非经营性）文化创意服务业的界限的基础上，以所确定的文化创意服务业所涵盖的行业为范围，从文化创意产品的基本特点入手，探讨文化创意内容创作、文化创意产品制作、文化创意产品传播、文化创意产品衍生等产业链各环节的基本特征，进而揭示文化创意产品生产消费过程的综合特征，搭建基于产业链视角的文化创意服务业分析框架，明确圈定核心的文化创意行业，并通过作者这些年对相关领域的调查研究，详细地以专题报告、调研报告、案例分析、专栏等形式对这些文化创意服务业行业予以分析破解，为我国加快发展文化创意服务业提供制定政策的依据，从而使得文化创意服务业的产业概念、逻辑和实证基础更加明确和坚实，并能够为应用部门提供具有可操作性的建议。

第二章　文化创意服务业：性质与特征

文化创意产品的特点决定了文化创意服务业有其独特的生产、传播和消费过程，其中既包括精神生产，也包括物质生产，并受到当时生产条件、技术水平等影响，呈现出独具特色的行业发展特性，既有与其他产业相近或相同的共性，也有区别于其他产业的特殊性。

一、文化创意产品的特点

文化创意产品是指文化创意服务业所产出的任何制品、制品的综合及服务。文化创意产品是人类社会劳动的一种物化凝结，是人类脑力劳动与体力劳动的共同结晶，是产品的生产者和创造者通过活劳动和创造性活动所体现出的特殊生产力要素的转化。[1]文化创意产品作为商品，具有价值和使用价值，能满足人们的精神需要，并在交换、使用中，实现其价值属性。"艺术作为产品是一种重要的经济动产，像所有的商品一样，受制于供需法则、分配、交易、使用和投资法则。"[2]文化创意产品与其他商品相比具有自身的鲜明的特点，具有一定的审美价值，能满足人们的精神表达和心灵沟通需要，并且能在市场中流通，通过交换实现其艺术价值，具有经济效益和社会效益双重属性。与其他产品相比，文化创意服务业生产出来的产品具有以下特征：

（一）文化创意产品兼具精神产品和物质产品的特征

有别于其他物质生产部门，文化创意服务业所经营或提供的产品主要是为了满足人们的文化、娱乐等精神需要，作为服务产品（包括实物性产品及服务）具有二重性，即同时兼有物质产品和精神产品的属性。作为精神产品属性的体现，文化创

---

① 李冬、陈红兵：《文化产业的基本特征及发展动力》，东北大学学报（社会科学版），2005 年第 3 期。
② 徐浩然、雷琛烨：《文化产业管理》，北京，社会科学文献出版社，2006。

意产品的生产和传播必须充分考虑精神产品生产和消费的特殊性，具有满足人们文化、艺术、精神、娱性、心理需求的特质，文化创意产品具有传达社会意义的"符号"作用。文化创意服务业生产的文化创意产品的使用价值是以其文化内涵中的精神属性或精神要素满足消费者的需求，有艺术、文化、信息、休闲、娱乐等精神心理性服务活动的内容，如听新闻、看电影电视、欣赏音乐、演唱、绘画和摄影、读小说、休闲娱乐等。消费者消费的是文化创意产品和文化服务中可以感觉却不可触摸的精神要素，接受和感受到的是各种无形的文化思想和文化形象的内涵，精神上得到满足、享受、愉悦或洗礼、升华或身心的娱乐，这就是文化创意服务业的产品用它的精神属性实现认识、教育、审美、娱乐等功能的表现，文化产品的精神性是不同于非文化创意服务业的物质生产部门生产的物质产品的物质属性的一个重要的本质特征①。

作为物质产品，文化创意产品必须遵循物质产品生产、交换、消费的一般规律，即价值规律，要满足不同层次受众的要求，同时文化创意产品的生产活动还要接受市场的调节，一些文化创意产品只有在大量的和快速的流通中才能最大限度地实现价值的增值，供求机制、价格机制和竞争机制都影响着文化创意产品的生产方向、生产效率、文化创意产品生产者的行为和流通渠道、消费方式的选择。而且文化创意产品的价格主要由两部分组成：一部分是硬件载体的制作成本，另一部分是其中蕴含的文化创意内容的精神与情感价值。

（二）文化创意产品具有一定的意识形态属性

文化创意产品作为精神产品，作为一定意识形态的物质或服务载体，其文化艺术创作生产的独特方式、实现精神功能的陶冶人、感染人方式等与哲学、历史、伦理、宗教、法律等观念形态的上层建筑有着千丝万缕的联系，并与政治生活密切相关，在传播过程中必然承载着和扩散着文化主体的意识、倾向和价值观。世界范围内的文化创意产品流动正在震撼着处于不同时空状态、不同文化传统的价值观和意识形态。作为一种精神形态，它肩负着重大的历史使命与责任。如广播影视设备、印刷出版器具、电子网络以及演出服装道具、剧场等文化载体都必须与具有意识形态的各种文化结合，才能形成文化创意的生产能力，生产出具有相应意识形态属性的文化创意产品。因此文化创意产品不可避免地会打上创作者的主观印记，体现创

① 杨绪忠、张玉玲、刘冶：《文化产业的基本特征》，载《市场研究》，2005 年第 7 期。

作者在社会生活中形成的观念，文化创意产品通过其生产过程及生产方式表现它和某种意识形态的统一性。也正是因为如此，才会有许多国家争当文化输出国。

（三）文化创意产品具有需求和评价的不确定性

随着人们生活水平的提高，对文化创意产品的需求在总体上呈上升趋势，这是文化创意服务业发展的根本动力。但是对于每一个具体的文化产业产品，如电影、电视剧、广告片、MTV、动漫、网络游戏来说，这种需求又具有很大的不确定性。每一个文化创意产品对于消费者需求来说，存在着时尚潮流、个体嗜好、传播炒作、时机选择、社会环境、文化差异、地域特色等多种不确定因素，因而对同一文化创意产品大家的评价却未必相同，这也大大增加了文化创意产品转变为文化创意商品的"惊险的一跃"的风险。这些特点也决定了不同种类的文化创意产品的生产、流通、消费规模存在很大的差异性。使得文化创意产品生产消费全过程越来越多地以知识创新与高新科技为支持体系，具有高收益、高回报和高增长潜力的特性。

（四）文化创意产品多具有无形性

文化创意产品包括两大类，一类是服务产品，如表演艺术（音乐、舞蹈）、语言艺术（文学）和综合艺术（戏剧、影视）行业以及图书馆、博物馆、展览馆、广播、电视、电台提供的表演性演出服务、阅读展览服务、游艺娱乐服务和广播电视服务，服务产品多是无形的，且具有一定的公共品特征；另一类是实物产品，如造型艺术（绘画、雕塑等）行业、出版和新闻业生产的美术品、工艺制品、书籍、报刊、音像制品和电脑光盘等都是有形的。文化创意产品多以无形的文化创意和数字内容替代传统的物质资源，在生产过程中，其产品消耗的物质资源较少，具有资源消耗少、产生的就业机会多等特点，特别适合高智力人才的就业和创业。

（五）文化创意产品是不断推陈出新的

文化创意产品不是单一生产条件下生产出的简单产品，而是以高科技技术手段为支撑，以网络等新的现代传播方式为主导的复合型产品，既包含内容上的创新，也包含技术上的创新。

内容创新是一个可以和技术创新并列存在的一种创新形式，它不但可以对文化创意服务业中的文化内容产业本身（艺术创意），也会对ICT等高技术产业（数字技术创意）以及制造业（工业设计创意）产生广泛而深刻的影响。冯子标等著的《大趋势：文化产业解构传统产业》一书也表达了类似的想法。文化创意产品的开发、生产遵循时尚化、浪潮化的运行方式，新颖性、短时性和强烈的空间（视觉）特征空前凸显。现代文化创意产品，如绘画艺术、电影、互动休闲软件、音乐、表演艺术、出版、软件、电视广播、游戏与网络以及动漫、DV、FLASH、短信、手机电视、彩信视频等无不强烈地依托新的创意、新的设计和新的工艺，因而其风格、基调、艺术特色更多地具有多样性与差异性。早在1986年，著名经济学家罗默（P.Romer）就曾撰文指出，新创意会衍生出无穷的新产品、新市场和财富创造的新机会。今天的现代科学技术已越来越广泛地渗透到文化创意领域，文化创意产品(包括实物产品和服务，下同）的科技含量也越来越高，崭新的、具有创意的、高科技的文化创意及娱乐方式不断涌现，利用文化资源的方式也发生了空前的变化。在产品生产过程所要消耗的各种生产要素中，文化创意产品对技术、知识的依赖度越来越高，随着网络化、数字化技术的应用，为文化创意服务业带来的不仅是技术上的革命，更是思想观念上的革新。正是各种技术的相互交叉、相互渗透打造了具有高度技术性和兼容性的文化创意产品。同时，高新技术也极大地改变了消费者获得和拥有文化产品的方式。

（六）文化创意产品可能具有持久性与营利的长期性

文化创意产品价值的形成和实现是在文化创意产品的不断运动中完成的，即在文化创意产品的创作、制作阶段形成，在文化创意产品的流通和消费过程中实现。文化创意产品经过消费，虽然它的物质载体会被损耗，但它的文化价值可能不会被磨损，它的物质载体可以被无数次重复生产。因此，文化创意产品的价值不同于一般商品的价值，它是在文化创意产品的流通、使用及增值、转移的循环过程中反复实现的，如唱片的复制、发行；电视剧的反复播放等。文化创意产品创造的是无形资本，积累的是品牌效应。在人们的初级的、低层次的、偏于物质层次的需求得到充分满足之后，高级的、更高层次的、精神的、心理的需求就会凸显出来，随着经济的发展，文化创意产品的需求空间是越来越广阔的。

二、文化创意服务业的主要特征

（一）文化创意服务业的基核是创意创新

文化创意服务业是知识经济时代的产物，文化创意产品要在设计中着力塑造个性形象，突出个性化的特点，使其在受众脑海中留下深刻的印象，因此，特别强调人的创造力、技能、天赋在文化艺术和其他知识产品、智能产品生产中的运用，文化创意服务业发展的关键是人的创新、创意等创造力的再发展。因此，文化创意服务业与其他产业最大的区别就在于通过创意，为实物产品或服务产品提供实用价值之外的文化附加值，最终提升产品的经济价值和社会价值。在这个发展过程中，融入创新、创意的元素，从而形成文化创意服务业的特色。创意创新可以是完全创新的发明、发现、构想，也可以是对已有成果进行部分改进的创新，还可以是对已有知识成果和科学原理在实际应用方面的创新。

文化创意服务业的创意创新性实质是一个差别化设计策略的体现。个性化的内容和独创性的表现形式的和谐统一，可以彰显出文化创意产品的个性与设计的独创性。创意创新主要来源于创意者的灵感、想象、知识、技术和经验。一般情况下，文化创意产品、文化创意商品和文化创意产业并不是文化创意本身。创意是创意产品、创意商品和创意产业的源泉，创意产品、创意商品和创意产业是创意在社会经济活动中的表现。从创意创新到文化创意服务业通常要经过一条漫长的路，包括从创意构思到创意产品制作，从创意商品开发到规模化市场经营，从少数创意人员的创造性工作到众多经营性企业的生产和营销活动，再到无数消费者对文化创意产品的消费。文化创意服务业的附加值主要体现在由思想、知识、文化、技能和创造力等构成的创新创意这个核心上面，从而衍生出无穷的新产品、新服务、新市场、新就业机会、新社会财富。

专栏 2-1：文化创意服务业的创新性和原创性

创意创新是文化创意服务业的灵魂，是文化创意服务业发展的制胜之源。一个绝妙的创意理念，会激发出其他表现形式的再创造热情，使文化创意作品锦上添花。如果没有出色的创意为资源，难以引起受众的兴趣，加深受众的印象和记忆，强化受众的意念和消费欲望，因此必须强调创造性，要提倡创造，产生创意，做到创新。

原创性的创意是针对从没有表现过的新意图、新组合、新概念，具有最大强度的心理突破效果。优秀的创意创新不仅能正确地传达理念，那种奇思妙想、别开生面、独出一格、超越常规的新奇感受及独特魅力，更能激发受众的注意和兴趣，震撼人们的心灵，带给人们种种联想，更好地完成信息、思想传递的任务。

（二）文化创意服务业是对文化资源的综合开发、利用和提升

文化资源是一种特殊的资源，包括历史资源、民俗资源、知识资源、信息资源

等，它是动态的、非独占的、可再生的资源。因此在文化创意服务业投入中，有的以无形的智力投入为主，有的以有形的资本或劳动投入为主。文化产品的生产实质是文化资源不断转化为文化实物产品或文化服务产品的价值实现过程。[1]文化创意源于文化并高于文化，是对文化资源的一种创造性开发和利用，是对文化对于经济社会渗透力、影响力的一种拓展和挖掘。没有文化就没有创意，也就没有文化创意产品，更谈不上文化创意服务业。通过发展文化创意服务业，传统文化内涵借助文化创意产品得以在现代获得时间和空间上的延伸，人们可以比较真实地感受到传统文化中的价值观念、生活方式、风俗习惯、语言表达方式以及思维方式等丰富元素。因此，文化创意服务业资源开发的主体以及创意创新的产生都立足于文化基础，与文化的融合是该产业发展的必然要求，能否体现文化内涵成为文化创意服务业在市场竞争中的关键。文化创意服务业有了文化做基础，就有了灵气，有了更强的竞争力。文化创意服务业的发展注重参与性与互动性，很多文化创意产品的特点以体验为主，参与者通过亲自体验从而对文化的体会也更加透彻，文化影响的感染力也因此愈来愈强。成功的创意需要植根于文化内涵之中，创意的产生需要有一定的人文环境做支撑，创意者深厚的文化修养是创意成功必备的条件。从我国已经成功实施的创意案例来看，创意灵感无不来自于中国五千年的历史文化积淀。在产业发展实践中，由于文化因素融入文化创意服务业的发展，为其带来了新的活力，开辟了新的生长点，并成为该产业区别于其他产业的关键特征，文化因素由此成为创意产业发展的制胜要素。

（三）文化创意服务业的支撑是科学技术和高素质复合型人才

文化创意服务业是信息时代的产物，离不开现代高科技的支撑。现代科技在文化创意领域的普及、应用，带来了文化科技革命和文化工业革命。依托数字化技术、网络化技术和信息化技术对文化产品从内容创作、制作、发行和销售及其衍生品整

---

[1] 吕庆华：《近20年中国文化资源的产业开发理论研究述评》，重庆工商大学学报（西部论坛），2005年第5期。文化资源按不同的标准可以形成不同的分类体系，例如，物质文化资源与精神文化资源，原生态文化资源与活态文化资源，宗教文化资源与非宗教文化资源，显性文化资源与隐性文化资源，农村文化资源与城市文化资源，等等。从可持续发展的角度，整个人类社会的文化资源可划分为可再生文化资源和不可再生文化资源；从统计评价的角度，文化资源可以分为可度量文化资源和不可度量文化资源。吕庆华认为，文化资源是人类劳动创造的物质成果及其转化，按历史性可以分为文化历史资源和文化现实资源两大类。

个产业链进行改造和创新，给文化创意服务业带来革命性的影响，直接催生了广播影视音像工业直至多媒体工业等一批新兴文化工业，生产技术的进步改变了原有文化产品生产方式，提高了文化产品的供给能力，使文化工厂取代了传统的文化作坊，文化工业取代了传统的文化手工业，同时也革新了旧的文化形态，创造了崭新的现代文化新生态。传统的电视广播、视觉艺术产业等文化产品与现代传媒技术相结合，呈现智能化、特色化、个性化、艺术化的特征，表现为思想性与知识的技术性的有机融合。如与传统电视台相比，网络电视台具有极大的自由空间，听众可以自由选择收听的时间和节目，而且可以顺便经由网页中的超链接来选择网页提供的资讯。

不仅文化创意产品的生产和传播必须依托高科技，而且文化创意服务业一些门类特别是信息服务业本身就与高新技术产业密不可分。进入 20 世纪 90 年代，新经济的兴起和信息技术产业部门的繁荣给文化创意服务业的发展注入了新的活力，文化创意服务业已经不再是艺术或媒体本身，而是与数字技术密切结合在一起。新经济技术和组织优势改变了产业与消费者和公众之间的关系，文化创意消费逐步摆脱了原来媒体的生产模式和现场消费模式，互动、网络成为文化创意服务业发展的关键。同时，与传统的艺术产业相比，由于科技进步，文化创意服务业的商业化模式也发生了重大变化。目前，文化创意服务业应用的技术正向数字化、知识化、可视化、柔性化方向发展，高新科技在文化产品生产领域——从内容到形式、从生产方式到传播方式已经得到广泛应用，必将极大地促进文化创意产品生产的发展和创新。

文化创意服务业发展还需要高科技人才的扶持。科学技术属于文化创意的范畴，科学技术人员本身就是文化产业产品的生产者。正是科学技术的飞速发展，才使文化创意服务业的兴起成为可能。在文化创意服务业中还需要多种类型的人力资源投入，专业内容创意人才、管理人才和经营人才及生产者都不可或缺。其发展的关键是创新经营与创新型人才的培养，庞大的文化创意人才队伍能够为文化创意服务业的发展提供智力源泉。纵观近 10 年各国文化创意产业的发展，一条重要的成功经验就是重视文化创意人才的教育与培养。这也是高校集中地区文化创意服务业发展较快的原因。

专栏 2-2：高校文化创意服务业的人才培养与集聚

世界创意产业发达地区的经验表明，在人才集中的地区，特别是大学周围，容易形成各种创意工作室乃至创意群落，政府加以顺势推动，能够加快促成产业集群的形成和发展。目前，我国许多大城市依托大学城或大学科技园区，充分利用高等教育资源和人力资源，促使大学科技园区为当地创意产业的发展提供智力支持和人才支持。如北京市充分利用高等学校、科研院所集中的优势，先后建成了海淀中关村文化创意产业先导基地、石景山数字娱乐产业基地、雍和文化园、电子城798文化基地等多个文化创意服务业集聚区。文化创意服务业发展也需要管理人员和基层人员科学文化素质的提高和观念的革新，高校可以为其提供各种培训服务。

（四）文化创意服务业具有融合性和关联性特点

文化创意服务业与其他产业之间具有广泛的关联性和渗透性。它依靠原创者的知识与智慧及新的运作方式，通过知识产权的开发、运用和保护，促成不同行业、不同领域的重组与合作。它把原来不相关的门类，如知识、信息、高科技、艺术等集合在一起，并与之互相关联、互相渗透，把技术、文化、制造、管理和服务融为一体，有利于产业链的延伸，大大地拓展了产业的发展空间。文化创意服务业的融合性为那些具有文化和科技内涵的传统产业提供了巨大的发展潜力。

文化创意服务业内部也是由若干个子行业构成的一个产业集合，在这个产业集合内部不同的子行业相互关联，或间接或直接地发生组合，也可能与非文化创意服务业发生联系，因此，各行业之间的界限日益模糊，比如音像业、出版业、传媒业、广告业、报刊业等行业之间已很难独立存在，这也促成了跨行业经营公司的出现。文化创意服务业较强的产业融合性决定了其发展过程中需要整合各种资源，而且随着信息技术和网络技术的发展，文化创意服务业的存在形态发生了质的变化，成为集设计创意、题材构思、选题策划、生产以及销售等把艺术家、生产商、销售商等不同主体连接起来的复杂产业链，关联和网络特征日益明显。

（五）文化创意服务业具有一定的高风险特性

文化创意服务业是需要培育和创造消费需求的，在文化创意产品未被生产出来之前，市场对此的需求难以判断。而且当代文化创意产品须由创意策划、技术制作、传播操作、管理协调、商品销售等多方合作才能最终完成，它是各方协同联合的产物。因而，文化创意产品的创作过程远比一般产品复杂，任何一个环节出现差错都有可能导致投资失败，因此，投资文化产品生产需要承担市场高风险。面对细分化和专业化的市场，需要传统的音乐公司、游戏公司、软件开发商以及电信运营商与新兴的数字娱乐公司一起合作，共同拓宽渠道。同时文化创意服务业还以知识产权的实现或消费为交易特征，文化创意产品、定价、产品导入的时机、经由的途径等都十分重要，如果没有在特定的时间完成相关交易，文化创意活动就有可能无法实现。

（六）文化创意服务业越来越体现出集群集聚特征

当今社会，文化创意服务业已不再仅仅指个体设计师艺术家灵感突发，而是知识和社会文化传播构成与产业发展形态及社会运作方式的创新。文化创意服务业的发展并不仅是个人和单个企业的行为，而是需要科学的互动和地理的集聚。由于具有对文化资源和科技服务等的共同需求，为便于充分利用、合理利用各种资源，打造公共服务体系，构建激励企业持续创新的发展环境，大量产业联系密切的文化企业以及相关支撑机构在空间上聚集，通过协作形成竞争优势。如美国闻名于世的曼哈顿"苏荷"（SOHO）艺术聚集地、好莱坞影视娱乐业集群等，都是文化创意服务业集聚集群发展的成功范例。各地各级政府在资本运作、对外合作、人才培养、技术创新、海外拓展等方面给予的扶持和引导对文化创意服务业集聚区的形成也至关重要。2006 年北京市文化创意产业领导小组依据文化创意产业集聚区认定标准，认定了中关村创意产业先导基地、北京数字娱乐产业示范基地、北京 798 艺术区、宋庄原创艺术与卡通产业集聚区等首批 10 个文化创意产业集聚区。文化创意服务业集聚主要体现为文化创意产业的企业以及诸如人才、资金、项目等相关要素的集聚。目前，各集聚区已经成为具有创意策划、产品交易、产业研究、作品展示、培训及交流咨询等多项功能的基地。

三、文化创意服务业的性质

（一）文化创意服务业是知识密集型服务业

文化创意服务业是知识经济发展到一定阶段的产物，文化和技术等无形资产进入的产业，相比较于其他传统产业，其产品和生产过程更加体现知识密集、信息密集、技术密集等特点。纵观文化创意服务业的发展历程，也可以看到，能够生产出具有前述诸多特点的文化创意产品的文化创意服务业的本质是创意产业融合文化元素的服务业，特别强调人的创造力、技能、天赋在文化艺术和其他知识产品、智能产品生产中的运用，是传统的文化产品制造业、创意设计、创意服务相互融合发展起来的，集文化、科技、信息等多元化因素为一体的高度融合的知识密集型服务业。因而文化创意服务业与高技术产业是紧密结合在一起的，文化创意服务业必须运用新思路、新观念、新方法去创造财富。否则不仅没有市场，还有可能被相关部门追究侵权、剽窃等法律责任。

（二）文化创意服务业是高附加值服务业

文化创意服务业的构成要素主要包括文化资源、创意思维、科技手段和行业支持等，文化资源和创意思维是受时空限制最小的全球性资源，文化创意服务业推崇个人的创造力，人类智慧的创造力是其生产动力，创意工作者以文化艺术的新颖观念为创意，以文化创意作为主要增值手段，通过运用一定的现代高科技技术整合各种资源，促使创意成为可能，产生出新的价值，使得文化创意服务业呈现出智能化、数字化、信息化发展的趋势，文化创意服务业是通过不断优化资源配置、体现区域内不同产业和要素间合作与融合的具有知识产权的高附加值服务业。

（三）文化创意服务业是创新融合型现代服务业

文化创意服务业又是极具扩张性、开放性、带动性的产业，其发展到今天，已突破单一的文化产业领域，开始渗透到其他产业乃至国民经济的各个领域，影响到生产经营消费的各个环节，不仅为消费者服务，更为生产者服务。例如，好的工业外观设计拉动家电、家具等相关制造业发展；好的建筑设计拉动建筑业、建筑材料工业、房地产业发展；好的服装设计拉动服装业、纺织业、印染业发展；好的集成电路设计和计算机设计拉动信息产业发展等。因此，文化创意产品是多种知识的融合，是由多种学科交叉和多学科人才共同创造的。文化创意服务业不仅能创造出诸多的新产品、新服务、新市场、新就业机会和新社会财富，而且能极大地提升传统产业的能级，是对提升我国产业发展水平、优化产业结构具有不可低估的作用的创新融合型现代服务业。

简而言之，文化创意服务业是一个以市场需求为导向，向大众提供文化、艺术、精神、心理、娱乐产品的新兴产业，是以创意创新为核心，以文化底蕴为基础，以科技人才为支撑的知识密集型、高附加值、高整合性的、创新型现代服务业。

第三章 文化创意服务业产业链：构成与机理

文化创意服务业的运作过程的实质就是推动文化资源向文化产业转化，进而实现人们的文化消费需求。文化创意服务业的特征和属性引导着文化创意服务业产业链的延展方向及运作的深度和广度，决定了文化创意产品生产的方式、品位和层次，使其产业链链构成与其他产业相比，具有一定的差异性和特殊性。本章从文化创意服务业产业链的构成入手，重点讨论基于产业链条的文化创意产品从创意、生产、制作、发行、出版、销售等直到消费者及衍生的各个产业链环节的基本特征和发展机理。

文化创意服务业涵盖很广、产业链可以延展得很长，通过设计、创造和创新，激发出许多创意，这些创意与各传统产业相结合并由此创造出许多新的产业门类，其中，占据主要地位的信息服务业、动漫游戏业、设计服务业、现代传媒业、艺术品业、教育培训业、文化休闲旅游业、文化会展业等文化创意服务业，本身作为21世纪的朝阳产业正逐渐成为一个国家和地区经济社会发展的重要动力。这些服务业既分别独立为行业，又相互联系成为文化创意服务业产业链中的一环。如美国迪斯尼集团出品动画片《米老鼠与唐老鸭》后，又将这些形象做成玩具、服装，并开发修建了迪斯尼乐园主题公园，遵循了由电影（现代传媒业）——动漫游戏业（文化衍生品）——文化休闲旅游业的发展历程。由于人的创造力是无限的，因此，实现创造力的文化创意服务业的发展空间也是不断扩大的，其实现途径也是多种多样的。不同的内容特性决定了不同门类的文化创意服务业产业链并不完全相同。笔者认为，文化创意服务业的产业链的共同特征是不断进行着并且可能不断循环着的从创意、生产、制作、发行或出版等直到消费者接受的生产活动。

例如，一部电影的产业链首先从创意开始，由电影剧本（或小说）的作者、编剧、导演、制作人作为创意人、策划人，拥有核心知识产权，进行电影的创作，包括演员的表演、摄像师的摄像等，这些在不同时段上的创意性投入来自不同的方面、具有不同的技能素质，也对产品的创意性有着不同的理解和贡献，影响并合力构成了最终产品（电影）的质量和表现形态，使电影作为文化产品以其自身内容构成区别于其他作品的内容产品；其次，进行电影的制作和拷贝复制，包括剪辑、后期制作、剧务管理等；再次，是电影的发行和传播，依托广告推销商、促销人员和中介机构，通过电视台的物质基础结构（按次计费的广告、软广告）、报纸杂志等平面媒体，以及影迷会、见面会和辅助发行平台（网络），广泛传播电影产品，赢得观众的注意和期待，然后是电影这一产品的贸易，进入流通、交易与销售，由代理商、销售商经销；最后是在各大影院放映，到达终端客户，产品被消费者、观赏者接受，进入文化内容的感受与体验。如果此电影得到了大家的认可，可能还会以此为品牌生产出其他产品，如服装、玩具等（见图3-1）。

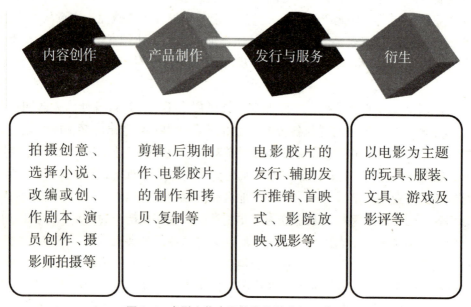

拍摄创意、选择小说、改编或创、作剧本、演员创作、摄影师拍摄等

剪辑、后期制作、电影胶片的制作和拷贝、复制等

电影胶片的发行、辅助发行推销、首映式、影院放映、观影等

以电影为主题的玩具、服装、文具、游戏及影评等

图3-1 电影文化产品的价值链分析示意图

在图3-1中可以看到，一般来说，文化产业服务产品创作具有构思（设计、实现、艺术加工；小说、剧本的写作；导演的组成；舞台、场景的选址；演员的体系组成；作曲与即兴创作等）、实施（录音棚、电影和电视上的表演）、最终定型（包括电影、图书和杂志的编辑与音乐、电影的混频）等生产阶段及发行和后期的宣传以及票房和收视率跟踪、分析调查、专家综合评估等一系列的流程。如中央电视台春节联欢晚会举办了近30年，其最大的受益者不仅是海内外观众，还有以研究"春晚"为业的媒体从业人员和科研工作者，从猜测窥探、娱乐八卦、新闻炒作到名人

访谈、社会批评、学术研究等，形成了一条完整的产业链，从低端到高端，从上游到下游，不断衍生，所产生的社会效应和经济收益也是十分巨大的。因此，文化创意服务业的产业链是一个层次化的体系，通过这个体系将文化创意服释放成经济能量，即文化创意服务业产业链包括文化内容创作环节、文化产品制作环节、文化产品的发行和服务环节等具有纵向关联关系的四个链条。由于文化创意活动本身是一个错综复杂的系统，其产业链条是一个由生产到消费、由消费到生产的不断回环反复、不断更新的运动。作者（包括艺术创作者）、文化传媒公司、出版商、发行商、媒体、批评家、文化消费者（受众）等都可以在某一阶段成为具有主要或一定影响力的主体。

一、文化内容创意创作环节

文化创意产品的核心价值是其具有的精神内涵，即内容。形式各异、内涵多样的文化产品因其内容而有价值，因此也可以称之为内容产品。文化内容创意创作环节包括各类创意、策划、创作活动等，如文学艺术创作、音乐创作、摄影、舞蹈、工艺设计以及其他各种创造性的艺术活动，是活的精神创造阶段。它提供了文化创意服务业的知识性和信息性内容，是文化创意服务业产业链的最初阶段，大大提高了产品的附加值。因此，文化创意服务业最核心、最本质的东西就是创意、创作。创意或者创作包括两个方面：第一是原创，第二是创新。由原创激发的差异和个性是文化创意服务业的根基和生命。策划本身就是人们思维智慧的结晶，是一种思维的革新，策划的灵魂就是创意。策划创意提出问题，是创意创作生成的起点。文化创意服务业的创作过程远比一般产品复杂。这就要求创意产品的所有创造投入都要达到和超出一般流水线上的熟练水平，才能生产出合格的创意产品。这样的创意行为才是经济学家所说的增值生产功能。在这种可增值的生产关系中，"如果要得到具有商业价值的产出，每个生产投入必须到位，或是生产行为至少达到精通或是超出精通水平。零的倍数仍然是零。迈克·科米尔称之为关联性生产理论。"[1]文化内容创作的独创性与多样性，决定了其对文化传承、精神创造、意境营构和可遇不可求的文化艺术天才及其灵感的要求，因此，文化内容创意创作具有如下特征：

① 理查德·E.凯夫斯：《创意产业经济学》，孙绯等译，北京，新华出版社，2004。

（一）创新性、创意性突出

文化内容以独特创意为原动力，思想、知识、文化、技能和创造力所构成的创意是文化创意服务业的真正财富源泉。文化内容创作是以创作者的积累和想象力为基础的，源于文化积累和科技发展所激发的创意，由具有创作才能的人依赖特殊的技艺、专业的素养进行创造性的创作。由于文化创意产品更多地具有文化艺术的特性，因而其风格、基调、艺术特色更多地具有多样性。创意主要来源方式是灵感及头脑风暴。文化内容创作十分推崇创造者的个人创造力，以创造性思想为核心，呈现出智能化、特色化、个性化、艺术化的特点。为使自己原创的产品与其他产品在产品水平、等级或质量等方面存在差别，提升自身产品的"原创性"、"技巧性"或艺术境界等，文学家、艺术家往往在此阶段要从各种创新创意假设中做出选择，从而创作出吸引消费者或中间商的、真正具有创意性的产品。因此，任一文化创意产品的生产都对原创作品有高度的依赖性，即使是文化创意实物产品的生产也是以原创性的精神活动为基础的。创意启动文化生产，创意贯穿文化生产的始终。[①]例如，大型山水实景演出《印象·刘三姐》作为一部史无前例也是世界独一无二的精彩作品，现已享誉世界，它源自广西本土剧作家梅帅元的一次突发奇想。1998 年，他独自面对秀美的漓江山水，突生灵感，在自然山水间进行一场内容与广西山水、广西山歌、刘三姐文化相关的实景舞台演出，同时决定由中国著名电影导演张艺谋担任这一项目的总导演。目标是将刘三姐的经典山歌、民族风情等元素创新组合，不露痕迹地融入山水，还原于自然。正是这一策划创意及后续的项目深度设计、基础设施建设、节目演出编排等各项工作，并通过多渠道、全方位、宽领域地进行宣传，打造了世界上最大的拥有 3200 多个席位的"山水剧场"，演出成为世界旅游组织目的地会议、最佳休闲度假推荐项目。

（二）健全的知识产权保护体系是文化内容创作的保障

一项创意从构思、开发、制作、销售到最终为消费者所接受，整个过程都涉及相关知识产权的运用。因此，健全的知识产权保护是文化内容创作的保障。知识产权有四大类：专利、版权、商标和设计，每一类都产生于保护不同种类的创造性产

---

① 王平：《文化生产的三部曲》，载《第一财经日报》，2008 年 2 月 22 日。

品的愿望①。从知识产权的角度看，文化内容创作过程必然是与专利、版权和商标联系在一起的，如书籍、电影、音乐都是享有版权的产品；好莱坞、宝莱坞等不同电影公司都具有自己的商标等。在文化内容创作阶段如果知识产权的保护不到位，会造成私人知识产品和私人收入的极大差异，将严重打击原创者的积极性。

（三）科技创新在内容创作中的作用越来越显著

文化内容创作的关键是知识和信息的生产和使用，当今世界正在经历的新一轮媒介技术革命，并越来越深刻地影响着文化内容创作。如写书在过去完全是手工作业，如今可以通过电脑进行写作，现代化的印刷设备又使文档变成纸质文稿，省却了过去的誊写时间；光缆电缆可以迅捷地传输文字、语音、图像等各种形式的信息，大大地提高了效率，并且能够将原有的各种传媒形式在一种通道中统一起来；电脑特技制作利用数字技术的高精确度和扩增与压缩性能，做出逼真的特技场景；图形技术、仿真技术与网络技术等技术紧密结合的基础上，网络游戏中 Flash 动画迅速发展起来等。在发达国家，以网络化、数字化技术装备起来的产业机器及各种以高科技为载体或包装的文化产品，不仅在创造全新的生活理念，而且也在产生新的文化创意需求。

（四）文化内容创作多源于对文化资源的深度开发

文化内容创作是文化活动主体依托创意思维、遵循市场规律对文化资源进行开发和利用。文化资源包括有形文化资源和无形文化资源两大类。创意思维也是一种稀缺性无形文化资源，作为创意的源泉，具有可持续、可再生、价值高等特点。文化内容创作就是相应的人才通过重新组合文化智能资源，将文化智能创意化。文化智能资源的创意开发是文化资源产业开发的重要组成部分。如在云南丽江的纳西族

---

① 国际知识产权联盟在版权产业的最新报告中，将其划分为四大类：第一类是核心版权产业，主要指以创造拥有版权的产品为其主要产品的产业。包括：录音产业(含唱片、磁带和 CD 碟片)、影视产业(含电影、电视、影院和家庭录像)、出版产业(含报刊、图书、音乐出版)、软件产业(含数据处理、商用软件、交互式游戏软件)、广告业，以及无线电、有线电视和电缆播放业；第二类是为核心类版权产品提供传输服务的产业。包括：版权产品的运输服务、批发、零售机构,如书店、电影院、音像连锁店等；第三类是核心类版权产品配套硬件生产销售产业。包括：为使用核心类版权产品提供电视机、计算机、录音机、摄像机、手机、游戏机等配套硬件的生产销售企业；第四类是与核心类版权产品相关联的产业,其生产销售的产品,完全或主要是与版权产品配合使用。

民间，流传着被称为"音乐活化石"的源自唐朝的纳西古乐。纳西古乐的发现震惊了世界音乐界，人们纷纷到丽江考察、研究、欣赏。近年来，经过有关部门的开发、培植和完善，形成了以"宣科古乐队"为代表的纳西古乐产业。目前，创作人员基于文化资源的开发和再创作已经成为文化创作的重要形式。又如刘三姐文化作为广西壮族的民间文化，在面对文化消费者年龄、受教育程度等诸多变化时，在市场经济浪潮中如何生存、发展的问题促使艺术家们不断反思，探索创新形式，开发出脱胎于传统"刘三姐"的艺术形式。《印象·刘三姐》创造了一种全新的演出形态，一种全新的演出模式，淡化了刘三姐故事，突出了刘三姐文化的内在审美价值和品牌价值。目前，我国积极申报并予以保护的非物质文化遗产就属于可以促进文化多样性和激发人类的创造力的文化资源。

（五）文化内容创作多为小规模、个性化生产方式，空间适度集聚是其发展的新趋势

文化内容生产是个性化的生产，通常是个体小规模分散经营，多为作坊式、家族式、个人化等生产方式。随着行业技术更新速度加快，新技术、新文化产品的创作必然受自身资源、信息、技术和市场等因素制约，使得当代的文化内容创作又不同于过去时代文学家、艺术家等在象牙之塔中闭门造车的那种"独创性"，不同于过去时代艺术作品如绘画完全由画家个人独自完成的情形，因此，现阶段建立了一些基于文化创意产业链条的战略联盟，对于中小企业联合开展创意研发、创意生产以及创意销售非常有益。应对文化产品创作要求的不断变化，文化创作市场的组织形态发生了一系列的变化。如美国好莱坞的垂直一体化的公司在数字化信息技术进步的推动下，从垂直一体化走向垂直分离和扁平化。他们改变组织结构，以项目为基础，把创造的风险最大的创意部分的生产环节外包给专业公司和个人，实现一个区域性的集聚，建立起各种各样的战略性的合作关系。在这样一个集聚体中，大企业变成了市场资源的组织者，在周围围绕着成百上千的小企业。近期国内一些创作型企业也以市场为导向，以满足自身利益需求为目标，在一定空间内自发集聚，进而形成群体竞争优势和规模效益，形成具有品牌特征的文化创意产业集群。如北京宋庄的画家村，与法国的巴比松，美国的东村，德国的达豪、沃尔普斯韦德相似，宋庄也聚集了众多的艺术家，被称为世界上规模最大的艺术家群落。艺术家合群而居可以说是一种"习性"，也就是所谓的志同道合，群落让他们交流、沟通。异常活跃的艺术氛围，尊重、宽容的心态也是他们集聚的缘由。

二、文化创意产品制作环节

文化产品制作环节建立在文化需求创意设计的基础上，将创意变成文化产品，通过具体制作，将创意凝固到文化产品中去，变成物态化的精神产品，有形性、可视性、可体验的各种文化创意产品是文化创意的载体。这是文化产品的生产阶段的工作，这一过程需要艺术家和管理者之间的协调，同时，这一生产环节有可能通过科技手段和工业生产形式，制作并大量地复制文化产品，是把文化内容转化成为商业产品的制造环节，主要包括平面出版物、音像制品、工艺品等的印刷、刻录、制造等，还包括平面媒体信息、广播影视媒体信息、网络媒体信息的制作、复制等。文化产品制作环节具有如下特征：

(一) 文化创意产品的制作是以原创性的文化产品创作为支撑的

目前，文化创意产品制作阶段多是运用企业化的手段，把无形的创意创新转化为拥有版权、具有实用价值的大众文化创意产品。其生产过程是精心设计的，多数是可控的批量复制，其产品是可以进入交换市场的物品。虽然某些产品也是通过模仿性、复制性的生产过程生产的，但是在文化内容引发社会需求、科技推动形态变化、资本决定市场规模的前提下，只有具有原创性的产品才能最终占领市场。因此，文化创意产品制作的本质就是对于具有意义内容的文化产品的制造。

(二) 生产工具与生产技术是文化产品制作中的重要依托

现代科技在文化领域的普及应用带来了文化制作业的革命。由于先进生产工具的投入，文化领域已改变了传统的个体化、手工化、小生产和在狭小的圈子中传播的态势。随着现代“记录”与“复制”技术的进步，文化产品的可重复生产性和可复制性极大地发展起来，并发展为“文化工业”生产活动。如工业革命的初期，正是造纸和印刷的现代工业化发展，以低成本、低价位、大批量引发了传播媒介的根本性革命，使印刷文明一举代替口传文明，居于社会传播方式的中心。纸媒介的发展又进一步促进了专业化、现代化的造纸工业、印刷工业和出版工业的发展，促使传统图书印刷的手工作坊转变成为现代印刷工业。以现代传播技术为主的数字技术也直接催生了广播影视音像工业直至多媒体工业等一批新兴文化制作业，旧有文化工业的升级换代和更新发展及新兴文化工业的创新扩容和高速发展不断开拓着文化制作业的新形式，同时也革新了旧的文化形态，创造了崭新的现代文化新生态。文化创意产品制作领域的科学技术水平和文化产品的科技含量不断提高。因此，生产工具与生产技术是文化创意产品制作中的重要内容，文化生产所达到的科技化和社会化程度，是判定其发展程度的重要指数。①

（三）文化创意产品制作环节以大众的娱乐和消费为目标

文化创意产品的大批量生产不再是严格意义上的创作而是制作。文化创意产品工业化生产不同于传统意义上的传媒制作，标准化、程序化、格式化、系列化、规模化是其基本特征，它使传媒再生产活动（简单再生产和扩大再生产）效率得到大幅提升，改变了手工型、作坊式的传媒生产方式下传媒产品复制规模受限、效率低下的状况。由于工业化生产方式改变了文化创意产品成本构成，工厂制作成本明显降低，为文化创意服务业开辟了广阔的获利空间，降低文化产品价格，使价格昂贵的文化产品由奢侈品转变为普通消费品，打开了普通大众的消费市场，由此开创了文化普及化与大众化时代。

（四）文化创意产品制作者组织形式多样，多是规范的工厂化组织

文化创意产品制作的生产方式具有典型的工业化特征，文化产品是通过企业采取工业的生产方式，以生产制造为中心，在严格组织下按标准大批量进行，文化产品制作者多是按照标准进行规范生产的组织，此处所称的标准是指工业生产中的专业化、程序化、系列化、规范化等一般内容，侧重于生产过程中的物化劳动，而非精神劳动与智力创新活动部分的模式化与标准化。生产的规模化和标准化降低了文化劳动的复杂程度，因此，文化创意服务业化伴随的是文化创意产品制作过程的简单化。它不仅降低了对劳动者个人技术的要求，而且还提高了生产效率，使得文化工业化水平不断提高，形成良性的文化投入产出机制，促使文化产品制作者的组织形式比较多样。

三、文化创意产品传播环节

文化创意产品的传播环节即发行、销售和服务环节，是通过市场的中介把文化产品和文化服务变成大家喜爱的消费品，从生产环节进入到市场推广领域，即文化

---

① 金元浦：《文化生产力与文化创意服务业》，北京，中国人民大学出版社，2002。

创意产品被文化创意产品发行人、代理商及经纪公司（人）或文化产品营销商进行营销传播，运用各种销售渠道、营销模式和手段将其价值和使用价值售让给文化消费者。这一服务于整个文化创意服务业链条的发行、销售和专业化服务环节，是将现有的文化资源和创意资源转化为经济成就的关键环节，也是决定文化创意产品的经济价值得以最终实现的关键环节。

传统意义上的文化产品传播主要以生产者和传播者自身作为产品的载体和传播的媒介，效率低、传播量低，传播范围窄、速度慢，不利于文化知识的传播和推广以及社会的进步。文化创意产品的传播作为观念、符号和意义的传播，在当今社会要求有着更快的速度和更大的范围，这是文化创意服务业本身发展所需要的。在越来越多的具有科技含量的工具和渠道被应用于文化创意产品的生产和传播领域的今天，文化创意产品能够以更快的速度在更广泛的范围内传播。文化创意服务业的发行和服务环节主要包括平面媒体信息、广播影视媒体信息、网络媒体信息的传播等。在流通环节，由代理商、发行人和各种参与促进流通的中间人，负责文化创意产品的宣传和传播。通过各种广告宣传、媒体宣传、名人宣传等，实现文化创意产品在市场上的流通。不同的文化创意产品有着不同销售方式和销售渠道。由于文化创意产品包含实物产品和服务产品两大类，其发行和服务也略有差异。文化服务由于没有物质载体，与其他有形文化产品相比其无形性十分突出，因此，文化服务不能存储也不能运输；文化服务的生产和消费同时发生；服务提供者与服务消费者如果不在同一场所同时进入服务程序，则文化服务的生产消费就难以完成。但是也具有一定的共性：

（1）在数字化视听技术和网络化传输手段的基础上，随着电视频道，尤其是数字频道、数字高清甚至 3D 频道的增加，音像制品的反复播放变得越来越容易和低成本。网络的出现和宽带网的普及使得网络空间中的信息传播也变得极为便捷。

（2）面对细分化和专业化的市场，产品的包装、传播、销售（如软、硬广告、签名售书、见面会、媒体曝光等）具有越来越重要的意义。文化创意传播企业越来越重视文化创意产品消费者的培育、涵养，如组织歌友会、影迷会、社区团体、俱乐部等，商业运作模式不断创新。

（3）多是传统的电影公司、演出公司、音乐公司、游戏公司、软件开发商以及电信运营商等与新兴的数字娱乐公司一起合作，共同拓宽发行渠道。

（4）购买文化创意产品时，有些产品不能在买前观察、触摸或测试，消费者主要依靠对服务供给者的认知程度或自身的即时感受做出决定，因此文化创意产品的品牌影响力很重要。

(5) 文化创意产品的生产和消费因文化服务提供者和消费者的不同所形成的效用有差异，不具备可比性。即不同的消费者对同一文化服务的评价可能存在很大不同，并形成各自的群体。

四、文化创意衍生环节

文化创意产品衍生环节是以文化意义为基础的衍生环节，这个环节包括所有具有文化标记的产品，涉及展览业、广告业、资讯业、旅游业、职业培训业等诸多行业。

（一）多以某类产品的品牌为核心开发新的衍生产品

文化创意产品的衍生多数发生于文化创意服务业链的下游，即只有当产品或服务具有广泛影响、良好口碑和市场业绩，成为知名品牌时，才有可能延展文化创意服务产业链，继续将其开发为其他的产品与服务。美国迪斯尼公司就是文化创意产业业发展中的一个成功的商业化运作典范。目前，迪斯尼公司是世界第三大娱乐公司，主要在美国、欧洲、亚太地区、拉丁美洲、加拿大等国家运营，即将进入我国。迪斯尼公司的主要业务有四项：影视娱乐（Studio Entertainment）、媒体网络（Media Networks）、主题公园和度假村（Parks & Resorts）及消费产品（Consumer Products）。其中，消费产品业务包括迪斯尼动画形象专有权的使用与出让、品牌产品的生产和销售、相关书刊和音乐作品的出版发行等，包括与迪斯尼有关的玩具、礼品、家具、文具、体育用品等。迪斯尼认为自己是一个"品牌乘数型企业"，即用迪斯尼的品牌做乘数，在后面乘上各种经营手段以获得最大的利润。[1]沃尔特·迪斯尼创造的米老鼠和唐老鸭两个卡通形象，首先在影视中流行，其次卡通动物形象被制作成玩具、书刊、电子游戏，而后其形象被大量运用于服装、文具和各类用品，并以娱乐、服装、玩具等行业造就了一个庞大的跨国集团，其产业规模及盈利稳居世界企业500强的前10位。迪斯尼的许可产品一年在全球的零售达1120亿美元，其中290亿美元来自于娱乐人物形象，包括玩具、服装、电影还有电视等。原因就在于迪士尼的创造力和版权交易是个成熟的商务模式。文化创意产品所衍生的诸多产品或服务各

---

① 《迪士尼集团》，MBA 智库百科，http://wiki.mbalib.com/wiki/%E8%BF%AA%E6%96%AF%E5%B0%BC%E5%85%AC%E5%8F%B8。

自与主体产业链的终端相连接，各自形成一条由研发——制作——销售等不同环节组成的产业链条，它们之间基本是平行的，如服装业、书刊业、玩具业、电子游戏业等。见图3-2。

图3-2 文化创意服务业衍生环节示意图

(二) 文化衍生品的开发多采用科学的商业模式和营销手法

目前，文化创意产品的衍生开发是收回成本、实现盈利的不可或缺的途径。在这一阶段，文化产业版权价值被多形式、多途径地开发和释放。因此，文化衍生品产业的产品和服务不同于传统的制造产品，其企业运作模式也区别于传统模式，不再以生产制造为中心，而是更加强调创意活动、强调宣传推广活动、强调新的营销运营模式。美国迪斯尼乐园给全世界一种全新的经营理念"创意＋科技＋资本"，即以非凡的创意为基点，通过科技手段将创意理念转化为产品，再依靠高度产业化的运营模式，拓展全球市场。

(三) 衍生品开发商多采取提前介入的方式分担风险

从传统的文化创意服务业链来看，衍生产品开发商是等版权价值被提升以后，也就是电影、电视、动画片等播出以后才介入到产业链中的，但在实际操作中，衍生产品开发商往往采取提前介入，在版权价值还没有被提升前就预支衍生产品开发授权的费用，甚至成为制作电影、电视动画片的投资方之一。这种提前介入的方式，使得衍生产品开发商在以较低价格拿到开发授权的同时，也帮助电视动画制作方分担了风险。而在近些年的日本动漫业，衍生产品开发商直接开发原创产品，充当产业链前端的例子也屡见不鲜。

综上所述，文化创意可以用多种产品形式表达，包含文化创意的每一种商品或者服务都可以给创意主体带来经济效益。这些产品利用链条的背后就是产业合作的产业链。文化创意服务业是从创意到生产、销售，再到亚文化产品，从核心内容到边缘产业，文化创意产品生产过程是艺术家、经纪人、生产商、营销者分工合作的过程，是一个包含产品设计、产品生产（加工）、产品推广、产品销售、产品消费和产品服务等完整的链条。通过这四个环节，文化创意服务业就从核心的"内容"产业发展到边缘的"亚文化创意服务业"。文化创意活动，完成着并且可能不断循环着从创意到策划再到实施的文化创意生产与消费的过程。

文化创意服务业产业链包括：上游的原创研发、中游的生产制造和下游的销售发行及衍生开发。在这条产业链上传递的是文化创意服务业所特有的知识产权的价值，围绕着知识产权的形成、发展、保护、升值以及转化，体现了文化创意服务业独特的价值链特征。从文化创意产品的价值含量和组织结构来看，在原创阶段可能需要较少人员，生产制造环节能够吸引大量就业，衍生品开发与生产阶段的从业人数将视此文化创意产品的品牌效应而扩大，且处于两端的原创研发和衍生品开发所产生的劳动生产率更高一些。就电影市场的普遍规律来说，一般是先有图书原著出版，随后被导演或者编剧看中，只有较少的几个核心人员参与，将其改编成电影剧本，通过选择演员，搭建布景，摄制成电影，并在各大影院影厅放映。但是，有时也会出现由于电影的热映反过来会带动小说原著热销的局面。同时也允许存在阶段性间歇和跳跃，比如一部小说可能多年以后才被改编搬上银幕，有些电影被反复重拍等。因此文化创意服务业的产业链是动态产业链，产业链既包括四个环节组成的纵向产业链，也包括一定条件下的逆向产业链，或省掉某一环节的跨越式产业链。这一点与制造业的产业链有很大不同。

鉴于文化创意服务业产业链特有的构成及特征，政府应遵循文化产品的生产特点和文化创意服务业发展独特的规律，着手鼓励本土文化企业自主研究、开发和创作生产具有自主知识产权的文化产品，增强知识产权保护意识和法制观念；积极推动文化企业强强联合，打造具有本土特色的文化创意服务业品牌；培养具有认识、开发、经营文化资源，有眼光、有魄力、有能力的文化创意服务业策划人才、生产人才、经营人才、销售人才和服务人才。近期政府应着重在企业培育、融资、公共平台建设、人才培训等方面出台相应政策，为中小企业提供良好的资金、人才和技术方面的服务，推动文化创意服务业健康、有序、可持续发展。

第四章 他山之石：经验与启示

近年来，全球文化创意服务业蓬勃兴起，无论是发达国家还是发展中国家，都将发展文化产业提升到国家竞争力的战略高度，集中力量发展优势产业，众多的文化创意产品、营销和服务，产生了巨大的经济社会效益，吸引了全世界的眼球，形成了一股巨大的文化创意经济浪潮。特别是发达国家的文化创意服务业以各自擅长的领域、重点和方式迅速发展，其中，英国、美国、日本、韩国、澳大利亚、丹麦、荷兰、新加坡等国都是极具特色的文化创意服务业发展的典范国家。这些国家通过大力发展本国的文化创意服务业，不仅挖掘出了新的经济增长点，取得了巨大的经济成就，而且实现了本国的产业升级，使本国经济保持强劲的动力。同时，欧洲、英国、美国、澳大利亚和其他国家发布的相关研究报告和研究成果也大大地丰富和推进了关于文化创意部门和文化创意服务业的新观点。密切关注和深入研究当代世界文化创意产业的发展，准确把握世界产业发展的动向，适时总结发达国家文化创意产业发展的成功经验对于迫切需要转变发展方式的我国具有十分重要的意义。本章通过对不同国家文化创意服务业发展情况、优势的剖析，探究发达国家文化产业服务业的成功动因，揭示发达国家发展文化创意产业的经验，以期为我国发展文化创意服务业提供借鉴。

一、美国：为版权产业提供完善的法律保障

在美国，文化创意服务业一般被称为版权产业。早在 1990 年，成立于 1984 年的美国知识产权联盟（IIPA）就已经利用"版权产业"这一概念来计算这一特定产业对经济的贡献率，并对美国版权产业以统计学方式明确界定。1998 年阿特金森（Atkinson）和科特（Court）明确指出，美国新经济的本质，就是以知识及创意为本的经济（The New Economy is a knowledge and idea based economy），新经济就是知识经济，而创意经济则是知识经济的核心和动力。2003 年，世界知识产权组织（World Itellectual Property Organization，缩写 WIPO）出版的《调查以版权为基础的产业对经

济贡献率的指导手册》，确定了国与国之间比较版权经济的统一尺度。根据 2003 年的国际标准，美国的"版权产业"可分为核心、部分、交叉和边缘四大版权产业，其中核心版权产业指全面参与到创作、生产、制作、表演、广播、通讯和展览或发行、零售作品以及其他受保护物种的产业形态，主要包括电影和录像带，出版和文学，音乐、歌剧、戏剧产品，广播和电视，摄影，软件和数据库，视觉和形象艺术，广告服务业以及版权收集组织。①根据美国知识产权联盟发布的《美国版权产业：2006 年报告》，"2006 年美国版权产业仍然是美国最大的和发展速度最快的经济部门之一"，2005 年美国总体版权产业就业人数为 1130 万人，占总就业人数的 8.49%；总体版权产业产值达 1380 亿美元，占 GDP 的 11.12%，其中，2005 年核心版权产业对经济增长的贡献率为 12.96%；2005 年，美国版权产业国外销售和出口值增长超过了 1108 亿美元，遥遥领先于其他经济部门。②

分析美国版权产业发展历程，可以看到，与欧洲和亚洲国家的文化创意产业发展措施相比，美国更推崇自由主义的市场经济理念，政府对于市场、社会的干涉较小，政府主要通过立法规范和引导版权产业的发展，行业机构是版权产业的具体管理部门，企业是版权产业发展的主体，市场是版权产业发展的主导力量。美国政府对版权产业的行业管理模式以及社会领域的产业协会和企业集团对版权产业发展的积极参与，都有力推进了版权产业市场机制的健全和完善，建立了美国版权产业长期健康发展的基础。

（一）拥有悠久的版权立法传统，建立完善的版权法律保护体系

美国国会在 1790 年就通过了联邦版权法和联邦专利法，迄今已实施了 220 余年，期间对两个法律进行多次修改和重写。

1989 年，美国加入《伯尔尼公约》（关于著作权保护的国际条约），再次对联邦版权法进行修订，形成了美国现行的《版权法》。为适应互联网和数字化技术突飞猛进的时代特点，美国政府还积极实施数字化版权保护战略，在 1998 年 10 月通过了《跨世纪数字版权法》。这项法律针对数字技术和网络环境的特点，对美国版权法做了重要的补充和修订。

---

① 金冠军、郑涵主编：《文化创意产业引论》，第 235～237 页，北京，中国书籍出版社，2011。
② 金冠军、郑涵主编：《文化创意产业引论》，第 233～234 页，北京，中国书籍出版社，2011。

2011 年，美国完成了近 60 年来最全面的专利改革，颁布了最新的《美国发明法案》。[①]除了悠久、完整的版权法和专利法外，美国国会还通过了一系列有关版权保护的成文法律，如《数码版权千禧法案》（1997 年）、《科技、教育和版权协调法案》（2001 年）、《家庭娱乐和版权法案》（2005 年）、《网络广播平等法》（2007 年）等。此外，美国贸易法中也有关于知识产权的条款，如"特别 301 条款"（根据该条款，美国政府可对其认为未有效保护知识产权的国家和地区采取惩罚措施）。美国国会的版权法、专利法以及相关法律，创立了一个严密有力的版权法律保护系统，为美国版权产业的发展奠定良好的法律基础。

对于美国的版权产业的发展，版权法律体系发挥着不可替代的作用，不仅保障了版权行业的健康发展，限制了本国版权产业的恶性竞争，还在全球化的浪潮中最大限度地保护美国版权产业的利益，推动了美国版权产业的成长壮大。以联邦版权法和专利法为例，两个法律同年颁布，美国在专利法颁布后不到 50 年，就将专利保护扩大到一切外国国民，因为当一个国家经济、技术不发达时，保护外国人的专利对本国是有利的。相比而言，美国在联邦版权法颁布 100 年之后，才宣布在有限条件下仅仅对 4 个国家的作品给予版权保护，直到 202 年后的 1989 年，美国政府加入了《伯尔尼公约》（1887 年生效的关于著作权保护的国际公约，美国在公约生效 102 年后才勉强加入）之后，才逐步实现对其他国家的版权保护。[②]原因很简单：当一个国家的传播行业或者传播手段并不发达时，保护外国人的版权往往使本国的经济利益遭受损失。可见，悠久的版权立法传统，严密完善的版权法律体系，为美国版权行业的健康发展提供坚实的制度保障，同时美国版权法律中民族保护主义条款，也最大限度地保护了本国版权行业，为美国版权行业在全球的领先地位奠定了坚实的基础。

（二）建立多个行业管理机构，对版权产业实施规范的行业管理

美国版权产业结构复杂、覆盖范围较广，目前还没有一个统一的官方管理机构，其官方管理机构以行业管理为主，与美国版权产业密切相关的行业管理机构是美国

---

① 赵建国：《美国专利法的变中之变》，国家知识产权局网站，http://www.sipo.gov.cn/dtxx/gw/2011/201111/t20111125_633168.html，2011 年 11 月 25 日。

② 寿步：《经济实力与知识产权保护水平——三论软件侵权如何界定》，载新浪网"合理保护软件知识产权专题"，http://tech.sina.com.cn/it/e/2001-12-23/97044.shtml，2001 年 12 月 23 日。

版权办公室和美国贸易代表处。

(1) 美国版权办公室[1]，是美国国会图书馆的独立机构，主要职责是执行版权法及半导体芯片保护法，并就版权的法规和政策向国会、法院及行政部门提供咨询。美国版权办公室的使命是通过管理和维护有效的国家版权系统，积极促进产业创新，具体的工作内容包括：版权的申请、登记和审核，依法采取必要的管制措施；作为美国国会、执行机构和司法机构处理版权法律和技术问题的最主要资源；提供版权现状的公共信息，并依法使用版权作品为国会和人民提供公共服务。美国的版权办公室在美国国内版权保护和政策咨询方面发挥着不可替代的作用。

(2) 美国贸易代表处[2]，是总统执行办公室的组成部分，是一个跨机构的组织，负责协调贸易政策、解决纠纷，为总统提供咨询。美国贸易代表处拥有贸易政策制定权，为谈判提供技术指导，涉及贸易投资、拓展贸易、进出口政策、贸易知识产权保护等问题的政府决策。美国贸易代表处可根据美国贸易法中的"特别301条款"，对其他国家的版权状况进行监督，每年发布"特别301评估报告"，全面评价与美国有贸易关系国家的知识产权保护情况，并视其存在问题的程度，分别列入"一般观察国家"、"重点观察国家"、"重点国家"以及"306条款监督国家"。对于被美国贸易代表办公室公告的"重点国家"，美国将在公告发布后30天内对其展开6~9个月的调查并进行谈判，迫使该国采取相应措施检讨和修正其政策，否则将采取贸易报复措施予以制裁；一旦被列入"306条款监督国家"，美国可不经过调查自行发动贸易报复。美国贸易代表处是美国版权产业维护国家利益，开拓国际市场的利器。此外，美国贸易代表署、商务部国际贸易局、版权税审查庭和海关等相关政府机构，也会相应涉及版权产业的管理。[3]行业机构作为美国版权产业的官方管理机构，是美国版权相关法律法规的执行机构，也是美国版权产业国家利益的维护机构。

美国政府对版权行业采取分散的行业管理，是美国政治体制特征的体现，也是符合美国国情的理性选择。美国施行立法、行政、司法三权分立的政治体制，立法、行政和司法机构拥有相对明确的职责划分，由于版权产业的行业管理机构隶属于不同系统，如版权办公室隶属于立法系统（国会），贸易代表处隶属于行政系统（总统

---

[1] 美国版权办公室官方网站,http://www.copyright.gov/。

[2] 美国贸易代表处官方网站,http://www.ustr.gov/。

[3] 汪曼:《英美日三国文化创意产业发展经验解读及启示》,载《浙江树人大学学报》,2010年第10卷第5期。

执行办公室），因此美国版权行业没有统一的官方管理机构。同时，相对多元的版权官方管理机构，也是建立在美国健全法律体系的基础上，由于拥有相对严密的法律系统，多元的版权产业管理机构能够依法履行各自的职责，有利于从不同领域对版权产业进行专业化、精细化的动态管理，从而满足了版权产业的多样化管理的需求。值得关注的是，美国版权产业的官方管理机构重视凸显专业化特性，从而避免管理机构多元化的弊端，争取实现管理的合力，如美国版权办公室虽然隶属于立法系统，但是可就版权的法规和政策向国会、法院及行政部门提供咨询，通过专业性的咨询服务促进立法、行政和司法机构对版权产业管理的一致性。

（三）充分发挥行业协会和企业集团的作用，吸纳他们参与文化创意相关法律法规、产业政策的制定

美国民间版权组织（包括行业协会和企业集团）对美国版权产业的发展举足轻重。美国最大的民间版权产业组织是国际知识产权联盟（简称 IIPA），该联盟成立于1984 年，由美国出版联盟、商业软件联盟、娱乐软件联盟、独立电影和电视联盟、美国电影联盟、音乐发行国家联盟和美国录音产业七个商业联盟组成。IIPA 代表着以产权为基础的产业进行双边和多边努力，以提高美国版权的国际保护程度，IIPA 代表着美国 1900 家生产受世界保护的版权产品的美国公司（包括所有的计算机软件，电影、电视节目，音乐，书籍出版物等版权公司）的利益。IIPA 及其成员组织同美国政府、外国政府和私人组织代表致力于追踪全国 80 多个国家版权法律和执行情况，以消除盗版问题；IIPA 和美国贸易代表处合作致力于"特别 301 条款"考察，成为美国版权产业对外贸易政策的重要影响力量；IIPA 还积极参与世界知识产权组织的有关版权问题的讨论。此外，美国还拥有很多其他与版权产业相关的产业联盟和企业集团，如国际反假冒联盟、知识产权所有人协会、美国商会（有近 100 年历史，拥有来自各行各业的会员号称 300 万，还包括几百个协会，数千个地方商会，以及遍布 91 个国家国际分会）等。

产业协会和企业集团的巨大作用是美国版权产业发展的重大特色，这些产业协会和企业集团在美国版权产业发展过程中扮演者十分重要的角色，它们作为版权产业的利益代言人，不仅影响美国版权产业法律法规的制定，左右着美国政府版权产业政策的走向，而且成为美国版权产业对外政策、贸易纷争的重要影响力量，使美国版权产业的法律法规、政策制定及时反映行业本身的客观需要。产业协会和企业集团不仅是美国版权产业发展不可或缺的重要力量，也是处理与美国版权产业相关

的纠纷时不可回避的沟通对象。正如亲身经历中美知识产权纠纷的学者所说，"对于中美知识产权纠纷的研究，如果不能深入到美国产业协会和企业集团，势必会丢失一些重要的内容。因为，不仅是美国的产业协会和企业集团推动了美国贸易代表和中国的知识产权谈判，即使是美国贸易法中的"特别301条款"和其他条款，也是在美国的产业协会和企业集团的推动下制定的。"①

（四）推动投资主体的多元化，大力建设版权产业园区，重视开拓国际市场

在美国，只有极少数部门是国有化的，版权产业最初就是商业化经营模式。其文化坚持的一个基本原则是，在市场竞争机制下，依靠商业运作，让最好的文化产品流行于市场，为媒体等社会潮流的引领者认知和接受，继而影响大多数民众。美国发展版权产业的一个重要措施是采取多样化的投资主体，政府虽然通过国家艺术基金会、国家人文基金会以及博物馆组织对版权产业给予一定的资助，但是版权产业的主要资助来自于公司、基金会和个人的捐助等，其数额远远高于各级政府资助。以1997年美国的文化艺术业为例，当年美国文化艺术业的经费总额为175.83亿美元，其中政府资助20.96亿美元，社会赞助则为38.66亿美元。②推动投资主体多元化，是美国政府对版权产业市场扶持的重要举措。对于美国政府而言，版权产业发展的关键在于能够进入市场并且为市场所接受，对于版权产业的长远发展而言，政府的扶植只是一种前期的促进手段，通过立法鼓励社会团体、企业和个人的捐赠和投资，培育和健全市场化机制，才是版权产业长期健康稳定发展的基础。正是美国商业式的文化在全球的流行与风靡，迫使欧洲、日本、韩国包括我国在内，对文化发展模式进行重新思考，并进行改革。

近年来，产业集群化也成为美国版权产业的重要特征，版权产业园区的建设已经成为美国发展版权产业的重要手段。从1980年到2001年，美国的文化产业园区的数量从12个迅速发展到了900个以上。③与此同时，美国版权产业延续长久以来重视开拓国际市场的传统。以美国核心版权产业电影业为例，美国电影产业具有典型的外向型发展特征，重视开拓国际市场。目前，美国电影在全球的霸主地位无法

---

① 李明德：《"特别301条款"与中美知识产权争端》，北京，社会科学文献出版社，2000。
② 汪曼：《英美日三国文化创意产业发展经验解读及启示》，载《浙江树人大学学报》，2010年第10卷第5期。
③ 蔡荣生、王勇：《国内外文化创意产业的政策研究》，载《中国软科学》，2009年第8期。

撼动，美国的全球总票房从 2001 年的 169.6 亿美元，增长到 2006 年 258.2 亿美元，增长迅猛，其中，2006 年美国国内票房仅为 145 亿美元，仅占全球总票房的 5.6%。[1] 由此可见，开拓海外市场对于美国电影产业的重大意义。与电影业相同，美国的图书出版业、游戏软件业等核心版权产业的国际影响力都与日俱增，开拓国际市场将是美国版权产业的长期发展目标。

二、英国：政府扶持引导创意产业发展

英国是世界上最先提出"创意产业"理念的国家，现实的经济困境是英国政府推动发展创意产业的动力。20 世纪 80、90 年代，英国逐步失去了世界第一制造大国的地位，英国经济长期处于停滞状态，社会就业压力空前增大，调整产业机构，创造更多、更好的就业机会，成为当时英国政府的执政难题。通过借鉴美国等国家重视知识产权、发展文化产业的经验，英国政府尝试通过普及和发展创意产业摆脱现实的经济困境。1991 年起，英国政府就开始重视创意产业的发展。1994 年，英国政府借鉴澳大利亚的文化产业发展经验，成立专门的研究指导小组，投入了大量的资金及资源发展文化创意产业。1997 年，布莱尔当选英国首相后，把发展文化创意产业作为振兴英国经济的聚焦点。他强调"通过英国引以为豪的高度革命性、创造性和创意性来证明英国的实力"，使英国从一个多世纪以前的"世界工厂"蜕变为当今的"世界创意中心"，从而全方位提升英国的国家核心竞争力。1998 年英国出台了《创意产业路径文件》。[2]10 年来英国整体经济增长 70%，而创意产业增长 93%，显示了英国经济从制造型向创意服务型的转变。以增加值计算，软件自 2002 年取代服装成为最大的创意产业。在英国，2000 年创意产业增加值已超过 500 亿英镑，占国内生产总值的 7.9%，年增长率是其他产业的 3 倍，达到 9%；提供岗位 115 万个，占总就业人数的 4.1%。2002 年，英国创意产业增加值达 809 亿英镑。创意产业成为英国第二大产业（仅次于金融服务业），创意产业行业内约有 12.2 万家公司在"部际商业注册机构"注册，到 2002 年 6 月，创意产业雇佣总人数为 190 万，其后继续增长，成为该国吸纳就业人口的第一大产业。[3]2003 年，英国首相战略小组指出，用就

---

① 张养志：《发达国家文化创意产业发展模式研究》，载《国外社会科学》，2009 年第 5 期。
② 金冠军、郑涵主编：《文化创意产业引论》，第 177 页，北京，中国书籍出版社，2011。
③ 金元浦：《文化创意产业：面向未来的重大战略转移》，光明网，2006 年 1 月 20 日。

业和产出衡量，伦敦创意产业对经济发展的重要性已经超过了金融业。一年中伦敦的境内外游客在艺术文化方面的花费超过了60亿英镑。政府对创意产业采取了税收优惠等政策性扶持。创意产业成功推动了英国出口，有效地抵补了货物贸易逆差。目前，英国的文化创意产业居于世界领先水平，对英国经济的重要性也与日俱增。根据英国文体部2004年发布的《创意产业经济估算统计报告》，2003年英国创意产业的整体经济贡献率占英国附加值总和的8%，约534亿英镑，超过了英国的老牌金融业。[1]目前，英国文化创意产业经济的增长速度为12%，是整个国民经济增速的两倍，占其GDP的8.2%，与创意产业相关的企业超过15万个，吸纳的就业人数占英国就业人口总数的8%以上。英国文化创意产业的快速发展得益于政府的积极推动，通过制定突出英国特色的战略规划、政策支持和资金扶持推动创意产业发展，开拓出一个创意产业发展的成功模式。

（一）成立"创意产业特别工作组"，重视文化创意产业的基础性研究

1997年成立的"创意产业特别工作组"（Creative Industries Task Force）由多个政府部门和产业界代表组成，首相布莱尔亲自担任主席，从事英国创意产业的战略性研究，负责组织协调指导全国的创意产业推进工作，包括产业政策、规划计划、预算和划拨创意产业资金等。[2]英国政府还专门成立了一个文化、媒体与体育部（以下简称DCMS），作为推动创意产业发展的主管职能部门。英国各级地方政府也相应成立了创意产业组织领导机构。

1998年和2001年，"创意产业特别工作组"先后发布了两个《创意产业专题报告》（Creative Industries Mapping Document），分析了英国创意产业的现状并提出发展战略。此外，英国政府还发布了一系列的有关创意产业的研究报告：如1998年出版的《Exports：Our Hidden Potential》，研究了创意产业的出口政策与做法；1999年发布的《The Regional Dimension》，研究了创意产业的地区发展问题；2000年出版的《The Next 10 Years》，探究如何培养公民创意生活意识及享受创意生活；2004年的《Creative Industries Economics Estimates》公布了创意产业产出、出口、就业等统计数据，介绍了该产业的发展现状。[3]2008年，文化、媒体与体育部发布"新经济下创意

---

① 魏朋举编著：《文化创意产业导论》，第45页，北京，中国人民大学出版社，2010。
② 刘平：《英国、日本、韩国创意产业发展举措与启示》，载《社会科学》，2009年第7期，第56页。
③ 李雪玲：《英国创意产业发展及其对我国的启示》，载《现代管理科学》2008年第9期，第87页。

英国的新人才"战略报告，明确了包括人才培育在内的 26 条促进建成"全球创意中心"的行动计划和相应目标。这些研究报告分别从宏观和中观层面分析了英国创意产业的现状及存在的问题，重点理清了英国文化创意产业发展不同阶段的战略性问题，从而确保了英国创意产业政策的科学性、连贯性和一致性。

（二）制定扶持创意企业的法律法规、政策，创造适宜创意产业发展的外部环境

1997 年，布莱尔政府提出创意产业发展战略后，便努力从国家政策层面推动创意产业发展。结合创意产业的特性，英国政府制定法律法规，整合了多个部门实施创意产业扶植政策，其中包括税务方面的法规、智慧财产权等，努力营造一个适宜产业发展和企业公平竞争的外部环境。文化、媒体与体育部分别联合海关、税务部门、贸易产业部以及非政府组织机构，针对创意企业(包括个人) 实施了多元的扶持措施：

1. 多部门合作加强知识产权保护力度

英国是最早保护支持产权的国家，拥有严格完善的法律法规对知识产权进行保护，主要包括《专利法》（1977 年）、《版权、设计和专利法案》（1988 年）、《商标法》等，包含科技创新保障、国际合作、执法及资讯自由流通等多方面的措施和内容。[1]英国专利局设立的独立的知识产权网站，提供版权、商标、专利及设计等信息的自由流通。DCMS 和贸易产业部合作推广知识产权知识，2004 年，DCMS 专利办公室和贸易产业部联合组建了"创意产业知识产权论坛"，推进知识产权的教育与交流。

2. 对创意产业实施税收优惠政策，如对电影制作企业实施减免税优惠政策

3. DCMS 与英国贸易与投资机构共同开拓海外市场

DCMS 作为创意产业的主管职能部门，通过与英国贸易与投资机构等组织合作，向开展出口及海外投资业务的创意企业提供市场信息、商业机会及专家咨询。2002 年，部分创意企业、DCMS 和英国贸易投资局（UKTI）等机构联合组建了英国"创意出口集团（CEG）"，使英国创意产业与海外市场更好地连接起来。

（三）加强对创意企业的资金扶持，政府协同非政府组织、民间投资者支持有创新能力的个人或企业

英国创意产业主体是中小企业，这些企业在资金筹措方面存在一定的困难，往

---

① 〔英〕约翰·霍金斯:《创意经济》,洪庆福等译,第 35 页,上海,上海三联书店,2006。

往面临缺少资金、研发投入不足、无力开拓海外市场等问题。从 1997 年开始，为创意产业从业者寻求资金，就成为"创意产业特别工作组"的重要工作。政府协同金融界和有潜力的民间投资者积极支持那些有创新能力的个人或企业，为其提供发展所需的资金。①目前，为文化创意产业筹措资金主要有以下几个渠道：

（1）政府委托非政府公共文化机构实现对文化事业的财政支持。英国政府通过出资支持一些专业的机构或协会（如艺术委员会等），非政府公共文化机构通过具体分配拨款的形式，负责资助和联系全国各个文化领域的文化艺术团体、机构和个人，形成全社会文化事业管理的网络体系，带动创意产业的发展。如英国艺术委员会的常规资助机构中，90%以上都有艺术教育的功能，33 万青年人被纳入了创意合作伙伴计划中，大约有 3000 个学校在音乐、舞蹈、戏剧、艺术和设计等学科设置了艺术学分②。

（2）文化、媒体及体育部搜集可提供创意产业资金的企业或个人的联系方式，公布《创意产业资本地图》，帮助中小企业者筹措资金。此外，文化媒体体育部（DCMS）还针对英国的唱片业者的资金来源做调查，出版名为《Banking on the Hit》指导手册，提供各地可供给创意产业者资金的机构联络方式，指导相关企业或个人如何从金融机构或政府部门获得投资援助。

（3）政府积极引导民间资本融入文化创意产业。1998 年，英国政府扶持成立一个推进创意产业发展的民间机构——英国创意产业局，该局下设风险投资机构和咨询评估机构，培育引导中心创意企业的成长。截至 2005 年，创意产业局在英国培育了 12 万家文化创意企业③。

（四）培育具有包容性的社会环境，走创意产业城市化发展道路

创意经济的发展需要良好的社会环境，英国创意产业的快速发展还得益于思想开放、愿意承担风险且具有包容性的社会环境。以伦敦为例，伦敦的社会环境具有包容性、丰富性，从犹太人到印度人、新知识人、避难者等，伦敦居民有 300 多种语言。④同时，英国政府重视提高民众的精神生活水平和民众的文化需求，2008 年英

---

① 文英：《创意产业使英国从制造工厂变为"世界创意中心"》，载《文化月刊》，2010 年第 3 期。
② 张雅丽、汪遵瑛：《英国、美国等国外创意产业对我国的启示》，载《兰州学刊》，2010 年第 1 期。
③ 金冠军、郑涵主编：《文化创意产业引论》，第 182 页，北京，中国书籍出版社，2011。
④ 金冠军、郑涵主编：《文化创意产业引论》，第 186 页，北京，中国书籍出版社，2011。

国政府发布的"新经济下创意英国的新人才"战略报告，提出了要激发英国国民的创意才能，缔造一流的创意企业、培养一流的创意人才。具有包容性的社会环境、不断壮大的创意阶层，使文化创意产业成为一种生活方式，构建了广泛的社会认同，为英国文化创意产业的持续发展提供了不懈的动力，也为英国老工业城市的转型创造了契机。

英国注重将城市文化融入创意产业中，发展创意产业时注重对城市整体进行创意营销，根据每个城市的历史特色和文化内涵进行规划，推进老工业城市的产业改革，成功实现对众多的老工业城市（如伦敦、曼彻斯特、利物浦等）的产业重组。以伦敦为例，通过发展文化创意产业，伦敦成为世界多元文化的聚集地。在伦敦，有 68 万人从事创意产业的工作，人数占到伦敦就业人口的 20%，创意产业创造的价值占伦敦经济的 15%，[1]伦敦一改传统的保守形象，成为世界文化倡创意产业之都。

三、日本：建立相对完善的文化创意产业链

日本是亚洲文化创意产业最发达的国家，文化创意产业是目前日本经济的重要支柱产业。20 世纪 90 年代，日本出现了泡沫危机，为了摆脱困境，日本加快经济改革步伐进行产业结构调整，推动文化创意产业的发展。在日本，文化创意产业统称为"感性产业"或"娱乐观光业"，包括内容产业、休闲产业和时尚产业三大类别，基本涵盖了所有与文化有关的产业。其中，内容产业（Content Idustry）最受重视，主要"是指电脑、网络、电视、多媒体系统建构、数字影像处理、数字影像讯号发送、录影软件、音乐录制、书籍杂志、新闻等产业门类。"[2]日本内容产业的产值增长迅速，2002 年已达 11 万亿日元，2003 年达 12.8 万亿日元，2004 年增长至 13.3 万亿日元。[3]日本的创意产业以动漫和电玩产业为核心，其年营业额达到 230 万亿日元，是世界上最大的动漫制作和输出国，素有"动漫王国"之称。据统计，全球播放的动漫作品中有六成以上来自日本，在欧洲达八成以上。目前，全球播放的动画片有 65% 出自日本，全球电子游戏的市场份额中，90% 以上的硬件和 50% 的软件被日本厂商掌握。[4]最近，日本政府在文化创意产业方面出台了一系列新举措，把文化

---

① 〔澳〕约翰·哈利特：《创意产业读本》，曹书乐等译，第 195 页，北京，清华大学出版社，2007。
② 张胜冰等：《世界文化产业概要》，第 117 页，昆明，云南大学出版社，2006。
③ 张国庆：《日本内容产业发展分析》，载《日本研究》，2006 年第 1 期。
④ 魏朋举编著：《文化创意产业导论》，第 53～54 页，北京，中国人民大学出版社，2010。

产业定为重要突破口，官民并举促进文化产业出口。2010 年 6 月，日本政府出台的《新增长战略》强调通过多种措施在海外拓展相关创意产业业务，预计到 2020 年在亚洲实现文化产业收益 1 万亿日元的目标。

日本文化创意产业的发展拥有东方国家的独特文化背景。日本能在较短时间内成为世界文化创意强国，除特殊的历史传统和文化氛围外，日本政府强有力的引导是最主要的原因，成功地运用了宏观经济计划与产业政策，积极推动文化创意产业的发展。而且在其产业经营和具体运行过程中，注重"产、官、财、学"的紧密结合，关注创意城市的建设，实现产业发展与产业生态环境的互动统一；注重建立相对完整的产业链，实现产业经营、产品开发、产业链内外的同步统一。同时，日本独特的文化传统，独具特色的企业运行机制，也为日本文化创意产业的发展注入活力。

(一) 通过立法和实施产业政策，积极引导文化创意产业发展

日本中央到地方各级政府都十分重视文化创意产业的发展，制定一系列有关文化创意产业宏观发展战略和经济计划，对创意产业市场起着"指导"、"引导"和"预测"的作用。1995 年，日本文化政策推进会议发布了《新文化立国：关于振兴文化的几个重要策略》，明确提出"文化立国"的战略方针。2001 年，日本政府全力实施知识产权立国战略，明确提出 10 年内把日本建成世界第一知识产权国。2001 年，发布了《东京观光产业振兴计划》，2003 年又制定了观光立国战略。[1]日本政府文化、知识产权立国战略的确立，为日本文化创意产业赢得法律法规、政策和资金的支持，极大地推动了日本文化创意产业的发展。

在文化、知识产权立国方略引导下，日本国会 2001 年通过了《振兴文化艺术基本法》，并对 1970 年制定的《著作权法》进行修订，加强知识产权的保护。针对日本文化市场中介组织复杂的情况，日本政府还制定了《著作权中介服务法》。近年来，根据文化产业发展的新形势，日本又制定了多部新的法律，如《IT 基本法》、《知识产权基本法》等。此外，日本政府实施了卓有成效的产业调控政策，日本产业政策的制定和实施具体由通产省负责，由以促进产业发展为目的，以产业和企业为对象，由政府推行的干预产业的一系列政策组成。数字技术普及后，日本还发明了保护产权避免复制的技术，人们上网后可付费观看音像制品，但不能复制，从而在

---

① 金冠军、郑涵主编：《文化创意产业引论》，第 212 页，北京，中国书籍出版社，2011。

互联网时代有效保护了内容创意的著作权。日本的文化产业政策是针对产业而不是针对个别公司的，目的是造就竞争性的环境，推动企业实现规模经济，整体提升日本创意产业的竞争力。

（二）"产、官、财、学"紧密结合，关注创意城市的建设

日本在文化创意产业发展过程中，成功使用了"产、官、财、学"结合的发展方式，即由政府提供法律保障和政策支持，有学术机构或研究机构负责市场预测、发展前景等信息支持，企业通过与政府和研究机构合作谋求文化创意产业的发展。[①]以日本最为著名的动漫产业为例，1995年日本提出"文化立国"战略方针的重点就是发展动漫产业后，日本通产省委托"动漫委员会"进行了"振兴数字时代的动漫产业"的研究，文部省和劳动省接受该演技报告的建议，对动漫产业追加了1000亿元的扶持资金，推动动漫产业的数字化、信息化建设和人才培养。在政府的政策、资金扶持下，通过专业研究机构的信息指导，日本动漫产业得到不断壮大。

将创意产业的发展与建设创意城市相结合，并以城市优势产业为核心形成产业集聚和产业集群，是日本发展创意产业的又一特点。长期以来，日本较为关注创意城市建设，东京、神户、名古屋、横滨、仙台等城市政府各自提出了创意城市和创意产业发展计划。其中，东京主要集聚和发展内容产业，其规模和产值约占全国的6成；仙台则是日本电影产业的主要生产地，该市提出要依靠电影产业形成创意产业集群；名古屋市紧邻丰田汽车公司本部所在地丰田市，周围集聚了众多汽车设计及零部件供应商，因此该市提出要以建设设计都市为中心发展创意产业。[②]创意产业发展与创意城市的有效结合，不仅避免了不同城市创意产业之间的恶性竞争，还促进了城市特色的形成，推动了城市的产业升级。

（三）创意产业链条相对完整，拥有许多有竞争力的企业组织

在日本，多种文化创意产业之间的综合经营非常普遍。近年来，日本动漫和游戏产业出现与电影、电视、小说等其他产业联合的趋势，其中，动漫产业与影视产业关联尤为紧密，这种关联不仅体现在技术上，更体现在内容中：越来越多的动漫游戏被搬上荧屏，越来越多的影视作品被改编为动漫或游戏。其中，动漫游戏改编

---

① 金冠军、郑涵主编：《文化创意产业引论》，第204页，北京，中国书籍出版社，2011。
② 刘平：《英国、日本、韩国创意产业发展举措与启示》，载《社会科学》，2009年第7期。

为电影的著名案例有：系列游戏《深化危机》、漫画《死亡日记》等。多种文化创意产业之间的综合经营，使日本的文化创意市场形成相对完整的产业链条。与单一创意产品开发相比，完整的产业链条充分挖掘创意资源的机制，实现创意产品的经济利益的最大化。

此外，日本拥有一批相对成熟的创意企业组织，这些企业组织不仅成立时间较长，而且运营上也相对成熟，成为带动日本创意产业发展的龙头企业。例如演出界的四季剧团、宝冢剧团；电影界的松竹、东映、东宝公司；广告界的电通公司；漫画的集英社、角川书店；游戏界的任天堂、世嘉；以及贯穿整个文化创意产业链条的索尼公司等①。这些创意组织的成功运作，成为日本文化创意产业的标杆，引领了日本文化创意产业的发展动向。

（四）富有活力的创意市场组织结构，独具特色的企业动力机制

长期以来，日本的创意企业结构具有自身的特殊性：一是文化创意企业经营集团化经营，产生资本集聚效应。20世纪50年代中期以来，日本社会财富向文化产业的逐步集中，许多大企业结合组建起文化企业集团，包括以银行和金融组织为中心集结的财团型企业集团，以及以一个独立的大垄断企业为中心、通过控股等形式集结的独立型企业集团。二是中介机构活跃，成为文化和市场高度融合的桥梁。日本文化行业协会几乎遍布每个行当，行业协会负责制定行业规则，维护会员的合法权益，进行行业统计，作用十分突出。②此外，日本的文化创意市场还具有企业股权分散与法人相互持股、经理核心决策与工人参与制相互配合、大企业与中小企业和平共处等特征，这些特征使日本文化创意市场具有较强的活力。

日本创意产业的飞速发展还得益于企业动力机制的成功解决。日本企业创造出一种物质动力与精神动力并重，奖励与惩罚、竞争与合作相结合的综合型的动力机制。在这种动力机制下，企业所有者、经营者和劳动者的利益得以协调，并自觉地服从于社会目标，保证了企业和整个文化创意产业的长期稳定发展。与欧美企业的以物质刺激为核心，以惩罚与竞争为主的激励机制相比，日本企业把物质刺激与精神刺激、惩罚与奖励、竞争与合作进行有机的结合，形成了独具特色的日本式市场动力机制。此外，日本企业的终身雇佣制和年功序列工资制等制度，在发达市场经

---

① 金冠军、郑涵主编：《文化创意产业引论》，第212页，北京，中国书籍出版社，2011。
② 张养志：《发达国家文化创意产业发展模式研究》，载《国外社会科学》，2009年第5期。

济国家也是绝无仅有的。日本创意企业独具特色的综合行动力机制，使日本文化创意企业具有强大的竞争力。

四、韩国：政府主导文化创意产业的发展

韩国的文化创意产业与日本一样，其主体也是"内容产业"。1992年，韩国发布《文化产业振兴基本法》将文化创意产业定位为与文化商品的生产、流通、消费有关的产业，具体行业总类有影视、广播、音像、游戏、动画、卡通形象、演出、文物、美术、广告、出版印刷、创意性设计、传统工艺品、传统服装、传统食品、多媒体影像软件、网络以及与其相关的产业，此外还有根据国家总统令指定的产业。[①]近年来，韩国的文化创意产业取得了显著的战绩，其文化产品的出口额在2002~2005年期间翻了一番。[②]韩国文化创意产业的成功经验与美、英、日三国具有一定的相似性，现简要介绍如下：

（一）韩国政府的大力引导

1.政府确定"文化立国"的基本战略

1998年，韩国正式提出"文化立国"方针，并提出了"资源有限，创意无限"的战略口号，设立了文化产业局、文化产业振兴院、文化产业基金、游戏产业振兴中心，颁布了《文化产业促进法》，有力地推动了文化产业的发展。随后，韩国政府相继出台一系列法律、政策，制定了清晰而庞大的文化创意产业发展规划，涉及政策、法律、基金、组织机构和园区五大部分规划，确定了韩国文化创意产业的基本战略。

2.政府制定五年规划推动文化创意产业的发展

韩国政府通过实施《文化创意产业振兴五年计划》（1999~2003年），将数字游戏确定为国家的战略产业等一系列措施，逐步实现文化创意产业发展战略。

3.政府对文化创意产业进行资金扶持

运用国家预算，加大文化事业的投入，并采用官方和民间合作的方式，政府与

---

① 任鹤淳：《韩国文化产业实况与发展政策》，载《当代韩国》，2004年秋季刊。
② 金冠军、郑涵主编：《文化创意产业引论》，第218页，北京，中国书籍出版社，2011。

社会共同推动文化创意产业的发展。

（二）重视规模化经营

利用韩国的文化独立性，整合韩国影视、音乐、出版、漫画、动画和游戏等文化产业核心领域，带动其他产业如旅游业、制造业、服务业的发展。为整合和优化文化创意产业资源，韩国从 2001 年开始计划花 10 年时间，在全国建设大量文化创意产业园区，文化创意产业生产链。与日本相似，这些园区都采用产、官、财、学的联合协作的模式。

（三）积极开拓国际市场

韩国政府重视优化本国文化创意产业的环境，通过积极开拓海外市场，以求在全世界范围内成功重塑韩国的国家形象。韩国文化产品出口的目标具有市场指向性，主要为中国、日本、新加坡和越南等"儒家文化圈"国家。

五、发达国家发展文化创意服务业的启示

分析美、英、日、韩四国的文化创意产业的发展历程，由于经济、政治和文化状况的差异，四个国家的文化创意产业遵循了不同的发展轨迹。但是，不同发展轨迹中也包含了一些共同的特点，即建立完善的法制环境，加强政府和市场联动，打造良好的市场环境吸引人才等是文化创意服务业得以成功的重要条件。这些共性折射出了文化创意服务业发展的普遍规律，为我国及其他国家发展文化创意服务业提供了启示：

（一）文化创意服务业的发展需要较高的经济发展水平为基础

文化创意服务业作为知识型、智力型的经济形态，是经济发展的高端形态，是一个国家的经济发展到较高水平的产物。美、英、日、韩发展文化创意产业的成功，都建立在较高经济发展水平的基础上，美国是当今世界的头号经济强国，其经济霸主地位短期内很难动摇；英国作为老牌的资本主义国家，长期把持着世界第一制造大国的位置；日本曾经长期保持世界第二经济实体的位置；韩国也是亚洲经济发展水平较高的国家。较高的经济发展水平为美、英、日、韩四国的文化创意产业发展提供了良好的基础设施、充足的人力资源、相对稳定且增长较快的市场、多样化的

产业机构和高度开放的经济环境。可见，较高的经济发展水平为文化创意产业创造了市场，提供了基本的物质保障，因此，发展文化创意产业需要因地制宜，满足文化创意产业的基础经济条件。

（二）文化创意服务业的发展需要完善激发创意的制度环境和资金扶持

分析美、英、日等国取得文化创意产业的成功经验，这些国家政府通过法律法规、政策和资金扶持等手段，为本国文化创意产业的发展创造了良好的制度环境：

1. 相关法律法规健全与否直接影响文化创意服务业的发展

法律作为现代国家的治理手段，是推动经济发展、社会治理的制度依据，优良完备的法律体系能够创造出强大的制度优势，从而为本国创意产业发展提供有力的支持。美国版权产业的成功就是建立在严密有力的法律保护的基础上，正是依托美国政府健全完备知识产权的有力保障，美国的核心版权产业如电影业、音像业、软件业以及出版业才得以迅速发展。此外，英、日两国在推动文化创意产业发展过程中，都重视健全知识产权相关的法律法规。

2. 政府合理的战略规划是文化创意服务业发展的契机

从美、英、日、韩四国经验来看，政府明确创意产业的战略地位，往往为本国文化创意服务业腾飞创造了契机，如日本 1995 年提出"文化立国"的战略方针，2001 年实施知识产权立国战略，2003 年制定了观光立国战略；英国 1997 年明确提出"创意产业"的理念，把发展创意产业作为振兴英国经济的聚焦点。这些国家战略的制定，成为该国创意产业发展的转折点。

3. 政府的政策、资金扶持是推动文化创意服务业发展的有力手段

文化创意服务业是一个新兴产业，在其发展过程中，特别是发展初期，需要政府的政策、资金支持。美、英、日、韩四国的发展经验也表明，在文化创意服务业产业发展的初期，政府的资金扶持具有非常重要的意义，例如，美国政府国家艺术基金会、国家人文基金会以及博物馆组织对版权产业给予一定的资助，并努力推动版权产业投资主体的多元化；英国为了促进本国的创意产业的发展，其文化、媒体和体育部出版了"Banking on a hit"手册，指导相关企业或个人如何从金融机构或政府部门获得投资援助；日本在发展动漫产业过程中，文部省和劳动省等政府机构对动漫产业追加大量的扶持资金，推动动漫产业的数字化、信息化建设和人才培养。此外，美、英、日、韩政府通过人才培养与引进、文化创意产业园区建设等措施为创意产业发展提供动力。

（三）文化创意服务业的发展需要尊重、遵循市场规律

创意产业是建立在市场经济体制的基础上，其发展需要尊重市场规律。在发展文化创意服务业过程中，美、英、日等国在处理政府与市场的关系上存在差别，相比而言，美国更为崇尚自由主义的经济理念，政府更少干预经济的运作，日本、韩国政府则更多地运用宏观经济计划与产业政策引导文化创意服务业的发展。但是，美、英、日、韩四国的政府都坚持尊重市场规律的基本原则，确保市场机制处于资源配置的基础性地位。对于美国政府而言，版权产业发展的关键在于能够进入市场并且为市场所接受，政府的扶植只是一种前期的促进手段，培育和健全市场化机制，才是版权产业长期健康稳定发展的基础。英国政府虽然大力推进创意产业的发展，但政府不干预文化市场的具体运作，重点放在创造良好的市场环境上，从而推动了创意产业的发展。日本、韩国的文化产业政策的目的也是造就竞争性的环境，注重发挥市场机制的作用，推动企业实现规模经济，整体提升本国创意产业的竞争力。可见，尊重、遵循市场规律是发展文化创意产业，是实现文化创意产业健康发展的重要基础。

（四）文化创意服务业的发展需要培育、发挥社会组织作用

当前世界，行业协会、非营利组织等社会力量不断崛起，成为一股越来越强大的力量，改变了政府、市场和社会的传统力量对比关系。这种变化也能在各国文化创意服务业发展中得到印证，社会力量已经在美、英、日等国的文化创意服务业发展过程中扮演着十分重要的角色。美国的民间版权组织（包括行业协会和企业集团）对美国版权产业的发展举足轻重，它们作为美国版权产业的利益代言人，不仅影响美国版权产业法律法规的制定，左右着美国政府版权产业政策的走向，而且成为美国版权产业对外政策、贸易纷争的重要影响力量，使美国版权产业的法律法规、政策制定及时反映行业本身的客观需要。英国政府在发展文化创意产业过程中，注重融合、发挥社会力量的作用，协同金融界和有潜力的民间投资者积极支持那些有创新能力的个人或企业，为其提供发展所需的资金。在日本，中介机构异常活跃，成为文化和市场高度融合的桥梁，日本文化行业协会几乎遍布所有行业，在日本文化创意产业发展过程中发挥重要的作用。因此，如何尊重、融合社会力量是发展文化创意产业的重要课题，能否有效的融合社会力量，也影响一个国家文化创意产业的长远发展。

（五）文化创意服务业的发展需要突出、发扬本国特色

"文化内涵"是文化创意服务业生命力的重要源泉。在当前注重"软实力"竞争的背景下，文化创意服务业已经成为各国推广本国文化、扩大国际影响力的重要手段，突出、发扬本国特色成为各国发展文化创意服务业的共同选择。英国创意产业的发展注重突出英国特色，发展创意产业时注重对城市整体进行创意营销，根据每个城市的历史特色和文化内涵进行规划，结合创意产业对老工业城市进行产业升级，使伦敦、曼彻斯特、利物浦重新焕发了青春。日本在文化创意产业发展过程中，成功使用了"产、官、财、学"结合的发展方式，并将日本文化融入文化创意产业中，将创意产业的发展与建设创意城市相结合，促进日本文化产业特色的形成。韩国文化创意产业是重视突出本国特色的典型，对韩国文化创意产业进行国家规划、营销，利用韩国的文化独立性，以求在全世界范围内成功重塑韩国的国家形象。展望文化创意产业的未来发展趋势，突出、发扬本国特色将受到更多的重视。

第五章 我国文化创意服务业：前景与选择

近些年，全球文化创意服务业发展规模与速度大幅度增长，文化创意服务业以其新型的产业形态和发展模式为世界经济发展注入了活力，并成为经济发展方式变革中的前沿产业。据联合国 2004 年举行的贸易和发展会议统计，创意产业增加值已经占世界 GDP 的 11%。目前全世界创意产业每天创造的产值高达 220 亿美元，并以每年 5% 的速度递增。其中，美国创意产业增长的速度最快，达 14%，英国次之，达12%。我国的文化创意服务业虽然起步稍晚，但发展空间和潜力巨大。联合国五大机构在北京发布的《2010 创意经济报告》（中文版）①指出，发展中国家在创意产业领域中的活力日益增长。报告中的数据显示，创意产品出口是发展中经济体创意经济发展的新动向，我国创意产品出口将近 850 亿美元，占全球市场的 20.8%。北京、上海、杭州、深圳、香港等地的文化创意服务业已经成为本地经济发展的重要支柱产业。

一、我国文化创意服务业发展现状与问题

进入"十一五"以来，在党中央关于"加快发展文化事业和文化产业"、"推动社会主义文化大发展大繁荣"精神指引下，全国各地高度重视文化创意服务业发展，各级党委、政府逐步把加快文化产业发展、建设现代化城市文化放在各项工作的重要位置，深化文化体制改革、扩大产业规模和市场开放，积极推进科技、创意、城市建设与文化创意服务业融合发展。国家和各级政府还十分注重改善文化基础设施条件，优化文化创意服务业的发展环境，不断加大资金投入力度，建立了人才、信

① 《2010 创意经济报告》由联合国贸发会议、联合国开发计划署、联合国教科文组织、世界知识产权组织和国际贸易中心共同完成，被认为是代表联合国立场和观点的"政策导向性"报告。2010 年 10 月 17 日，《2010 创意经济报告》（中文版）在北京召开的第四届中国国际文化产业论坛上发布。

息、技术、版权保护等文化创意服务业公共服务平台，有力地吸引了多种经济成分进入文化创意服务业领域发展。我国文化创意服务业呈现出健康向上、快速发展的良好态势，成为市场经济条件下繁荣社会主义文化、满足人民群众精神文化需求的重要途径，对国民经济增长的贡献不断上升，正在成为推动社会主义文化大发展大繁荣的重要引擎和经济发展新的增长点。

（一）我国文化创意服务业发展现状

1. 增长速度和总量连上新台阶，文化创意服务业规模不断扩大

近几年，我国文化创意服务业总体发展速度加快、质量提升，广播影视、出版传媒等领域继续保持稳步增长，文化旅游、演艺娱乐等领域呈现旺盛发展势头，印刷服务、文化装备制造等领域已经形成较为鲜明的产业特色。根据国家统计局公布的文化产业发展统计报告，2008 年，在 45 个文化服务行业中，经营性文化单位实现增加值占文化服务行业增加值的 74.5%，与 2004 年相比提高了 7.3 个百分点；2004 年至 2008 年间，文化产业增加值年均现价增长速度达 22%，高于同期 GDP 年均现价增长速度 3.6 个百分点。以电影业为例，2003 年以前，我国电影产量一直在 100 部以下，2010 年我国电影产量上升到 526 部，成为世界第三大电影生产国和第一大电视剧生产国，电影票房增速连续 6 年保持在 30% 以上，票房过亿元的国产电影达 43 部，改变了进口大片主导我国电影市场的格局。影片《唐山大地震》上映 17 天，票房达 5.32 亿元，创造了国产电影最高票房纪录。影视动画产量从 2005 年的 4.2 万分钟增加到 2010 年的 22 万分钟，增长了 4 倍以上，扭转了进口片占主导的局面。新闻出版业总资产、总产出、总销售比"十五"时期翻了一番，印刷业翻了两番。国家统计局发布的数据显示，2008 ~ 2010 年间，我国文化产业法人单位增加值年均增长 24.2%，大幅度高于同期 GDP 的现价年均增速。2009 年我国文化及相关产业法人单位增加值达 8400 亿元左右，快于同期 GDP（现价）增长速度 3.2 个百分点。2010 年我国文化及相关产业法人单位增加值达 11052 亿元，占国内生产总值的比重达 2.75%。

在传统优势文化创意服务业继续稳步增长的同时，新兴文化创意服务业发展势头良好。依托高新技术和设计人才聚集的优势，创意设计、动漫及网络游戏等与数字网络技术相融合的新兴行业发展迅猛，逐步显示出强劲的发展潜力，成为文化创意服务业中极具增长潜力的新亮点。其他新领域、新门类、新技术、新业态也正在不断萌发和涌现。目前，全国已有 13 个省区市实现了省域广播电视传输网络的整

合，其他地区网络整合也正在进行之中，数字化整体转换步伐加快，正在由"小网"变为"大网"，为促进中国特色的"三网融合"提供了一个技术先进、可控可管的重要平台。2009 年，网络出版、手机出版、动漫出版、网络游戏出版和数字印刷等数字出版产业总产值超过 750 亿元，比上年增长 42%。

2. 公共文化服务体系建设日趋完善，文化惠民工程进展显著

"十一五"时期前 4 年，全国文化事业费总计超过 900 亿元，年均增幅达 25.28%。2009 年，中央财政对地方各项文化工程投入总量就达 30 多亿元。随着我国经济的持续发展、综合国力的进一步增强，全国文化事业费按照一定比例增加，有力地促进了文化事业的发展，不断扩大公共文化服务覆盖面，提升了公益性文化事业的服务水平。截至 2009 年年底，全国各级公共博物馆、纪念馆已有 1444 座向社会免费开放；全国已有 2850 个公共图书馆、3223 个文化馆、38740 个文化站；乡镇综合文化站新建和扩建 2.67 万个，文化信息资源共享工程建成各级服务点 75.7 万个、覆盖 75% 的行政村，广播电视村村通工程已覆盖全部行政村和 50 户以上自然村，农村电影放映工程初步实现每个行政村每个月放映一场电影目标；已建成农家书屋 24 万个，每个书屋可供借阅的实用图书不少于 1000 册，报刊不少于 30 种，电子音像制品不少于 100 种；广播电视村村通工程预计到 2010 年年底，将有 70 多万个 20 户以上已通电自然村将全面"扫盲"；由政府投资建设的综合性文化场所，如大剧院、音乐厅等遍布全国各城市；以大型公共文化设施为骨干、以社区和乡镇基层文化设施为基础的城乡公共文化服务网络初步建立，新型公共文化服务体系运行机制和投入保障机制正在形成。

3. 部分地域优势突出，产业集群集聚效应明显

英国、美国、日本、韩国等国的经验表明，发达国家在完成工业化和城市化之后，正在把发展文化创意产业作为促进经济转型的重要战略举措。我国的北京、上海、香港、台湾等地也高度重视文化创意服务业的发展，随着城市化人口的不断增多，与城市人口发展规模及文化消费水准相配套的影视、演艺、新闻、图书、娱乐、休闲、旅游等文化创意服务业也得到了加快推进。各地都在积极发展以历史文化保护开发和优秀民族民间、民俗文化资源利用等为特点的文化旅游业；以原创、创意和加工制作为特点的动漫产业；以满足市民日常文化消费需求和丰富城市文化生活为特点的电影、电视、图书阅览、文化展览等多层次城市文化创意服务业；以适应现代制造业快速发展需求为特点的印刷业等，并取得了突出的成就。特别是在北京、上海、杭州、广州、深圳等特大、大型城市，文化创意产业已经成为城市经济发展

的重要内容之一。如"十一五"时期，北京市组织认定了 30 个市级文化创意产业集聚区，覆盖全市 16 个区县，集聚文化企业上万家。仅"798"艺术区就有 450 多家企业入驻，2010 年参观人数超过 200 万人次。"十一五"期间，北京市设立了文化创意产业发展专项资金，每年安排 5 亿元面向社会支持文化创意产业发展，5 年来共支持项目近 600 个。北京市发改委固定资产投资近 6 亿元，累计支持了 10 个文化创意产业集聚区的 22 个项目，项目总投资 10.6 亿元。另外，北京还积极促进文化与金融对接，构建文化创意产业投融资服务体系、加速产业集聚和项目落地、深化文化体制改革，助推文化创意服务业发展。据北京市统计局初步测算，2010 年全市文化创意产业实现增加值 1692.2 亿元，比上年增加近 200 亿元，占全市 GDP 比重为 12.3%，圆满地完成了"到 2010 年文化创意产业增加值将超过 1000 亿元、占全市 GDP 将超过 12%"的目标。按现价计算，"十一五"时期，北京市文化创意产业增加值年均增速达到 20%。上海市计划用 10 年时间建成亚洲最有影响力的文化创意产业中心之一；杭州市也提出打造文化创业、环境高度融合的全国文化创意中心。深圳市有各类影视制作机构近 60 家，动画制作机构 200 多家，聚集了全国 70% 以上的动漫人才。深圳的工业设计占全国近一半的市场份额，拥有一支两万多人的专业设计队伍。广州市将软件和动漫产业列为"十一五"期间广州高新技术产业发展的突破口，确定从 2007 年起的 5 年内，每年安排 1.5 亿元资金设立广州市软件和动漫产业发展基金。2007 年广州从事网络游戏、动画、漫画的企业超过 120 家，从业人员超过 15000 人，网游动漫产业年产值（不包含衍生产品在内）已经超过了 100 亿元，动漫产业年产值占全国的 1/5 左右，在原创漫画领域书刊发行量约占市场的三成。

专栏 5-1：上海文化创意服务业的发展

上海文化创意服务业在短短几年时间里获得了快速发展，推动了一批创意型行业，建立了一批具有很高知名度的文化创意产业园区，聚集了一批具有创造力的优秀创意人才。上海市文化创意服务业的战略目标是：用 10 年时间，建成亚洲最有影响力的文化创意产业中心之一；用 20 年时间，和伦敦、纽约、东京一起成为全球最有影响力的文化创意产业中心之一。

在发展路径上，形成与历史建筑保护相结合的发展模式。上海市开发改造和利用了 100 余处老上海工业建筑，对老厂房、老仓库进行了改建，形成了一批独具特色的创意工作园区，如泰康路视觉创意设计基地、昌平路新型广告动漫影视图片生产基地、杨浦区滨江创意产业园、莫干山路春明都市工业园区、福佑路旅游纪念品设计中心、共和新路上海工业设计园、"八号桥"时尚设计产业谷和天山路上海时尚产业园等，走出了文化创意服务业与城市改造联动发展的新路。

上海市积极举办各类电影节、电视节、音乐节、艺术节、设计展，在国际上赢得了广泛的声誉，充分发挥有形的高科技发展和无形的人才创意力量的作用，实现了文化创意服务业的整体增长。据统计资料显示，2007年上海市创意服务业总产值达2902.98亿元，行业增加值为857.81亿元，较2006年增长27.2%，占全市GDP的比重为7%。其中，研发设计创意、咨询策划创意、建筑设计创意三个重点行业仍为上海市创意服务业发展的主导力量。另外，上海扩大文化服务贸易、加大文化出口的一系列政策措施也正在发挥积极作用。

总体来看，各地文化创意服务业发展与独特的地域特征和文化资源紧密结合，与蓬勃发展的现代制造业及其国际化的商务环境紧密联动，结构布局较为合理，空间布局相对集中，区域文化创意服务业发展各具特色。随着文化创意服务业主体化、规模化发展步伐加快，各地逐步形成了一些有规模、有特色、有发展潜力的特色文化创意服务业集聚区。推进动漫产业与数字技术、软件开发及特色休闲服务密切结合，初步形成剧本原创、儿童创作、人才培养、动漫制作服务外包等产业集聚形态。

专栏5-2：透视文化创意服务业集聚区

文化创意产业园区、文化创意产业基地的建立有利于发挥文化创意服务业的集聚效应，是全国各地发展文化创意服务业的最有效途径。由于文化创意企业对科技进步特别是数字化技术的依赖性比较大，必须使用许多共同的服务设施，比如现代化的信息网络服务系统，包括宽带网络、数据库、信息服务机构、数字化的加工设施等。众多文化企业聚集在一起，能共享多种要素，降低企业生产成本。目前，进入各地文化创意服务业集聚区内的企业一般具有一定的产业关联性，便于开展企业合作，从而产生互补效应。同类产业集群也有利于形成激励企业持续创新的发展环境，促进区域产业整体创新能力的提升。文化创意服务业集聚区整合了不同文化背景和专业知识的人才，不同思想和学科的组合有利于激发文化创意，形成多样化的设计与创作、经营与管理的创意氛围。而文化创意信息的密集化，也有利于促进文化创意服务业的进一步发展和提升。

4.文化创意投资日趋多元，文化市场体系及运行机制进一步完善

在政府的积极引导和推动下，我国初步建立起社会主义市场经济的体系和框架。以"一手抓繁荣，一手抓管理"的方针为指引，基本形成了由娱乐市场、演出市场、

音像市场、电影市场、网络文化市场、艺术品市场等组成的统一、开放、竞争、有序的文化市场体系，初步建立起以综合行政执法、社会监督、行业自律、技术监控为主要内容的文化市场监管体系。到 2010 年年底，我国文化系统登记注册的文艺表演团体达 6864 个，艺术表演场所 2112 个，国内演出观众人次达到 8845.8 万人次。全国拥有公共图书馆 2884 个，群众艺术馆和文化馆达到 43382 个，全国文化市场经营机构 244697 个，经营面积达到 7993 万平方米。文化市场已经形成多样化、多层次、多渠道的文化创意产品供给新格局和传播快、覆盖广、容量大的文化创意产品流通新网络。经过"十五"时期的着力培育和发展，文化市场体系及运行机制进一步完善，演出、娱乐、出版、图书、广告等各类文化市场日益走向成熟和规范，投资渠道日益多元化，呈现出国家、集体、民营、外资等所有制形式共存共荣的发展格局。除广播电视、出版传媒等领域以国资为主之外，文化创意、文化旅游、休闲娱乐、演艺娱乐、动漫影视、艺术培训等众多产业领域民资和外资是主要经济成分。多种经济共同繁荣的文化产业发展格局，也是不断深化文化体制改革、改善政府文化行政服务、持续加大对多种经济成分进入文化领域发展予以支持所取得的成果。以南京市为例，目前，民营资本和各类社会资本已成为投资南京文化创意产业的主力军，南京动漫行业协会中，民营企业占 61%，南京文化创意行业协会 81 家会员单位中，民营企业占 69.2%。

文化创意服务业还吸引了大量民营资本和外资积极投身于产业的经营，形成了一批具有较大影响力的批发市场。以资本、货币、技术产权、人才等一批要素市场为核心的产权交易、人才市场等文化创意市场体系不断发展完善，文化创意服务业集聚辐射功能显著增强，涌现出一批规模较大、效益良好的国有和民营文化创意企业。这些企业在自由竞争的环境下迅速成长，具有鲜明的市场原发性，市场化和产业化程度比较高。

5. 文化创意产品出口增长明显，国际文化贸易逆差局面明显改观

据商务部统计，2010 年，我国核心文化产品进出口总额为 143.9 亿美元，同比增长 15.1%。国产影片海外销售总额超过 35 亿元人民币，图书版权输出引进比从 2005 年 1：7.2 缩小至 2010 年的 1：3，文化产品和服务进出口逆差逐步减少。据海关统计，2010 年我国出口文化产品 76.9 亿美元，较上年同期（下同）增长 26.4%，比金融危机发生的 2008 年增长 18.2%。2010 年，我国以一般贸易方式出口文化产品 43.9 亿美元，增长 35.8%，占同期我国文化产品出口总值的 57.1%；同期，加工贸易方式出口 25.9 亿美元，增长 9.6%，占 33.7%。美国和欧盟为我国文化产业的主要出

口市场。2010 年，我国对美国出口文化产品 24.5 亿美元，增长 24.7%；欧盟 22.2 亿美元，增长 27.4%；上述两者合计占同期我国文化创意产品出口总值的 60.8%。此外，内地对香港出口 8.9 亿美元，增长 11.6%。外商投资企业高居出口榜首，私营企业发展显著。2010 年，外商投资企业出口文化创意产品 32.7 亿美元，增长 14.9%，占同期我国文化产品出口总值的 42.6%；同期，私营企业出口 32.2 亿美元，增长 53.4%，高于整体增速 27 个百分点。此外，国有企业出口 9 亿美元，增长 1.1%。从地区来看，广东文化产品出口领先优势明显。2010 年，广东出口文化创意产品 37.2 亿美元，增长 9.4%，占同期我国文化创意产品出口的 48.4%。同期，浙江和福建分别出口 6.9 亿和 6.1 亿美元，分别增长 29.2% 和 28%。

6. 文化体制改革成效显著，文化创意服务业发展的活力和动力明显提升

从十四届六中全会第一次以党的重要决议的形式强调改革文化体制是文化事业繁荣和发展的根本出路，到党的十六大把文化建设提到战略高度，再到党的十七大深刻阐述文化建设的重要性，文化体制改革进一步成功推进，重塑了文化市场主体，激发了文化单位前所未有的活力和创造力，我国文化体制改革在探索中稳步推进，国有经营性文化单位转企改制取得了决定性进展，文化创意服务业结构调整和资源整合力度不断加大，国有文艺院团、新闻媒体、综合执法等领域改革取得重大突破，广大文化工作者改革发展的积极性、主动性显著增强。党的十七届六中全会又通过总结我国文化改革发展的丰富实践和宝贵经验，部署了深化文化体制改革、推动社会主义文化大发展大繁荣的各项重要任务。国家的一系列文件加快了文化创意服务业体制机制改革的步伐。

2003 年开展文化体制改革试点工作后，各地切实加强组织领导、加大工作力度，采取了一系列政策措施，不断完善领导体制和工作机制，推动文化体制改革取得重大进展。至 2006 年，全国开展文化体制改革的地级市已达 117 个，约占全国地级市的 35.1%。部分省（区、市）也选择了少数县或县级市作为文化体制改革试点地区。总体看，全国文化体制改革呈现由东到西梯度推进的态势。国有经营性文化单位转企改制取得重要进展，涌现出一批具有较强实力和竞争力的文化创意企业和企业集团。其中，文化体制改革走在前列的出版发行业的市场化程度显著提高，到 2008 年，图书出版市场化程度达到 84.7%，音像制品出版达到 88%。这些数据充分体现了我国文化体制改革的实际进程与成效，也见证了文化体制改革对解放和发展文化生产力的巨大作用。2009 年 8 月，中央在江苏南京召开全国文化体制改革经验交流会，标志着文化体制改革进入全面推开、全力推进的新阶段。2010 年 7 月 23 日，中

共中央总书记胡锦涛在主持中央政治局第二十二次集体学习时发表重要讲话，进一步明确了深入推进文化体制改革的指导思想、重点任务和工作要求，为继续深化文化体制改革指明了方向。在这一背景下，天津、山西、辽宁、安徽、山东、河南、陕西等七省市的文化体制改革工作取得了实质性进展。

专栏 5-3：文化体制改革试点进展情况

截至 2010 年，山西全省已有出版发行、电影制作发行放映、文艺演出等 182 家文化事业单位转为企业；100 多个县级文艺院团自主走向市场；提前一年完成了 11 个市的改革任务。2009 年 12 月 18 日，山西出版传媒集团率先实现整体转企。转企改制后，集团建立了现代企业制度，总资产和销售收入均达到 47 亿元，利润增长了 9 倍。随之山西演艺集团、山西影视集团、山西广电信息网络集团、山西日报传媒集团、山西广电传媒集团挂牌成立，加上山西出版传媒集团，山西省基本形成以六大文化企业集团为龙头的文化产业新格局，标志着山西文化产业进入集约化、规模化、专业化发展的新阶段。从文化产业增加值占 GDP 比重来看，2009 年，山西已由 2008 年的 2.8% 提升到了 3.5%，增长幅度远远超过预期目标。在 2010 年的深圳文博会上，山西展团签订了 14 个文化产业合作项目，协议融资总额 39.01 亿元，超过以往历届水平。2010 年山西省文化及相关产业实现增加值 287.37 亿元，同比增长 25.4%，增速比上年提高了 15 个百分点。

辽宁省已完成 313 家国有经营性文化事业单位转企改制，其中，21 家出版社和 65 家新华书店全部完成转企改制；67 家电影制作发行放映单位已完成 64 家；53 家文艺院团完成 20 家。

河南省 265 家经营性文化事业单位中，已有 205 家完成转企改制，达到 77%，总体进度位居全国前列。

(二) 文化创意服务业发展中存在的主要问题

尽管我国文化创意服务业发展较快，但是也应当清醒地看到，总体上我国文化创意服务业起步晚、基础薄、规模小、实力弱、形态分散，文化基础设施建设落后，文化创意服务业发展的机遇意识、规模意识、品牌意识、布局意识有待进一步强化，优质文化创意资源的规划、保护、整合和开发及文化的传播力和影响力有待加强等。面对这些问题，必须予以高度重视，及时采取有效措施和综合手段，确保文化创意服务业健康持续较快发展。

1. 文化经营人才短缺，创意产权保护不到位，文化创新能力不强

据波士顿咨询公司的最新研究结果，我国的创新能力居全球第 27 位，落后于新加坡（第 1 位）、韩国（第 2 位）、美国（第 8 位）、日本（第 9 位）等。特别是我国文化原创能力十分欠缺，突出表现在：我国文化创意产品的科技含量较低，附加值不高，产品复制能力强大，原创能力低下，文化创意产品业态创新不足，能够影响世界的文化创意产品稀缺等。高端人才尤其是大师级文化创意人才比较匮乏是制约我国文化创意原创能力提升的主要原因。另一个重要原因就是我国缺乏从源头上保护创意成果的环境，知识产权侵权的泛滥，大大挫伤了原创者的积极性。2008 年，上海东华大学管理学院对 229 家创意企业进行的知识产权现状的调查显示，20%的企业表示自己的创意曾经遭遇侵权，57.7%的企业正面临知识产权转化的瓶颈。①

目前，文化业态创新尤其是新兴文化业态主要成型于国外，我国尚处在仿制阶段。许多企业为欧美国家文化创意产品代工，虽然做出来的东西技术水平也不低，但是由于只是模仿的，缺乏生命力，也产生不了持久深远的吸引力。从文化创意服务业产业链来看，我国文化内容创意创新环节薄弱，文化创意服务业衍生环节也有待加强。

2. 产业结构、地区结构、市场结构不够合理，区域发展尚不平衡

目前，我国西部地区文化创意服务业的发展，无论从思想观念，还是从管理模式、经营业绩上，与我国东部地区都有相当大的差距。这种与人均国内生产总值成正比、与文盲率成反比的文化发展态势，既不利于我国文化创意服务业的健康发展，也不利于我国政治、经济、文化的整体全面发展。具体情况笔者通过调研报告的形式在后面的章节有所展现。

3. 知名文化创意服务业品牌和大型文化企业集团的引领、带动作用还不突出，文化创意服务业的国际影响力有待提升

我国的文化创意企业规模普遍较小、实力弱，产业集中度和集约化程度较低，低水平、无序竞争现象依然存在。截止到 2009 年 11 月初，按照我国证监会的分类标准，沪深股市传播与文化产业板块仅有 16 家企业，市值共计 1127.2 亿元，相比 1670 家的上市企业总数和逾 24 万亿元的总市值，所占比重太低。《财富》杂志发布的 2009 年世界 500 强企业名单显示，上榜的文化创意企业全部来自国外，仅迪斯

---

① 参见《上海首推新型知识产权保护制度赢市场先机》,http://www.cbg.cn,视界网,2008-02-18。

尼、时代华纳和新闻集团的总营业收入就达 1178.23 亿美元，超过我国所有文化创意企业的同期收入水平。中国企业 500 强的榜单上也仅有 2 家文化创意企业，且排名比较靠后。2008 年评选的全国文化企业 30 强中，没有一家营业收入超百亿元。

虽然我国文化创意产品和服务出口数量有所增加，但文化贸易逆差的现象仍未得到根本改变。文化创意产品和服务出口渠道比较狭窄，出口价格远远低于进口的同类产品，以演艺产品为例，我国引进和派出的文艺演出每场收入比约为 10：1。我国全部海外商业演出的年收入不到 1 亿美元，不及国外一个著名马戏团一年的海外演出收入，我国具有国际水平的团体演出收入平均每场不到 4000 美元，即使海外演出价最高的杂技、芭蕾、天鹅湖每场也只有 3 万美元的收入，而海外一个著名乐团在上海的一场演出达到 3 万欧元。中国杂技在海外每场演出价格只有 1000~6000 美元不等。而多数只有简单的劳务输出，缺乏具有自主知识产权和品牌的项目，我国文化创意产品和服务的国际竞争力和传播力还有待进一步的提升。

对于我国人民群众喜闻乐见的文化创意产品，表现形式还相对缺乏，主流文化机构的文化传播能力和社会影响力还有待提高。而已经进入或者正准备进入我国文化创意市场的 DG、时代华纳、新闻集团、迪斯尼等跨国企业，都是国际传媒与娱乐业的巨头，拥有资金、人才优势，还拥有极其庞大的传媒产品库和传播内容源，拥有市场运营的成熟流程、社会化分工、规模化生产和先发优势，将对我国刚刚发展起步的文化创意企业产生很大的冲击。

4. 国民文化消费尚未充分激活，文化消费对文化创意服务业的支撑和拉动作用还不明显

2008 年我国人均 GDP 达到 3266.8 美元，城镇居民和农村居民恩格尔系数分别降至 37.9% 和 43.7%，根据国际经验估算，我国文化消费支出总量应该在 4 万亿元以上，而实际上只有 7000 亿元左右。由于受我国社会保障体系不健全、国民文化消费保守等因素影响，国民文化消费动力不足。尽管我国文化消费总量平稳增长，但与同等发展水平国家相比，文化消费总量仍过低。我国居民文化娱乐服务消费仅占城乡居民消费总额的 10% 左右，而在许多发达国家和地区，居民文化消费占总消费额的 30% 以上，这些都意味着我国居民文化消费潜力远未得到释放，我国的文化消费还处于起步阶段。

5. 投融资支持体系比较滞后，文化创意服务业发展体制机制有待调整

随着文化创意服务业规模不断扩大，由于资金不足导致的许多优秀文化创意成果难以产业化、市场化问题日益突出，大大削弱了我国文化产业的综合竞争力。在

文化制度层面，由于文化创意产品、文化资本的跨国流动和文化生产、文化贸易的全球运作，使全球文化生产、贸易、投资在国际上相互依赖性增强，这样便使得一个国家的政府必须改革本国文化体制以适应国际规则和国际惯例。

经过30多年改革开放，我国文化管理体制机制中至今仍存在与时代要求不相适应的成分，长期形成的"重事业、轻产业"观念和管理方式，使文化领域至今存在政企不分、事企不分、管办不分现象，严重制约了文化创意服务业的发展。而且文化创意服务业的管理权分散在不同的主管部门，不利于资源的整合和有效利用，难以充分协调。同时，相关职能部门指导、协调和合力推进文化创意服务业发展的体制机制有待建立和完善，对期望进入文化创意服务业领域发展的各种社会资本和力量有待加强扶持和引导，促进文化创意服务业发展的具体政策和实质性举措有待进一步明确。

二、后危机时代发展文化创意服务业的重要意义

文化创意服务业在全球范围的迅速崛起，是文化在人类发展历史进程中战略地位日益上升的突出表现。自工业革命以来，人类不断改变生产方式、提高生产力水平，推动产业发展历经工业经济时代、信息经济时代，目前发达国家正进入创意经济时代。文化创意服务业从本质上讲，是人类在满足基本物质需求的条件下，向精神需求满足迈进的产物。文化创意服务业的发展既体现了产业演进的自然规律，更体现了人类从攫取自然资源满足物质需求走向发挥文化创造力，实现人的全面发展、实现人与自然和谐共存的文明进程。随着文化创意服务业所承载的关于经济发展与文化连接的历史使命不断增强，越来越凸显其为经济谋发展、为文化创繁荣的双重功能，已经成为经济发展方式转变中的前沿力量。而且文化创意服务业的发展特征符合我国转变经济发展方式、大力发展文化生产力与文化竞争力的时代要求，特别是在国际金融危机影响尚未退去、转变经济发展方式刻不容缓的背景下，大力发展文化创意服务业具有十分重要的现实意义。

（一）文化发展是满足人民群众文化需求的直接内容，是提高国民生活质量的重要内容

随着我国经济发展，收入水平提高，消费结构升级，人们对文化创意产品的需求日益增长。社会主义生产的根本目的就是不断满足人民群众日益增长的物质和文

化生活需要。而且，文化创意产品需求弹性远远大于物质产品。因此，在物质产品告别短缺之后，促进文化大发展、大繁荣，既是社会主义生产目的所在，也是当前和今后落实扩大内需长期战略方针的要求。文化不仅是凝聚人心的精神纽带，而且直接关系民生幸福。

(二) 文化创意和经济融合产生的竞争力正成为一个国家最根本、最持久、最难替代的竞争优势

近年来，文化创意服务业不仅对经济增长的直接贡献越来越大，而且对提升经济发展质量、转变经济发展方式的作用越来越突出。随着我国居民收入水平不断提高，消费升级也在拉动产业升级，文化创意产品市场空间巨大，能够成为拉动经济增长的新增长点。而且，文化创意产品的精神属性，决定了它是关系长远和全局的战略性产业；文化创意服务业发展过程中，与现代科学技术结合，使得文化内容创新、文化载体创新、文化业态创新等各个方面始终处于引领潮流和时代的前沿，不断催生新的精神产品和新的产业形态，同时，文化创意服务业属于低碳、节能、环保的产业，具有成为战略性新兴产业的潜质。

(三) 文化发展为经济建设提供思想和制度保障，在社会转型的关键时期意义重大

健康的文化发展有利于丰富人们的精神追求，提高社会道德水平，从思想上通过维护社会共同的价值观达到规范人的行为和社会秩序的目的。因此，从社会的制度构建出发，它与法律法规等"硬"制度同样发挥着规范经济和社会行为的作用。而且具有"柔性"特点，成为人们的自觉意识和行为，在相当程度上弥补法律制度的不足，起到不可替代的作用，从而实现文化建设与经济建设的协调发展。特别是当前，中国经济结构矛盾的根本性问题亟待解决，在国际金融危机的冲击下，我国经济发展既要解决内外部的结构失衡问题，又要形成新的增长引擎，而大力发展文化创意服务业则可以为我国经济转型升级提供一条有效路径。

(四) 文化发展是社会文明进步的重要标志

文化创意服务业不仅是推动经济转型发展的重要手段，而且还是社会文明进步的重要阶梯。在我国经济发展取得巨大成就的同时，要加强社会主义文化建设，促进公共文化发展，重视人民群众文化权益保护，不断促进基本公共文化服务普及，提高人的文化素质，树立健康、积极、向上的社会道德风尚，避免成为物质财富的

绿洲、精神财富的沙漠，从而实现文化建设与社会建设的协调发展。

（五）文化发展为民主的政治制度奠定文明基础

文化的大发展、大繁荣，特别是我国多民族国家的文化多样性，体现着多种文化的兼容并蓄，反映了社会的包容性，同时，尊重各民族人民的文化习惯习俗，维护中华民族的共同利益，构建核心价值观，正是平等、自由等民主精神的最高境界。通过大力发展文化创意服务业、加强社会主义精神文明建设，在不断满足人民群众日益增长的文化需求过程中，建设有中国特色社会主义文化和民主制度，从而实现文化建设与政治建设的协调发展，这也是实现科学发展的必然要求。

三、我国文化创意服务业发展的机遇和挑战

创意经济时代的到来，引发了全球生产方式的深刻变革，并极大地影响了各国各地区的产业结构、布局和发展趋向。科技进步导致产品生命周期越来越短；大批量流水线生产方式开始向模块化、网络化生产方式转变；产业类型由制造业为主导向服务业为主导转变；产业进步也开始由技术创新为先导向文化创意为先导转变。文化创意正在逐步超越土地、劳动和资本，成为新的重要的生产要素。文化创意等新思想和新表达形式的能力，正成为决定全球化、信息化背景下区域竞争力的关键因素，文化创意服务业作为国家战略性新兴产业的重要组成部分面临着新的机遇和挑战。

（一）发展机遇

1. 国家高度重视，各地文化发展的积极性显著提高，为文化创意服务业发展提供了舆论基础和发展动力

在改革不断深入的背景下，国家出台了一系列旨在促进文化发展特别是促进文化产业发展的政策，高度重视文化的发展。2009 年，国务院审议出台《文化产业振兴规划》，首次将文化体制改革和大力发展文化产业上升到国家战略；2010 年，国家9 部委联合推出《关于金融支持文化产业振兴和发展繁荣的指导意见》，提出通过加大信贷投放、完善授信模式、改进金融服务等一系列政策措施，力促金融支持文化产业振兴繁荣发展；党的十七届五中全会更是提出将加快文化产业发展，推动其成为国民经济的支柱性产业。党的十七届六中全会审议通过的《中共中央关于深化文

化体制改革、推动社会主义文化大发展大繁荣若干重大问题的决定》进一步为文化创意服务业的发展指明了方向。各地各级政府也认识到文化事业和文化产业不仅是经济社会发展的重要支撑，而且是吸纳就业、保障民生的重要组成部分，全国 31 个省(市、区) 以及 5 个计划单列市均出台了扶持文化产业 (或文化创意产业) 发展的相关政策措施，大都制定了文化产业发展规划 (纲要)，设立了文化产业发展专项资金，一些地区还成立了文化产业协会或促进会，为文化创意服务业大发展创造了条件。

2. 综合国力显著增强，为文化发展奠定了良好的物质基础

经济保持高速增长态势也为文化创意服务业产业链的完善提供了空间。随着市场容量不断提高、消费更加多元化，将为商家创造更多的市场机遇，特别是将为文化创意产品的开发创造很大的商机。

3. 新的数字技术和网络技术的加快发展，为文化创意产品形态与业态创新提供了新机遇

从世界范围来看，现代科技的发展尤其是信息技术、传播技术、自动化技术和激光技术等高科技的广泛运用，给文化创意服务业带来了革命性的影响，产业应用的技术正向数字化、知识化、可视化、柔性化方向发展。近年来，信息技术在内容产品生产、传播和消费上的应用，极大地提高了内容产品的生产能力，形成了数字内容产业，引领着当代文化产业发展的新趋势。这种内容产业以创意为动力，将各种"文化资源"与最新数字技术相结合，建立了新的生产和消费方式，产生了新的产业群落，培育出新的消费人群，并以高端技术带动传统产业实现数字化更新换代，创造出了惊人的经济和社会价值，已逐步成为当代社会发展中的主流产业，赋予了文化创意服务业的时代内涵。

互联网的全面转型升级也将为文化创意服务业的转型升级带来巨大的发展机遇。随着我国电信网、广电网和互联网"三网融合"加快和 3G 时代、Web3.0 时代的到来，一方面有利于应用这些技术促进文化产业结构调整与升级，另一方面也将会打破文化产业与电信业、计算机网络业的业务界线，加快完善文化创新体系，创造新的文化产品形态，催生新的文化创意产品业态，促使新兴文化创意服务业不断涌现。

4. 经济增长方式转变促使我国经济进入投资与消费、外贸和内需更为平衡发展的时代，为文化创意服务业发展创造了广阔的空间

经济增长方式转变将促使大量资金进入文化创意服务业领域。随着我国经济结构和产业结构的调整，资金、技术、劳动力等生产要素已开始从日益饱和的物质产品领域向精神产品领域转移，文化创意服务业将吸引来大量资金投入，从而促进其

加快发展。

5.居民消费结构调整升级，为文化创意服务业发展创造了巨大的市场需求

根据国际经验，一定的 GDP 发展水平与一定的恩格尔系数以及一定的文化创意消费支出有相关性。当人均 GDP 超过 3000 美元的时候，文化消费会快速增长；接近或超过 5000 美元时，文化创意消费则会出现"井喷"。按照国际货币基金组织（IMF）公布的数据，2010 年，中国的人均 GDP 为 4382 美元。作为一个拥有 13 亿人口的大国，随着经济的发展和居民收入水平的提高、休闲时间的增加，以及社会保障体系日益健全、在知识经济背景下居民对文化消费认同度的提升，居民文化消费潜力将陆续释放。随着城乡居民收入水平不断提高，人们用于文教娱乐等的支出数量将会不断增长，居民文化创意产品市场前景较为广阔。而且，我国各地中等收入群体正在迅速崛起，处于从小康型向富裕型、从讲求消费数量向讲求消费质量转变的阶段，加上多年的储蓄积累，中等收入群体将成为当前最具消费购买能力和消费日趋多样化的群体，是继高收入群体之后的最为活跃的文化创意消费主体。

（二）面临的挑战

我国文化创意服务业发展面临的最大挑战是发达国家强势文化创意服务业的冲击与渗透。

经济全球化使文化竞争力在综合国力的竞争中居于更加突出的地位。文化创意服务业作为附加值高、可持续发展的新兴的朝阳产业，在各国经济发展中越来越重要，许多发达国家的文化创意服务业已经成为国民经济的支柱产业。文化创意服务业所蕴藏的创造新思想和新的表达形式的能力正在成为世界各国或地区应对全球化竞争的利器。随着我国改革开放的不断推进，国际文化创意产品进入我国文化市场的规模越来越大、种类越来越多。一方面直接冲击我国文化市场，另一方面则是通过冲击人们的价值观念来加大对我国文化创意服务业发展的压力。国际文化贸易战将会愈演愈烈，世界范围内各种思想文化交流、交融、交锋更加频繁，发达国家将垄断国际文化市场，以经济形式加强对全球市场和发展中国家的文化渗透。多极化和全球化的加速对很多国家，特别是发展中国家的文化创意服务业产生强烈的压力和影响。与此同时，我国文化创意服务业中文化创意产品制造比重较大、生产集约化程度不高、产业链缺失、产业组织水平低、文化内容产业国际贸易逆差严重等问题进一步凸显，这就要求我们必须发挥后发优势，实现跨越式发展。

四、我国文化创意服务业发展的战略选择

我国正处在工业经济时代、信息经济时代和文化经济时代交织而成的复杂历史时空中。改革开放 30 多年后的今天，原有的增长方式正在面临严峻考验。"十七大"报告提出，要推动社会主义文化大发展大繁荣。文化创意服务业以文化为基础，以创意为核心，以经济和产业化为手段，其关键是进行文化创造，推动内容形式、体制机制、传播手段创新，解放和发展文化生产力，是推动文化大发展大繁荣的重要抓手。因此，我国文化创意服务业的发展应坚持以科学发展观为指导，深入贯彻落实党的十七届六中全会精神，牢牢把握推进文化大发展大繁荣的重大历史机遇，按照文化创意服务业发展的特性和规律，正确认识和处理文化创意服务业发展中的重大关系，充分发挥我国文化底蕴深厚、文化资源丰富的优势，以体制机制创新为动力，以满足人民群众精神文化需求为出发点和落脚点，以科技创新为支撑，突出重点、打造亮点，通过推进文化创意服务业集聚区建设、加强文化资源整合联动、加快文化创意服务业发展、加强历史文化传承保护、完善公共文化服务体系、不断增强城区文化软实力和国际影响力，初步形成体系相对完整、结构基本合理，技术水平先进、市场主导作用明显，多种经济成分并存的文化创意服务业发展格局，推进我国由文化资源大国向文化创意强国迈进。

(一) 战略思路

1. 坚持"以人为本"的原则

文化创意服务业同人民群众的思想、工作和生活联系密切。文化创意服务业的发展应科学定位，要以人为中心办出特色来。"以人为本"就是要通过视听技术和手段，将党和国家的决策、正确的舆论、高尚的社会风尚、优秀的作品等，以人们容易接受、乐于接受的文化形式，传播给公众。面对不断变化的多层次的需求，文化创意服务业只有以人为本，根据经济社会发展需要，针对不同群体的多层次需求，提供健康向上、喜闻乐见的精神文化产品，提供多样化、个性化的信息服务，直接或间接地满足人们物质和精神需求，才能拥有更多的受众，提高收听率、收视率。

2. 坚持统筹、协调发展的原则

一是坚持文化事业与文化产业协调发展的原则。无论是公益性文化事业，还是经营性文化产业，只是提供文化产品形式的差别、载体的不同，而承载的精神即文化的灵魂是一致的。因此，文化发展中事业和产业是两个同等重要的方面，在制定

规划和确定发展政策上哪个方面都不能偏废。作为提供公共文化服务的事业部分，是体现国家意志和满足人民基本文化需求的平台，这一部分只能加强不能弱化；作为提供文化娱乐产品的文化产业部分，是我国服务业的新增长点，同样需要加强发展，不断扩大增长空间。要通过深化改革，建立起既适应新闻宣传需要，又符合市场机制的运行体制，为满足城乡居民基本精神文化需要和发展需要提供多元化的文化产品。

二是坚持地区协调发展的原则。为了防止和缓解地区间、人群间文化发展的失衡现象，在制定和实施文化发展规划时，应坚持城乡、地区和国内与对外开放协调发展的原则。

三是坚持经济效益与社会效益协调发展的原则。文化发展中必须坚持社会效益与经济效益相统一的思想；既要注重文化创意服务业的经济效益，又要注重文化创意服务业的社会效益。

3. 坚持重点突破的原则

我国文化建设既要加强事业部分的发展，又要加快产业化进程，面对这双重任务，要树立与社会主义市场经济体制相适应的文化科学发展观，遵循文化创意服务业发展的规律，要立足于利用好自身的资源优势，寻求在某些领域、某些行业实现重点突破，走局部跨越式发展之路，搭建好文化全面、快速、健康发展的平台。应寻找切入点，力求在体制创新上要有新突破，在事业配置上要有新举措，在市场化运作上要有新进展。

4. 坚持可持续发展的原则

改革和发展既要积极适应社会主义市场经济发展要求，充分发挥市场机制的积极作用，又要遵循文化创意服务业自身发展规律。既要借鉴其他经济领域的成功经验和国外文化发展的有益做法，又必须充分考虑我国的国情，充分考虑文化的意识形态的特点，充分考虑社会主义精神文明建设的需要。要综合考虑文化创意服务业发展现状，既保护好现有生产力水平，又要通过改革试点工作，凝聚力量，优势再造，全面提升实力和发展水平。

（二）战略目标

全面推进各项重点改革任务，着力构建充满活力、富有效率、更加开放、有利于文化创意服务业科学发展的体制机制；创造更多更好适应人民群众需求的优秀文化产品，让人民共享文化发展成果，更好地满足人民群众多样化多层次多方面的精神文化需求；推动社会主义文化大发展大繁荣，不断增强我国文化软实力和国际竞争力，不断缩小文化产品和服务出口逆差，主流媒体的国际传播能力不断提升，促使我国从文化资源大国迈向文化创意强国。

（三）战略途径

文化创意服务业是一个全球产业发展中后发的新兴产业，其理念与传统的制造业发展理念、思维路径和管理经验有着很大的不同。因此，发展我国文化创意产业需要各级决策层进一步解放思想，转变观念，学习和掌握世界各国创意产业发展的理论、战略、策略、成果、经验、方法和措施，并结合本地经济和社会发展现实实践，实事求是地开拓跨越式发展的新途径。

1.深化文化体制改革、增强文化创意服务业发展的内生动力，是解放和发展文化生产力、提高服务质量的根本途径

加快文化体制机制改革创新，尽快使我国文化管理体制更加符合社会主义精神文明建设的特点和规律，更加适应社会主义市场经济发展要求，更加有利于文化事业和文化产业协调发展，是顺应时代发展要求，做大做强我国文化创意服务业，加强文化建设的必由之路。文化体制改革与经济、政治、社会领域的改革密切相关，既涉及经济基础又涉及上层建筑的某些领域，政治性政策性都很强，是一项复杂的系统工程。深化文化体制改革，就是要按照普遍性、便利性、普惠性的原则，着力构建有利于文化事业和文化产业又好又快发展的体制机制，推动社会主义文化大发展大繁荣。"十二五"期间，应积极按照《关于深化文化体制改革的若干意见》的要求，全面推进各项文化体制改革任务，推动文化体制改革在重点领域取得新的进展，进一步激发创新创意活力，推动文化行政管理部门履行好政策调节、市场监管、社会管理和公共服务职能。把转变文化发展方式作为改革的重要任务，调整布局结构、优化资源配置、促进文化创意服务业升级，不断提高经济效益和社会效益，增强文化发展后劲。

2.增加投入，完善公共文化服务体系，是保障人民基本文化权益的主要途径

做好公共服务。按照体现公益性、基本性、均等性、便利性的要求，大力加强公共文化服务体系建设。充分发挥政府主导、公共财政支撑、专项资金引导作用，加强公共文化设施建设，完善文化设施服务功能，引导专业力量、社会力量共同参与公共文化服务，创新服务方式，拓宽服务渠道，提高服务水平，积极扶持文化艺术团体，丰富公益性文化产品和文化服务供给，不断满足多样化、多层次的文化需

求。培育群众文化优秀团队，大力开展群众性文化活动，提高公共文化活动的群众参与度。稳妥推进文化事业单位体制改革，加强文化市场监管，营造健康有序的市场氛围。让最广大群众共享文化建设和发展成果。以各级文化事业机构为主要依托，以公共服务为主题，建立投入保障机制，确保每年文化建设投入不低于同级财政经常性收入增长幅度。转换体制、明确责任，使城乡居民把加大投入力度与改进投入方式结合起来，切实提高财政资金使用效益。通过政府招标采购、服务合同外包、社会志愿服务等多种形式，引导社会力量以兴办实体、捐赠、赞助、免费提供设施等方式参与公共文化服务，促进公共文化服务的多元化、社会化。

引导社会投资。从目前看，我国文化创意服务业还是市场不成熟、需求不稳定、产业链尚不完整的风险产业，又是有效需求高速增长、市场前景十分广阔、经济效益非常诱人的朝阳产业。正是具有如上的特点，文化创意服务业才需要一个良好的投资环境、高效的政策支持体系、高技术的基础设施及迅速顺畅传播传输的数字网络。其中，强化文化创意服务业投融资服务体系迫在眉睫。文化创意企业因大多没有有形资产，实际市场价值难以预测和评估等客观因素，运作资金一般只能寄望于风险投资商垂青，而且要获得风险投资也并非易事。应积极构建高度市场化的交易平台，加大金融对文化创意服务业项目的支持力度。一是与金融资本对接；二是从文化创意服务业专项资金中安排专款用于支持金融机构参与文化创意产业发展；三是建立并推出文化创意服务业贷款担保工作机制；四是构筑投融资服务平台；五是支持文化企业通过上市融资、跨地区跨行业整合资源，实现低成本扩张，迅速做大做强。

3. 完善促进文化创意服务业发展的政策，将文化创意服务业做强做大，使其在市场化过程中实现新的增长

文化创意服务业的发展更多地依赖各行业管理部门和各级政府的产业政策，提供良好的基础环境和社会环境，吸引更多的人才和企业从业人员。应借鉴发达国家发展文化创意服务业的经验，以市场为导向，以企业化管理为基础，在正确把握舆论导向、提高引导水平的前提下，促使文化创意服务业在国民经济中的地位日益提高，成为生产先进文化创意产品的新兴产业。精心实施重大文化创意服务业项目带动战略，鼓励和支持文化创新，推动各类文化创意要素集聚。做大做强出版、演艺、电影、艺术品交易等传统文化创意服务业，培育发展设计、动漫、文化经纪、文化咨询等文化创意新兴业态，促进传统文化与时尚文化、现代科技等有机结合，扩大产业规模，提升发展能级，拉动文化创意消费，切实将文化资源优势转化为文化创

意服务业优势。加强国内外文化交流，积极承办、创办和举办国内外大型文化交流、展示和交易等活动，不断提升文化创意品牌效应，推动商旅文联动发展。推进结构调整，培育新的文化业态，提高文化创意服务业规模化、集约化、专业化水平。引导和规范非公有制经济进入文化创意服务业，形成以公有制为主体、多种所有制共同发展的文化创意服务业格局和民族文化为主体、吸收外来有益文化的文化市场格局。按照建立现代企业制度的要求，深入推进经营性单位转企改制，培育一批骨干文化企业和文化创意服务业战略投资者。充分调动广大文化创意投资者、工作者和各方面的积极性、主动性、创造性，大力推进文化科技创新，着力提高我国文化创意服务业的总体实力。

加强文化创意产权成果保护。文化创意产品创造成本高、投入大，但复制容易，复制成本很低，在复制和网络传播技术飞速发展的今天，这个特征就更加显著。有时候创意不符合申请专利的条件——新颖性、创造性、实用性，难以得到有效的保护。调查发现，"剽窃、抄袭"、"擅自复制"、"擅自使用"及"盗版与非法下载"等仍是目前主要的侵权形式，尤其在时尚设计、建筑设计、出版等领域。其中，"设计创作"与"产品发行销售"阶段最容易遭受侵权。为了从源头开始保护创意成果，2008 年，上海市知识产权局正式启动一项"创意信封"登记备案制度，这项在全国尚属首创的制度，显示出上海在知识产权服务和管理方面的新探索。① "创意信封"含有设计者个人信息和创意设计陈述，投递"创意信封"在知识产权局备案，当创意设计人遭遇法律纠纷，特别是创意设计权属纠纷时，"创意信封"可以作为确定创意设计人以及创意设计形成时间的有利证据，可以成为创意设计人赢得司法和行政保护的重要手段。这一制度可以在全国文化创意服务业较为发达的地区试点推广。但是创意成果要真正受到知识产权保护，还需要依靠完善著作权、专利等知识产权法律制度，特别是要加强对违法侵权的处罚力度。

形成良性循环的文化创意服务业运作模式。培育、发展文化创意服务业应更加注重产业链延伸，更加注重获取专业信息，提升产业链衍生环节的价值获取能力。我国的文化创意服务业基本上处在起步阶段，需要各种中介服务机构提供支持。行业协会等中介服务机构应由专业人员提供中小企业需要的规范的全面服务。

4. 积极创新文化"走出去"模式，不断扩大中华文化的国际影响力，树立与日

---

① 佚名：《创意成果如何从源头受到保护？》，载《经济参考报》，2008 年 1 月 3 日，http://www.sina.com.cn。

益强大的经济实力相匹配的良好国际形象

把政府推动与市场运作结合起来，创新思路、途径和办法，大力实施以企业为主体的文化"走出去"战略。加强对文化创意产品创作生产的引导，继承和发扬中华文化优良传统，吸收借鉴世界有益的文化成果，推出更多深受群众喜爱、思想性艺术性观赏性相统一的精品力作。加快打造具有自主知识产权和较强竞争力的知名文化创意服务业品牌，努力提高我国出口文化产品和服务的附加值，提高我国文化创意服务业在国际文化市场上的竞争力。扩大国际文化交流，积极开拓国际文化市场，推动中华文化走向世界。面对发达国家在经济文化方面的强大渗透，通过文化"走出去"和"引进来"，在全球化过程中，不断壮大我国文化规模，抵制腐朽低俗文化，弘扬民族优秀文化，通过提高"文化软实力"增强综合国力进而提高国家竞争力。

5. 规范发展文化创意产业基地，促进文化创意人才的集聚

促进文化创意人才的集聚。发展文化创意服务业，离不开人才，而吸引人才离不开政府构建的良好社会经济基础环境。伦敦正是利用人才资源和大都会的优势，扶持和推动了创意产业发展。当前我国应重点引进和培养以下几种人才：影响力强、号召力大的文化领军人物，既懂文化又懂管理的管理人才，既懂文化艺术又通晓科技和研发、既懂专业业务又擅长市场营销的复合型人才。除了做短期培训外，建议相关大学设立文化创意产业方面的院系或专业，积极培养文化创意人才。

规范发展文化创意服务业集聚区。深度挖掘历史文化底蕴，集中打造一批内涵丰富、特色鲜明、彰显国际大都市独特魅力的城市名片和经典地标，增强城区文化的辐射力和影响力。文化创意服务业集聚区的建设要坚持以下几点：一是要高标准定位，突出文化创意特色和内涵。二是要高水平策划，高效率建设。三是要开放式、创新式、市场化推进。政府主要把关文化创意服务业集聚区规划定位，协助解决项目推进中的困难和问题。四是要强势宣传。多渠道、全方位、宽领域地进行宣传，集思广益，吸引更多投资者参与文化创意服务业集聚区的开发建设。

第二编 专题编

第六章 文化创意消费：市场与需求

　　文化创意服务业的兴起与发展是经济繁荣和社会进步带来的必然结果。多数学者认为，从文化创意消费的产生和发展来看，文化创意服务业是经济发展到一定阶段的产物，并随着生产力的发展而不断发展。人类在饥寒难以解决阶段，文化消费受到极大的局限，在解决温饱问题之后，人类的文化消费需求才不断地得到满足，文化消费在人们生活中的地位才不断地得到提高，文化消费的比重才日趋增大。[①]扩大文化消费，在为一个国家或地区提供强大的精神动力和智力支持的同时，进一步彰显其对扩大内需、国民经济增长及改善民生的积极作用，文化创意消费正在成为扩大内需的重要突破点。[②]因此，发展文化创意消费、扩大文化创意服务市场对促进文化创意服务业发展和人类及社会进步意义重大。本文通过对文化创意消费的概念、特征、影响因素、发展现状、内部结构等的分析，揭示不同群体文化创意消费的发展趋势和内部结构的变动趋势，探索和研究文化消费在扩大内需中的作用及其增长

---

　　① 徐淳厚：《关于文化消费的几个问题》，载《北京商学院学报》，1997 年第 4 期。

　　② 2009 年 7 月 22 日，国务院讨论并原则通过了《文化创意服务业振兴规划》（以下简称《规划》）。《规划》指出，"加快振兴文化创意服务业，充分发挥文化创意服务业在调整结构、扩大内需、增加就业、推动发展中的重要作用"。《规划》还指出了当下发展文化创意服务业的八项重要任务。其中第五大任务就是"扩大文化消费"。在"扩大文化消费"中明确了发展文化消费的政策，指出"不断适应当前城乡居民消费结构的新变化和审美的新需求，创新文化产品和服务，提高文化消费意识，培育新的消费热点。加强原创性作品的创作，打造一批具有核心竞争力的知名文化品牌。努力降低成本，提供价格合理、丰富多样的精神文化产品和服务。加快建设具有自主知识产权、科技含量高、富有中国文化特色的主题公园。开发与文化结合的教育培训、健身、旅游、休闲等服务性消费，带动相关产业发展"。

空间，并针对我国文化创意消费中存在的问题提出不断激发消费者消费意愿、扩大有效需求、增加文化创意产品供给等促进文化创意消费健康发展的启示和建议。

对于文化消费领域，前人从不同视角进行了一系列的研究。吴芙蓉（2001）认为文化消费具有较强的弹性。一般说来，满足人们基本生存需要的物质消费，其弹性系数比较小，而满足人们精神上的、心理上的文化消费的弹性系数则比较大，其消费的数量和质量受到很多因素的影响，如经济因素、时间因素、消费者因素等。[①]王克西（2001）认为，文化消费过程是一个知识不断增值、创新的过程，大部分物质性产品在其消费过程中，都受边际效用递减规律制约，而在文化消费过程中则遵循边际效用递增规律。知识产品本身具有的增值性，决定了知识产品在其消费过程中不服从前一规律，而是服从后一规律，因而文化消费的过程实质上是知识的不断增长过程。另外，文化消费要求消费者本身具有一定的文化知识作为消费基础，文化消费过程实际上就是消费主体使用自有知识的过程，消费主体以已有知识与文化消费过程中获取的知识进行有机结合和相互撞击，可以形成一个知识创新的行为。赵东坡（2009）指出，国人的消费观在最近 30 年的时段里，层递性地经历了从单纯消费到愉悦消费，进而到文化消费的成长。[②]通过对这些研究成果的梳理，可以看到围绕文化消费的概念、内涵等研究日臻成熟，但对文化消费的特征及不同群体的文化消费趋势等研究还有进一步探讨的空间。随着我国物质文明和精神文明建设进程的推进，文化创意消费作为较高层次的消费，其地位和需求总量都在持续、稳定地提升，目前已成为我国消费领域的消费热点之一。由于统计数据的因素，这里只能以居民的最终文化消费数据来探讨文化创意的发展空间。

一、文化创意消费的特征

（一）文化创意消费概念

借鉴曹俊文（2002）、晏才群（2000）、徐淳厚（1997）等人的提法，本文中的文化创意消费是指人们为了满足精神文化生活的需要，采取不同方式消费文化创意产品（包括精神文化产品和精神文化服务）的行为，涉及居民在健身娱乐、教育、图书、电影、广播电视、文学艺术等多方面的消费。本文为适应统计年鉴数据的可

---

① 吴芙蓉：《我国文化旅游资源开发问题初探》，载《南京财经大学学报》，2005 年第 2 期。
② 赵东坡：《当前我国文化消费的特征及发展趋势》，载《商业时代》，2009 年第 10 期。

用性，将文化创意消费分为文化娱乐用品、教育和文化娱乐服务，并主要从经济学角度来进行分析。

(二) 文化创意消费的特征

人类的消费方式，从大的范围看，分为实物消费和服务消费两大类，两者有着各自不同的特点。文化创意消费在消费主体、客体、过程、环境等方面都具有和物质消费不同的特征。

文化创意消费有多种分类方法。徐淳厚（1997）认为，根据文化创意消费的形态与层次来划分，文化创意消费有普及型或大众化的文化创意消费，提高型或高品位的文化创意消费；有自娱型的文化创意消费和专业型的文化创意消费；有消遣型文化创意消费、娱乐型文化创意消费、享受型文化创意消费、社交型文化创意消费、发展型文化创意消费和智力型文化创意消费等。其中，消遣型、娱乐型文化创意消费属较低层次的文化创意消费，享受型、社交型、发展型和智力型文化创意消费属较高层次的文化创意消费。目前，对文化创意消费的分类主要有三种：按文化创意消费的内容，可以分为教育、科学、艺术、体育、娱乐、旅游等文化创意消费；按文化创意消费的形式，可以分为实物形式（比如买书）和劳务形式（比如观看演出等）；按文化创意消费的功能，可以分为娱乐型文化创意消费、政治型文化创意消费和提高型文化创意消费等，娱乐型文化创意消费的目的是娱乐身心、享受消遣，只为轻松一下，政治型文化创意消费以参政议政为目的，进行与政治相关的文化创意消费，如购买领导讲话和政策法规方面的书籍，提高型文化创意消费是发展型、智力型的文化创意消费，其目的是为了完善自我，增加知识，提高自身素质。

1. 文化创意消费属于发展和享受型消费，主要满足于精神需求

随着我国国民收入水平的稳步提高，人们对电影、电视、唱片、文艺演出、体育赛事、图像、网络游戏等商品和信息的消费日益扩大。它们是情感、理性认知的符号性载体，人们通过这种娱乐性、休闲性、享受性的消费，满足自身情感体验、提升认知能力和知识水准。文化创意消费作为精神性消费更重视文化创意产品所能够带来的精神满足，而非物质消费中对于身体需要的满足。因此，文化创意消费的主体必须具备基本的认知能力和一定的科学文化知识及鉴赏力，文化创意消费多数还需要一定的公共空间，文化消费中的剧场、影院等场所为消费主体提供了一个可以表达意见的场所，在公共空间中文化消费主体共同地消费着文化创意产品和服务。

2. 文化创意消费在不同群体间具有较大的差异性

文化创意消费的差异样是由文化创意消费的供给状况与需求状况决定的。从文化创意消费的供给来源而言，随着市场经济的发展和科学技术的进步，文化创意产品不断呈现多样化的趋势，文化创意产品的领域不断拓宽，这些文化创意产品中除了满足人们受教育的基本需要的部分外，还有越来越多的属于益心、健身、娱乐、消遣性产品。[①]在文化创意消费领域，需求上升规律同样在起作用。社会成员对文化创意消费的内容、结构以及文化创意消费的方式、方法完全可以自由选择、自主决定。随着文化创意产品的丰富和文化创意市场的完善，文化创意消费的可选择性日益扩大，为保证消费者文化创意消费自主性的实现，且由于社会成员之间的价值取向、收入水平、文化素质、伦理观念等不同，文化创意消费日益多样化，既有满足人们发展智力、体力需要的文化消费，又有娱乐性、消遣性、休闲性的文化消费；既有思想教育、道德升华、净化心灵的文化消费，又有观赏性、趣味性、休闲性的文化创意消费。

3. 文化创意消费具有开放性，全世界文化交流广泛

目前，形式多样、领域广泛的文化创意消费，如影视产品消费、印刷产品消费、旅游消费、教育消费、科技信息消费等消费资源和消费产品逐渐为全球消费者所共享。一方面，国内各地区之间的文化创意消费的内容、方式随着市场机制的运作在各地之间互相扩散、互相渗透，有的还互相仿效，特别是流行的文化创意消费能够以最快的速度从一个地区扩散到另一个地区；另一方面，国内与国际之间的文化创意消费也呈现互相扩散、互相渗透的趋势，许多文化产品的消费还会产生强烈的国际示范效应。此外，各个民族之间的文化创意消费也可以互相渗透、互相扩散。值得注意的是，文化创意消费的开放性并不会冲掉和抹平各个国家、地区和各个民族的文化创意消费特性，各个不同的国家、地区、民族在长期的历史积累中所形成的传统的文化创意消费特色具有自我延续的功能，并不会因市场的开放而摈弃，并且有可能与新的技术手段和方式结合而成为新的文化创意消费，如《印象·刘三姐》等多部印象类作品。

4. 文化创意消费的商品性与非商品性共存，一部分基本文化服务由政府提供

我国文化创意消费的一个特殊性是：一方面，文化创意产品的生产要体现市场机制优化资源配置的原则，需要进行投入产出的经济核算，尽可能多地取得盈利。另一方面，市场经济下的文化创意消费又具有非商品性的一面，主要表现在以下两

---

① 柳思维：《市场经济条件下精神文化消费的特征》，载《消费经济》，1994 年第 3 期。

个方面：其一，某些文化创意产品及其消费过程是不能进入市场的，也是不能引入市场机制的，如为社会成员提供的一些公益性文化创意消费；其二，当文化创意产品消费所涉及的社会整体利益与文化创意产品生产者、经营者的微观利益发生冲突时，必须把社会整体利益摆在首位，商品性原则应让位于社会公益性原则。而且，由于基本文化服务由政府提供，所以在统计数据上居民文化教育产品及服务的数据难以真实反映居民的文化消费情况，居民实际享受到的文化创意产品和服务数量往往被低估。

二、文化创意消费的影响因素

文化消费的发展受到诸多因素的影响，根据以上对文化消费的特征分析，可以看到影响文化消费的主要因素有：

(一) 文化创意消费的主体因素

从消费者个人来看，影响其文化创意消费的因素包括收入水平、受教育程度即文化水平、消费时间、消费方式等主要因素，其中以收入水平的影响最大，个人文化创意消费需求与个人收入水平成正比例关系。根据马斯洛的需要层次理论，只有当人们满足了基本的物质需求的水平之后，才可能在基本文化创意消费基础上进一步加大对文化消费的支出。与基本的生活产品相比，文化创意消费品还是一种奢侈性的消费产品，它的消费量变化相对于消费者的可支配收入水平变化表现出较高的弹性，当居民的可支配收入增加时，他们就可能把更多的收入投入到文化消费中来，从而促进社会文化消费的发展。赵东坡（2009）指出，国人的消费观在最近 30 年的时段里，层递性地经历了从单纯消费到愉悦消费，进而到文化消费的成长。①当消费观念被文化需求重新整合之后，消费者不再满足于消费品人性化、愉悦化的性能，人们不只是要拥有一个给人愉悦的物品，同时还希望自己的拥有可以展示自己的生活风格及风格背后独到的价值观念。人们希冀提升自己的文化素养和品位，乐于展示自己的价值选择和文化思维。

文化水平对个人文化创意消费需求也起着很大的影响作用；一个国家的文明程度高，居民的文化水平高，其居民的文化创意消费需求也相应较高。消费主体的素

---

① 赵东坡：《当前我国文化消费的特征及发展趋势》，载《商业时代》，2009 年第 10 期。

质高低直接影响了消费能力和消费效果。研究发现，文化程度较高的消费者拥有广阔的文化创意消费爱好和空间，而文化程度较低的消费者拥有狭小的文化创意消费爱好和空间。一般来讲，同一收入水平下，受教育水平高的居民由于本身的文化修养较高，文化创意消费量也就越大，两者成一定的正相关性。我国居民文化素养普遍较低，制约了居民文化消费爱好的多样化发展，从而影响了文化创意消费空间的拓展。宏观经济学家曾经论证过健康的闲暇活动可以促进消费的增长，我国黄金周实践也证明了对于闲暇时间的有效安排能够刺激消费、扩大内需。闲暇时间的增多也为进行文化消费活动提供了可能。以北京演出市场为例。北京演出行业协会发布的《2010 年度北京市营业性演出市场的状况及各类专业数据统计》显示：2010 年北京市各类营业性演出场次为 19095 场，比 2009 年（16397 场）增长 16.45%；观众约 1096 万人次，演出收入 10.9 亿元，比 2009 年（9.33 亿元）增长了 17.8%；平均票价 201 元，平均上座率 73%。这些数据来自于北京市 82 家（其中包括各类小剧场 25 家）主要从事营业性演出场所的统计，以及相关票务公司、演出机构提供的部分演出市场信息。[①]

（二）文化创意消费的客体因素

由于文化创意服务业是需求引导性很强的服务业，因此，文化创意产品和服务的质量和数量等都深刻地影响着文化消费的发展。尽管文化创意产品和服务日益丰富，文化创意消费市场趋于完善，但是目前我们提供的文化创意产品不论数量还是质量都远远不能满足群众的文化消费需求，一方面大量文化创意产品难以进入市场，另一方面群众需要的文化创意产品又严重缺乏，以表演业为例。我国每年排演的剧目达 5000 余种，平均每天有十几部新剧上演，其中不乏几百万元的大制作，但真正能够得到观众认可、创造票房收入的并不多。从文化创意产品供给看，由于许多文化创意产品生产单位不是完全的市场竞争主体，也没有完全针对居民消费需求开发文化创意产品，造成大量文化创意产品浪费。我国文化创意产品针对高收入群体的较多，面向中低收入群体的则较少，与高收入者相比，我国中低收入者人数众多，对扩大文化创意消费的潜在贡献更大。而且，我国一部分文化创意产品价格虚高，[②]

---

① 《2010 年北京演出市场调查显示大型场馆票价居高不下》，中国文化传媒网，http://www.ccdy. cn/xinwen/content/2011-01/18/content_762964.htm。

② 赵卫东：《什么因素制约了中国文化消费增长》，载《人民日报》，2009 年 7 月 6 日。

抑制了文化消费需求释放。据对北京市场的一项随机调查显示，就文化演出而言，能够接受 100 元以下票价的人占到 72%，能够接受 100 元至 400 元票价的人占 24%，选择 400 元以上票价的人仅占 4%。而北京大部分演出场所的票价，少则一两百元，多则一两千元，整体票价水平高于大部分普通民众的心理预期。

(三) 环境因素

文化创意消费不仅包括个人文化创意消费，也包括社会公共文化创意消费，因而制度及政策性的因素也会对文化创意消费产生重要影响。在改革不断深入的背景下，国家出台了一系列旨在促进文化发展特别是促进文化创意服务业发展的政策，高度重视文化的发展。各地各级政府也认识到文化事业和文化创意服务业不仅是经济社会发展的重要支撑，而且是吸纳就业、保障民生的重要组成部分。全国 31 个省（市、区）以及 5 个计划单列市均出台了扶持文化创意服务业发展的相关政策措施，大都制定了文化创意服务业发展规划或发展纲要，设立了文化创意服务业发展专项资金，一些地区还成立了文化创意服务业协会或促进会，为扩大文化供给进而扩大文化消费创造了条件。政策的推动对促进文化创意消费具有重要意义，可以促进文化创意服务业的发展，加快文化设施的建设，并通过税收优惠、法律法规等多方面措施催化和引导文化创意消费市场。

随着市场经济日渐走向成熟，商品性的文化创意消费所占比重越来越大。在这种背景下发展文化创意服务业，按照市场发展规律，建立健全政府宏观调控下由市场配置资源的运行机制尤为重要。但是长期以来，政府统管各项文化事业，目前，仍有大量国有文化单位从生产到管理由政府统包统揽。这样，既割断了文化单位与文化创意市场的联系、剥夺了文化单位市场主体和法人实体地位，又无法真正反映消费者的文化创意需求，最终造成文化创意产品消费者与文化创意产品经营者之间的分隔，造成文化创意产品供给与市场需求之间的不均衡。同时"公款消费文化"掩盖了消费者的文化创意需求真实性，扰乱了文化市场秩序，不利于文化创意市场的形成。此外，从价格因素来看，文化创意消费应当让老百姓能承受得起，而这也有赖于市场机制作用的充分发挥。

(四) 新的数字技术和网络技术等科技因素

从世界范围来看，现代科技的发展尤其是信息技术、传播技术自动化技术和激光技术等高科技广泛运用，都影响着文化创意消费方式的变化。如宽带连接，移动手机升级，视频和音乐播放器的替代都是消费者新的和个性化的文化获得方式。一方面有利于应用这些技术促进文化创意服务业结构调整与升级，另一方面也将打破文化创意服务业与电信业、计算机网络业的业务界线，加快完善文化创新体系，创造出新的文化创意产品形态，文化创意市场的多样性特征也将进一步加强，文化创意消费内容将不断丰富，能级将不断提高，方式将不断创新，文化创意新业态将不断涌现，进而引发新型的文化创意消费。

三、我国文化创意消费的增长空间分析

伴随着经济的快速发展，我国的文化建设在满足群众需求中日益繁荣，人民群众的文化创意消费不断增长。数据表明，我国城乡居民的文化创意消费水平是随着改革开放的不断深入而逐步提高的。近几年由于金融危机等国内外环境变化的影响，文化创意消费呈现出不同于以往的新特点，并呈现出较为广阔的空间。

（一）从总量上看，文化创意消费需求总体呈上升趋势，虽然在整个消费中所占比重有所下降，但提速明显

近些年来，人民群众生活水平大幅度提高，正在从"温饱型"向"小康型"过渡，对享受型和发展型消费资料的需求出现了日益增长的趋势，我国居民文化创意消费水平大幅增长，2009 年我国居民文教娱乐用品及服务类支出①达到 11489.4 亿元，其中，农村居民文教娱乐用品及服务类支出为 2442.5 亿元，城镇居民文教娱乐用品及服务类支出为 9046.9 亿元。从 2006 年到 2009 年，按照当年价计算，我国居民的文教娱乐用品及服务类支出年均增长了 8.3%，比生活消费总支出增速低 5.5 个百分点；在生活消费总支出中所占比重为 9.5%，比 2006 年降低了 1.5 个百分点。农村居民文教娱乐用品及服务类支出占居民消费支出的比重年均增长 3.7%，在生活消费总支出中所占比重为 8.5%，比 2006 年降低了 1.8 个百分点。虽然农村居民文教娱乐用品及服务类支出的增速比生活消费总支出低 7 个百分点，但是文教娱乐用品及

---

① 我国在统计上常常把服务和文化娱乐放在一起,服务消费有的不是文化创意消费,如家政;有的应属于文化创意消费,如家教,然而在一个统计数字里把两者精确剥离尚有一定困难,只好用这种统计结果近似地表示文化创意消费量。

服务类支出 2009 年增速是 2008 年的两倍，城镇居民文教娱乐用品及服务类支出 2009 年的增速是 2008 年的 2.3 倍，提速的趋势明显，预计近 5 年居民文教娱乐用品及服务类支出以超过 8.3% 的增速增长，到 2015 年我国居民文教娱乐用品及服务类支出有望突破 2 万亿元。详见表 6-1。

表 6-1　文教娱乐用品及服务类支出在居民消费支出中的比重及增速

单位：%

指　标	比重				同比增速			2006～2009
	2006	2007	2008	2009	2007	2008	2009	年均增速
居民消费支出	100	100	100	16.5	15.7	9.5	1	13.8
其中:文教娱乐用品及服务类支出	11	10.4	9.4	9.5	10.4	4.5	10.1	8.3
农村居民消费支出	100	100	100	100	13.5	14	4.9	10.7
其中:文教娱乐用品及服务类支出	10.3	9.1	8.3	8.5	0.5	3.6	7.2	3.7
城镇居民消费支出	100	100	100	100	17.5	16.2	11.1	14.9
其中:文教娱乐用品及服务类支出	11.3	10.9	9.8	9.8	13.6	4.8	11	9.7

数据来源　国家统计局：《中国统计年鉴》，北京，中国统计出版社，2005、2009。

（二）从结构上看，我国城镇居民的文化消费结构不断优化，教育支出逐年下降，文化娱乐服务支出有较大上升空间

2005 年我国城镇居民家庭平均每人全年教育文化娱乐服务占总消费支出的比重为 13.81%，2009 年降为 12.01%。其中，文化娱乐用品占教育文化娱乐服务的比重一直保持在 25%～26% 之间，教育和文化娱乐服务分别降低和提高了近 8 个百分点。随着文化创意消费结构的主要支撑点——教育支出已经增长到了极限，且各地控制居民教育支出的种种举措已经初见成效，教育支出将延续比重降低的趋势，今后居民收入的持续增加会使教育以外的文化创意消费项目得到持续加强，人们的消费观念日臻成熟，文化创意消费市场化程度越来越高，价值规律在文化创意产品的生产、流通过程中的作用将愈来愈明显，文化创意产品和服务的定价也更趋于合理化，预计城镇居民文化娱乐用品支出在文化创意消费支出中的比重略有增长，文化娱乐服务支出在文化创意消费支出中的比重将大幅提高。随着我国经济的发展和消费水平

的提高，文化创意消费由过去的结构单一、消费层次低逐步向多样化、高层次转变。详见表6-2。

表6-2 城镇居民家庭平均每人全年文化消费支出及内部结构

年份	文教娱乐用品及服务类支出	文化娱乐用品	教育	文化娱乐服务
2005	1097.46	25.53	52.06	22.41
2009	1472.76	25.89	43.86	30.25

数据来源 国家统计局：《中国统计年鉴》，北京，中国统计出版社，2005~2009。

（三）从区域上看，区域间文化我国居民文教娱乐用品及服务类支出消费不平衡，全国各地的消费性支出和文化消费结构存在很大差异

我国幅员辽阔，文化消费发展的区域不平衡现象比较明显，东部沿海地区文化市场较发达，历史文化资源相对较少，而中西部地区有着丰富的文化资源，市场却不够发达。2009年城镇居民人均文化消费超过3000元的只有上海市；超过2000元的有北京、浙江、广东三省（市）；不足1000元的有河北、黑龙江、海南、云南、西藏、青海、新疆等七省（区）。上海、广东、北京等地的城镇居民人均文化消费支出是西藏、青海、新疆等七省（区）的3~6倍。与2005年的数据相比较，当时没有人均文化消费超过3000元的地区，上海市与北京市的人均文化消费支出相差不多，不足1000元的有河北、山西、内蒙古、辽宁、吉林、黑龙江、安徽、江西、湖北、广西、海南、四川、贵州、云南、西藏、甘肃、青海、宁夏、新疆等19个省（区）。随着经济的发展和人均收入水平的提高，12个地区城镇居民人均文化创意消费显著提高，进入了人均文化消费1000元以上的行列。从表6-3中可以看出，北京、上海、浙江、湖南、重庆等省（市）的城镇居民人均文化消费占总消费支出的比例明显较高，而海南、西藏、新疆等省（区）的城镇居民人均文化消费所占比例明显偏低，以文化消费作为休闲方式的观念还有待培育。未来一段时间，在一些经济不发达地区，消费观念将逐步转变，公众的消费观念将摆脱传统物质生活享受与评价阶段，并随着教育、医疗、养老等方面公共服务体系日益完善，对文化创意消费的热情将有所提升，将会释放出一些文化消费需求。

2009年与2005年相比，城镇居民平均每人文化娱乐服务在文化消费中所占的比

重提高了近 8 个百分点，其中提高 10 个百分点以上的地区有：天津、内蒙古、上海、江苏、重庆和山西等省（市、区），只有青海省城镇居民平均每人文化娱乐服务比重略有下降，未来城镇居民平均每人文化娱乐服务支出仍呈明显上升趋势，详见表 6-3、图 6-1。

表 6-3　我国各地区城镇居民家庭平均每人文化消费及内部分项支出比重

单位：%

	2005 年				2009 年			
	文化消费占总消费支出比重	其中			文化消费占总消费支出比重	其中		
		文化娱乐用品	教育	文化娱乐服务		文化娱乐用品	教育	文化娱乐服务
全国	13.8	25.5	52.1	22.4	12	25.9	43.9	30.2
北京	16.5	31	42.3	26.7	14.8	30.9	34.8	34.3
天津	13.3	29.8	55.8	14.4	11.8	31.9	41.2	26.9
河北	11.9	29.5	51.4	19.1	10.1	37.6	36.8	25.6
山西	14.7	23.1	58.9	18	11.4	23.7	51.1	25.1
内蒙古	14	27.2	52.1	20.7	12.2	27.4	41.8	30.7
辽宁	11.5	22.9	62.3	14.8	10.4	24.4	57.2	18.4
吉林	11.8	22.1	62.7	15.2	9.4	19.3	64.3	16.3
黑龙江	13	22.5	59.8	17.7	9.9	24	54.8	21.3
上海	16.5	28.5	50	21.5	15	30.5	37.9	31.5
江苏	14.9	28.1	51	20.9	15	26.2	42.9	30.9
浙江	15.1	22.3	52.6	25.1	13.8	20.5	51.5	28
安徽	10.5	29.1	52.9	17.9	12	23.1	52.1	24.8
福建	12.6	28.8	48	23.1	11.2	27.3	27.3	33
江西	13.2	22.9	48.8	28.3	11	23.2	39.7	37.1
山东	13.9	31.6	52.6	15.9	11.1	34	43	23.1
河南	13.3	25.9	52.4	21.7	11	27.2	45.6	27.3
湖北	13.4	21.3	57.2	21.5	11.7	22.3	52	25.7
湖南	15.2	22.1	51.1	26.8	11.2	21.2	47.8	31.1
广东	14.1	21.2	45.3	33.5	12.9	21.8	35.9	42.3

续表

	2005 年				2009 年			
	文化消费占总消费支出比重	其中			文化消费占总消费支出比重	其中		
		文化娱乐用品	教育	文化娱乐服务		文化娱乐用品	教育	文化娱乐服务
广 西	14.2	25.1	52.9	22	10.7	30.7	36.3	33
海 南	11	24.9	53.2	21.8	9.5	26.8	47.7	25.5
重 庆	16.1	25.8	55.5	18.6	11.1	27.5	39.9	32.7
四 川	13.2	25.4	49.5	25.2	10.6	23.1	45.6	31.2
贵 州	13.2	25.2	47.2	27.6	12.7	27	38	35
云 南	11.1	27.5	43.5	29	7.8	26.7	34.9	38.4
西 藏	7.9	17.9	63.1	19	5.2	32.5	43.1	24.4
陕 西	16.3	19.5	64.9	15.6	13.4	24.2	47.5	28.3
甘 肃	14.4	27.3	53.7	19.1	11.5	29.9	41.6	28.5
青 海	12.9	27.3	44.9	27.8	10.1	31.2	41.3	27.5
宁 夏	12	28.5	50.4	21.1	10.5	32.7	40.7	26.5
新 疆	11.9	24.7	61.5	13.8	9.2	29.9	47.2	22.9

说明：文化消费占总消费支出比重中文化消费的数据即教育文化娱乐服务支出数额，后三项文化娱乐用品、教育及文化娱乐服务是这三项支出占文化消费支出的比重。

数据来源　国家统计局：《中国统计年鉴》，北京，中国统计出版社，2005～2009。

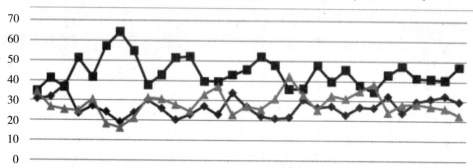

图 6-1　2009 年我国各地区城镇居民家庭平均每人文化消费内部分项目支出比重图

数据来源　国家统计局：《中国统计年鉴》，北京，中国统计出版社，2009。

（四）从城乡居民的文化消费数量和质量看，文化消费的非均衡现象比较突出，农村居民的文化消费明显低于城镇居民

我国城镇居民文化创意消费不断增长，结构不断优化，文化消费中的娱乐性、享受性、消遣性精神文化消费占的比例偏大。而农村居民的文化创意消费支出相对较低。2009 年城镇居民每人教育文化娱乐服务支出为 1472.76 元，农村居民每人教育文化娱乐服务支出为 340.56 元。2009 年，平均每人消费性支出城镇居民是农村居民的 3.1 倍，而文教娱乐用品及服务类支出城镇居民则是农村居民的 4.3 倍。详见表 6-4 和图 6-2。

表 6-4 2006～2009 年居民消费支出与文教娱乐用品及服务类支出数额

单位：%

指　　标	2006 年	2007 年	2008 年	2009 年
居民消费支出	82103.5	95609.8	110594.5	121129.9
其中：文教娱乐用品及服务类支出	9042.6	9981.5	10431.4	11489.4
农村居民	21261.3	24122.0	27495.0	28833.6
其中：文教娱乐用品及服务类支出	2190.3	2200.3	2278.5	2442.5
城镇居民	60842.2	71487.8	83099.5	92296.3
其中：文教娱乐用品及服务类支出	6852.3	7781.2	8152.9	9046.9

数据来源 国家统计局：《中国统计年鉴》，北京，中国统计出版社，2009。

农村居民文教娱乐用品及服务类支出较低的原因：一是文化创意消费意识不强；二是文化素质较低直接影响着文化消费，由于文化水平不高的限制，使这一部分人在文化创意消费中相对滞后；三是经济条件制约，一些农民，除去维持日常生活方面的支出，没有更多的现金用于文化创意消费，而且在一些偏远山区农民生活更为困难，文化创意消费水平难以提高；四是文化娱乐场所有限，由于各级财政困难，农村公共娱乐场所建设比较滞后，现有的一些基本上在城镇，而乡村形成了较大空白，缺少适合农民消费的公共文化娱乐场所；五是国家在农村投入的基本公共文化服务较多，对农村居民提供免费文化服务，数据没有统计在内。未来随着国家对民生福祉的日益重视，将进一步加大对农村公共文化服务设施的投入，农村居民的文化创意消费将有实质性的提升。

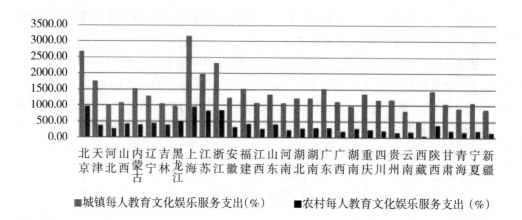

■城镇每人教育文化娱乐服务支出（%）　　　■农村每人教育文化娱乐服务支出（%）

图6-2　2009年我国城镇居民与农村居民人均文化消费支出比较图

数据来源　国家统计局：《中国统计年鉴》，北京，中国统计出版社，2009。

（五）从国际经验来看，城乡居民文化创意消费潜力有待释放，文化消费存在较大发展空间

文化创意消费是经济发展和收入水平提高的历史趋势和必然选择。根据国际经验，一定的 GDP 发展水平与一定的恩格尔系数以及一定的文化创意消费支出有相关性。尽管我国文化消费总量平稳增长，但与同等发展水平国家相比，文化消费总量仍过低。根据国际经验，当人均 GDP 超过 3000 美元的时候，文化消费会快速增长；接近或超过 5000 美元时，文化创意消费则会出现"井喷"。2009 年，我国人均 GDP 已接近 4000 美元，城镇居民和农村居民恩格尔系数分别降至 37.2% 和 43.1%，按照国际经验估算，我国文化创意消费支出总量应该在 4 万亿元以上，[①]而实际上由于受我国社会保障体系不健全、国民文化消费保守等多种因素影响，且尽管我国的经济社会发展取得了巨大成就，但我国总体上依然是发展中国家，人均收入在国际上处于中下水平，国民文化创意消费的动力不足，实际文化消费只有 1.15 万亿元左右，缺口达 3 万亿元。我国居民文化娱乐服务消费仅占城乡居民消费总额的 10% 左右，而在许多发达国家和地区，居民文化消费占总消费额的 30% 以上，这些都意味着我

---

① 赵卫东：《什么因素制约了中国文化消费增长》，载《人民日报》，2009 年 7 月 6 日。

国居民文化消费潜力远未得到释放，我国的文化消费还处于起步阶段。作为一个拥有 13 亿人口的大国，随着经济的发展和居民收入水平的提高、休闲时间的增加，以及社会保障体系日益健全、在知识经济背景下居民对文化消费认同度的提升，居民文化差异消费市场有较为广阔的前景。目前，我国各地中等收入群体正在迅速崛起，处于从小康型向富裕型、从讲求消费数量向讲求消费质量转变的阶段，加上多年的储蓄积累，已构成当前最具消费购买能力和消费开始多样化的群体，是继高收入群体之后最为活跃的文化消费主体。

四、启示和建议

（一）加快培养文化创意消费主体，提高广大城乡居民文化创意消费的积极性

文化创意消费与物质消费不同，它是一种心理需求的满足，而这种需求并不是出于人的生物性本能，而是受文化创意环境和社会文化意识等的影响而产生的，它是人格自我完善的标志，也是人们综合素质的体现。因此，应通过开展文化课堂讲座、艺术鉴赏培训以及在媒体开辟文艺批评专栏等形式，有效地提升人们的文化品位。加大对文化品牌的广告宣传力度，重视形象包装，激发消费者旅游、购物的热情，引导人们转变文化消费观念，释放文化消费活力。

（二）加快新的文化创意消费增长点的培育

拓宽文化创意服务业的发展思路与空间，促进文化创意、技术、市场与产品或服务的有机结合。

学习国际先进的成功经验，借鉴发达国家在文化创意产业政策法规、公共服务平台、投融资体系、推动文化创意产品出口、人才培育等方面的经验，开发利用好我国丰富的文化资源。可采取区分重点消费群体的方式，研究大众文化创意消费倾向，提供适销对路的文化创意产品和服务，降低文化创意产品和服务的价格，推进实施多元化的文化创意消费模式。从市场需求看，随着经济发展和人民生活水平提高，文化创意消费市场需要大量价格低廉、群众喜闻乐见的文化创意产品和服务。应鼓励文化创意服务业的发展，提供更多更好的文化创意产品和服务，尤其要重视提供高水平的文化娱乐服务。特别是应着力改善农村文化生活条件，加大对农村文化的投入、努力提高农民文化素质，为扩大文化创意消费奠定良好基础。

（三）完善文化创意消费环境

建立健全法律法规体系，建立完善市场化运作机制。加强文化领域知识产权保护，提高版权保护意识，形成健康有序的文化创意消费市场。加大文化创意消费的维权力度，提高信息的透明度，降低文化创意消费的交易成本，为消费者创造一个更加规范的文化创意消费环境，促使文化创意潜在需求向现实消费转化。

第七章　文化产权交易平台：构建与规范

文化产权交易市场是文化创意服务业要素市场的重要组成部分，加快建立健全符合市场经济法则的产权交易市场，能够为文化创意要素流动提供一个公平、高效的市场平台，提高资源配置的效益和效率。文化产权交易市场的形成与发展将为促进我国文化创意服务业快速发展提供重要的战略支撑。目前我国文化产权交易市场大多依托现有的产权交易市场体系，有的就存在于产权交易市场体系之中，是产权交易市场体系的组成部分。文化产权交易市场的发展正逐步纳入规范化、法制化、市场化的轨道。而我国的产权交易市场都是有形的产权交易市场，也是为文化产权交易提供集中竞价交易的场所。本章主要运用定性、定量分析法，从建立、完善产权交易市场体系的必要性和重要性入手，将我国产权市场发展置于经济改革与转型的总体进程中考察，对产权交易理论、我国产权交易市场现状和文化产权交易市场的发展前景进行剖析与论证，揭示目前文化产权交易市场存在的问题，阐述完善产权交易市场体系的思路和近期的政策建议，以期更好地搭建全国文化创意服务业发展的投融资平台，推动文化创意服务业生产要素合理流动，加快文化创意服务业发展。

一、我国产权交易市场的发展历程

我国的产权交易市场最初是为了便于国有企业改制而设立的交易平台，是为国企改革服务的，即达到防止国有资产流失、进而在保值基础上实现增值的目的，因此，我国产权交易市场是商品经济成熟发展、社会化程度显著提高、竞争机制全面渗入经济过程的必然产物，在20多年的发展历史中几经合并和重组。由于产权交易市场是我国所特有的，无现成的经验可以借鉴，它的存在与发展仍存在一些问题。

(一) 产权交易市场的基本含义

产权交易是资产所有者将其资产所有权和经营权有偿转让的一种经济活动，是一种以实物形态为基础的财产权益的全部或部分出卖的行为。产权交易市场能够促进资源的合理配置，从而提高经济运行质量与效益。产权交易市场有狭义和广义两种内涵，狭义的产权交易市场是指各类企业作为独立的产权主体从事以产权有偿转让为内容的交易场所，包括产权交易所、产权交易中心、资产调剂市场等；广义的产权交易市场则指一切产权交易的场所、领域和交换关系的总和。本文研究的是狭义的产权交易市场，是我国经济体制改革和经济发展过程中围绕产权这一特殊商品的交易行为而形成的特殊的交易市场。

（二）我国产权交易市场产生的背景和发展阶段

20 世纪 80 年代我国一些地方性的产权交易市场开始兴建，20 年来，我国产权交易市场经历了一个曲折的发展过程，已形成了稳定的规模和体系。目前，全国上下已经建立了近 300 多家产权交易所和技术产权交易所，形成了传统的产权交易所和新兴的技术产权交易所并存的局面，共同构成我国目前的产权交易市场体系。其主要特点是以做市商或会员代理制交易为特征，进行产权、股权转让、资产并购、重组等。

1. 起步阶段：（1988～1989 年）

我国产权交易起步于 1984 年。1984 年 7 月保定市纺织机械厂和保定市锅炉厂以承担被兼并企业全部债权、债务的方式分别兼并了保定市针织器材厂、保定市风机厂，拉开了国有企业间兼并的序幕。此后，由于国有企业改革逐渐触及产权归属问题，企业并购在武汉、北京、沈阳、重庆、深圳等地推行。该阶段产权交易主要以国有产权在不同主体间转让为特征。

随着产权交易实例增加，政府和企业都认识到产权交易在培育和塑造多元产权主体、合理配置资源等方面发挥的积极作用，各地纷纷实施企业兼并的改革方案。1987 年 10 月党的十三大报告明确提出，小型国有企业产权可以有偿转让给集体或个人，1988 年 3 月七届人大一次会议又将"实行企业产权有条件有偿转让"作为深化国有企业改革的重要措施之一。在此背景下，1988 年 5 月武汉市率先成立了我国第一家企业产权转让市场，并制定相应交易规则，同年南京、成都、深圳、保定、福州等地也相继成立了产权交易机构。到 1989 年年底，全国已经有 25 家产权交易市场正式挂牌营业。

2. 徘徊阶段（1989～2001 年）

80 年代末的经济治理整顿使刚刚兴起的产权市场掉进了谷底。1992 年邓小平同志的南方讲话催动了经济上的起飞，随着各地企业股份制改革的深入，带动了产权市场的复苏。据统计，1992～1993年期间，新建产权交易市场达122家，其中省级的产权交易市场达到15家。但由于有些市场偏离了其主营业务，从柜台市场变相成为股票市场，如四川乐山的企业产权转让市场将国有企业的产权搬上柜台交易，以至于当地人将这些股票装进箩筐里销售，演变成所谓的箩筐交易市场。为了进一步加强国有企业的资产管理，防止国有资产流失，保证国有企业产权交易活动健康有序地进行，国务院办公厅于1994年4月25号发布了关于《关于加强国有企业产权管理的通知》〔国办发明电（1994）12号〕。1996年1月，国务院从加强企业国有资产产权登记管理，健全国有资产基础管理制度的角度出发，颁布了《企业国有资产产权登记管理办法》（国务院第192号令），对国有产权的登记管理和转让进行了规定，使产权市场有了发展的依据。1996年3月，上海产权交易所正式成立，制定了产权交易暂行管理办法，上海国资办还出台了《国有资产交易办法》等6个文件，正式将国有企业的产权交易引入产权市场。上海产权交易所重组当年实现了40亿元的交易额，超过前两年的总和，沈阳、广州、深圳、杭州、南京等地的产权市场也有较大发展。据不完全统计，至1996年年底全国产权交易市场已经达210家之多，同时在北方成立了多省产权交易市场组建的黄河共同体，与此相应的在南方成立了长江共同体。

由于相关法律法规缺位，有些产权交易市场的定位不明确，甚至一些省市的产权交易所不满足于企业整体或部分产权交易，利用山东淄博产权交易所成立的报价系统将非上市股份公司的股权拆细交易。1997年的中央金融工作会议决定清理整顿产权市场的股权拆细交易，产权市场又一次走入低潮，山东企业产权交易中心等机构被解散。1998年国务院10号文件"不得拆细、不得连续、不得标准化"的明文规定，框定了产权交易市场业务拓展和交易方式创新的范围。

2001年6月7日，中国证监会针对成都证管办以证券市场字（2001）5号文的形式下发了《关于未上市股份公司股票托管问题的意见》文件中第三条明确规定未上市公司股份托管问题，在这个政策指引下，许多地方政府都以行政规章制度的形式要求对非上市公司的股权进行集中托管。

3. 加速发展阶段（2002年至今）

2002年以来，随着国企改革、经济结构调整越来越深入，特别是各地国有资本大量退出竞争性领域，为产权交易机构的发展提供了契机。党的十六大报告指出，要"健全统一、开放、竞争、有序的现代市场体系"，"发展产权、土地、劳动力和技术等市场"。十六届三中全会提出了"建立健全现代产权制度"，明确提出"建立多层次资本市场体系"，"规范发展产权交易"，"健全交易规则和监管制度，推动产权有序流转"，为我国产权交易市场的发展指明了方向。十六届三中全会后，国务院国资委明确要求中央直属国有企业产权必须进场交易。在此背景下，全国产权市场得到较快发展，我国产权市场呈现出朝资本市场方向发展的大趋势，产权交易市场终于走出低迷和徘徊的尴尬局面，进入了一个全面发展的相对繁荣阶段，引起了社会各界，特别是经济理论界对其更多的关注和政府相关部门更多的政策性重视。

2003 年 12 月，国资委从防止国有资产流失的角度出发，颁布了《国有企业产权转让管理暂行办法》国资委 3 号令（以下简称 3 号文件），明确要求企业国有产权交易必须进场阳光操作，促使了国有产权交易的规范化，3 号文件对企业国有产权的转让程序、监督管理作了详细的规定。随后各地政府和有关部门为了探索高新技术成果的转化，中小企业融资及创业投资的退出渠道，也出台了一系列的措施积极支持各类产权交易市场的发展。如北京市政府利用市场化力量与资源，对原北京中关村技术交易中心进行了改制和重组，市场化运作中关村技术产权交易所，全力打造中关村高新技术企业股权的市场融资平台。由于沪深股票市场不能满足中小企业和创新型企业的融资需求和非上市公司的股权转让要求，产权交易市场在某种程度上为这些企业提供了招商引资服务，通过挂牌转让满足了他们股权流动的需求，在多种因素的共同作用下，产权交易市场又在全国逐渐发展起来。截至 2007 年年底，全国各省、区、市国资监管机构认定的国有产权交易机构达 60 多家，产权交易范围由同行业、同地区、同部门向跨行业、跨地区、跨部门方向发展，由无序向有序发展。经过多年的努力，产权交易市场已成为产权有序流转的规范平台，民营资本参与国企改革重组的重要桥梁，存量资产价值发现的重要途径，国有资本有序进退的重要通道。

专栏 7-1：上海产权交易市场的发展历程

1994 年上半年，上海城乡产权交易所成立，使上海的产权交易逐步从分散、无形向集中、有形、规模的方向发展。1996 年 3 月 25 日，根据新的情况和要求，市委、市政府对城乡产权交易所进行了重大改组，将其更名为上海产权交易所，归口市国资办领导，并批准成立了产权市场的专司监管机构——上海市产权交易管理办公室，初步形成了三位一体的产权交易管理格局。1998 年 12 月 22 日市政府颁布《上海市产权交易管理办法》出台，标志着上海产权交易步入规范化、法制化的轨道，上海产权交易所是经市政府批准依法设立的产权交易合法场所，国有、集体等公有企业的产权交易均须通过产权交易市场"公开、公平、公正、规范"地进行。上海产权交易所采用交易上的会员制单位进行中介交易。目前共有会员单位 76 家。共分四种类型：授权性机构（控股集团公司）、区县性机构（区县产权经纪公司）、大企业大集团、社会中介机构（如通普经济发展中心、上海古北置业股份有限公司等）。而从产权交易市场发展的情况来看，社会中介机构的市场化运作机制和意识最强，正逐步显现出产权交易市场的运作发展趋势，并代表着一种市场经济发展的导向。

2008 年上海产权交易市场上非国有产权的交易量已接近交易总量的一半，其中外资和私营个体产权挂牌转让项目成倍增长，上海产权市场已由以国有产权交易为主的专业市场向面向全社会投资者的综合类资本市场快速转变。上海产权交易市场交易规模快速扩张，交易范围不断扩展，交易方式日益创新，对交易的监管也在不断加强，同时培育了一支产权经纪人队伍。近 5 年来，上海产权交易市场累计鉴证各类企业产权 3297 多宗，成交金额超过 420.51 亿元，盘活存量资产 200 多亿元，盘活土地 1000 多万平方米，厂房等建筑物 560 多万平方米，企业在资产重组中安置职工 10 多万人，作为上海资本市场一部分的上海产权交易所，已成为上海市及周边地区企业并购与资产重组的重要场所和主渠道之一。

二、发展我国产权交易市场的作用和意义

经过多年的探索发展，我国产权交易市场已初步具备资本市场的功能，在促进国企及各类企业并购和重组以实现国有产权有序流转，提高企业资产质量，优化资源配置，促进企业产权结构调整，提升企业科技含量，活跃风险投资，推动高新技术产业发展，吸引外资，民资，推进企业产权主体多元化，国资保值增值，维护地方社会稳定，促进经济平稳快速发展，推动党政机关廉政建设等方面起到了积极作用。

（一）产权交易市场是各类资本有序流动的平台，有利于实现国有资产重组和战略性改组及多元化投资主体的形成

产权交易市场体制的建立和完善，使得机构设置、人员素质、运行机制等各方面逐一规范，在国有资产的战略性重组中发挥越来越重要的作用。产权交易市场保证各方机会均等，并按规范程序进行，使市场交易能够准确形成反映资产价值的价

格，为我国建立现代国有企业制度和现代公司治理机制提供条件。通过存量资产流动与重组，调整国有经济的产业分布、产业组织和布局结构，使之更趋合理，更有利于增强国有资本的控制力、带动力，以更适应市场经济的发展需求。

（二）产权交易市场实现了科技与资本的联结，是落实科学发展观、实现创新型国家战略的需要

国务院《关于实施国家中长期科学和技术发展规划纲要（2006~2020年）若干配套政策的通知》（国发〔2006〕6号）提出："推进高新技术企业股份转让工作，扶持发展区域性产权交易市场，拓宽创业风险投资退出渠道。"技术产权交易市场通过支持高新技术成果和产业的发展，为企业科技成果转让服务，提供国内国际间技术与资本的交流渠道，为科技企业引进战略性投资伙伴，使科技企业实现低成本扩张，架设技术与资本的转换桥梁，推进高新技术产业化进程。产权交易市场充分发挥贴近大量中小企业、创新型企业进行服务的优势，有利于形成以科技产业、创业投资和资本市场相互联动的一整套发现、筛选以及促进技术与资本相结合的强大机制，成为促进高科技产业持续创新和发展的原动力，推动国民经济的产业升级和可持续发展。

（三）产权交易市场可以实现私募资本的有效进出，有利于多层次资本市场建设的探索

产权交易市场通过企业改制与产权转让、科技企业投融资、知识产权、非上市公司股权托管等业务，建立全面的企业信息库，可以为私募资本提供有效的项目信息，极大地发挥信息集散平台的作用。产权交易市场的建立和发展还有助于相关观念的更新、相关机制的诞生和相关规范的形成，有助于整个资本市场体系尽快地趋于完善，使市场体系由低级向高级发展。产权交易市场作为为各类产权提供交易服务的专业化场所，目前的交易品种已基本覆盖了除上市公司流通股以外的其他大多数资本要素资源，已经成为我国建设资本市场体系的有机组成部分，成为目前中国最大的非上市企业并购重组的公开市场平台，同时也是PE搜寻、收购项目的进入平台和成功转让退出的顺畅渠道。

（四）产权交易市场拓宽了中小企业的融资渠道，也是外资进入的通道

产权交易市场是非上市公司股权交易的平台，证券市场是上市公司股权交易的

平台，这两个平台相辅相成，共同推动中国资本市场的发展。它们之间的区别在于：证券完全是标准化的产品，它可以公开面对社会上所有投资人，而目前产权市场的产品是非标准化的，不可平均切分，其投资人也并非公众。由于我国主板市场的高门槛，中小企业很难获得上市许可，融资需求很难得到满足。产权交易市场适当降低了中小企业进入资本市场的融资门槛，可以让更多不同规模、不同发展阶段的中小企业通过资本市场获得发展资金，拓宽了中小企业的融资渠道，有利于扩大直接融资比重的提高，缓解了中小企业融资难的现实问题。

同时，目前国际企业并购势头未减，产业的转移必定会带来大量企业产权和股权的流动，利用产权交易这个平台能够积极吸引国际资本进入，打通我国在资金方面和世界的联系。许多国际投行机构已越来越重视我国的产权交易市场，积极通过产权市场寻找参与我国企业并购重组的机会。目前上海产权市场已成为外资并购的主渠道之一。统计资料显示，2010年上半年，外资并购累计成交宗数和成交金额同比分别上升了14%和1.37倍。

(五) 有利于优化资源配置，加快产业结构升级

产权交易市场将伴随国有企业和资产改革的不断深入，面向更多的企业、更大的需求群体，使资源得到更合理的配置。充分发挥产权交易市场的作用，对提高资本营运效率、促进产业结构优化具有十分重要的意义。从市场功能看，产权交易市场通过种种交易手段，如拍卖、竞投、招标、分散报价集中撮合等促进交易，具有非常明显的价格发现和价值实现功能。并通过组建信息网络和产权交易信息联网，大大增强交易信息和成交机会，促使产权交易向竞争市场迈进。产权交易市场根据资本逐利原则，运用多种交易手段，促使优势企业兼并弱势企业，有利于实现经济要素向高效率、高效益的优势企业集聚，促进扩张型企业战略性投资与收购其他行业企业，不但将资产存量解放出来，也将焕发出人才的创业精神，具有很强的市场资源配置功能。

(六) 规范的产权交易市场有利于政府监管和宏观控制

多年的实践表明，产权交易市场除了具有信息的积聚和辐射功能、价格发现功能、资源优化配置功能和中介服务功能等市场的一般功能外，还具有监管与协调等特殊功能。

建立健全产权市场，有利于实现国有资产进场进行阳光交易，是从源头上防止

和治理腐败的重要举措。由于产权交易的主体部分是公有制企业产权，这一特定性质决定了如果没有规范的产权交易市场来操作，就难以避免"损公肥私、以权谋私"等现象。产权交易市场在国有资产存量调整和形态转换过程中，担负着对其交易活动合法性、真实性、规范性的审核，有其不可替代的存在必要。一方面，由于产权交易市场是政府批准依法设立的，接受政府部门的指导，依规定程序从事产权交易中介服务，便于政府监管与调控；另一方面产权交易市场掌握在其场所进行产权交易的动态信息，可以及时全面地向政府反映某一期间产权交易总体状况和国有产权变化情况，为政府宏观决策提供科学、可靠的统计数据，有助于加强政府对产权交易的宏观控制。

三、我国产权交易市场发展状况

（一）我国产权交易市场的发展现状

1. 产权交易额增长明显，与股票市场融资额大致相当

最近几年，我国产权交易市场发展迅速，成交金额从 2003 年的 939.9 亿元上升为 2009 年的 5000 亿元。从增长速度来看，在产权交易市场恢复发展的前 3 年里，增长速度较快，2004 年的成交金额同比增长了 103.62%，近两年速度趋于稳定，基本保持在 10% 的增长速度。

据不完全统计，从 1997 年至 2002 年，我国产权交易市场共完成产权交易金额6000 亿元，年均融资约 1000 亿元，高于深沪股市年均 900 亿元的水平。自 2003 年6 月到 2005 年 6 月的两年间，全国各地产权交易市场累计挂牌交易的企业（公司）数量约为 2.42 万家。《中国产权市场年鉴》(2008) 统计数据显示，2007 年中国产权市场共计完成产权交易 35718 宗，同比上涨 6.49%；成交金额总计为 3512.88 亿元，同比上涨 9.99%，占当年全国融资总量的 6.6%。从近年的数据来看，我国产权交易市场的成交额在 2004 年、2005 年和 2006 年均高于股票市场的融资额，2004 年、2005 年还高于股票市场筹资额。2007 年股票市场有了大幅度的发展，融资额高于产权交易额。从这几年的数据看，产权市场交易额与股票市场融资额属于同一数量级。详见表 7–1。

表 7-1　我国股票市场和产权交易市场融资额比较

单位：亿元

年份	股票市场筹资额	IPO 口径融资额	
		产权交易市场	股票市场
2002	961.75	500	516.96
2003	1357.75	1000	453.51
2004	1510.94	1913.84	353.42
2005	1882.51	2926	56.74
2006	5594.29	3193.93	1572.24
2007	8680.17	3512.88	4590.62
2008	3852.22	4072	1034.38
2009	5056.00	5000	2022.00

注：2009 年融资额为估计数。

数据来源　本社编辑部：《中国产权市场年鉴》(2008)，上海，上海社会科学院出版社，2009；曹和平：《中国产权市场发展报告》(2009-2010)，北京，社会科学文献出版社，2010。

2. 产权交易集中度较高，沪、京、津等产权交易机构活跃

《中国产权市场年鉴》(2008) 显示，目前我国产权市场份额继续向优势交易机构集中，2007 年成交金额居前的十大交易机构所占市场份额达到 84.87%。其中，成交金额超过 100 亿元的交易机构有 6 家，成交金额在 10 亿至 100 亿元之间的有 24 家，有 33 家交易机构成交金额在 1 亿至 10 亿元之间，其余交易机构成交金额在 1 亿元以下。

在国家明令国企产权出让必须"进场交易"的政策推动下，以上海、北京、天津等城市为代表的产权交易市场获得快速发展。从表 7-2 中看出，我国产权交易列前 5 名的产权交易机构分别是上海联合产权交易所、北京产权交易所、武汉光谷联合产权交易所、广州产权交易所以及天津产权交易中心。这 5 家交易机构在 2007 年的总成交金额占到了全国总量的 74.99%。上海联合产权交易所 2007 年全年成交金额 956.92 亿元，与上年相比增长 13.36%，上海产权市场交易规模已连续 13 年位居全国第一。

表7-2 2007年我国产权交易成交金额排名前10的地区及交易机构

单位：亿元，%

地区前10名	成交金额	占比	交易机构前10名	成交金额	占比
上海市	956.92	27.24	上海联合产权交易所	956.92	27.24
北京市	643.65	18.32	北京产权交易所	643.65	18.32
广东省	356.03	10.13	武汉光谷联合产权交易所	346.92	9.88
湖北省	353.32	10.06	广州产权交易所	346.66	9.87
天津市	340.00	9.68	天津产权交易中心	340.00	9.68
浙江省	135.28	3.85	重庆联合产权交易所	120.30	3.42
重庆市	120.30	3.42	沈阳联合产权交易所	81.00	2.31
辽宁省	109.25	3.11	河北省产权交易中心	57.33	1.63
河北省	64.27	1.83	四川省国投产权交易中心	46.21	1.32
江苏省	62.28	1.77	温州产权交易中心	42.41	1.21
全国总额	3512.88		全国总额	3512.88	

数据来源　本社编辑部：《中国产权市场年鉴》(2008)，上海，上海社会科学院出版社，2009。

3. 产权交易市场多服务于国有产权交易，非国有产权交易比重趋于上升

我国的产权交易市场基本上都是由地方财政、国资部门或科委等政府部门牵头组织发起、经当地政府批准后成立的，是地方政府为满足国有企业改制和资产重组的需要而自发组建的资本市场的特殊形式。目前，从产权交易的标的属性来看，国有产权依然占有大部分市场，产权交易市场还主要服务于国有资产转让，2008年国有产权交易金额占总交易额的比重为62.26%，与2006年相比下降了14个百分点，非国有产权交易金额比重由2006年的23.74%增长为37.74%，但与2007年相比，占比有所下降。非国有产权的交易比重有了很大程度提高的主要原因是：最近几年我国民营企业发展迅速，许多企业纷纷通过产权市场寻求投资者。而各级金融机构对民营企业，尤其是对民营中小企业的信贷支持十分有限，现有的信用担保服务机构也远不能满足他们的担保需求，民营企业普遍存在贷款难、担保难的现象。证券市场对民营企业的开放度极低，进入门槛高，市场容量有限，许多民营企业只能另谋渠道。产权交易市场正好提供了一个很好的投融资平台。

表 7-3 2007 年国有产权交易和非国有产权交易情况

单位：%，亿元

交易类别	2006 年	2007 年	2008 年	2008 年成交额
国有产权交易	76.26	59.08	62.26	2750.55
非国有产权交易	23.74	40.92	37.74	1667.30

数据来源：相关年份的《中国产权市场年鉴》，上海，上海社会科学院出版社。

4. 覆盖全国的产权交易网络已初步形成，层次性比较明显

目前，我国各省（区、市）均成立了产权交易机构，地理分布几乎涵盖了经济区域的全部。2009 年年末由分布于全国 30 多个省市的产权交易机构和相关实力机构创立的基于互联网的资产与权益交易服务平台——金马甲成功融资，设立北京金马甲产权网络交易有限公司，定位于为各类产权交易提供在线服务的第三方电子商务平台。覆盖全国的产权交易网络体系已初步形成。这是因为只有分布地方化，才有可能为异质化的资本品提供量体裁衣式的交易服务。我国产权市场大约有近 300 家，其中，包括第一层次的京、津、沪、渝联合产权交易所，这一层次机构是经国务院国资委批准的、中央国有产权转让的试点平台；第二个层次是省级产权交易机构；第三个层次是地市级产权交易机构。由于各地政府批准设立的产权交易机构及技术产权交易机构在一定程度上造成了市场分割和资源浪费，近年来许多地方政府又大力协调当地产权交易机构合并，如上海将技术产权交易所与产权交易中心合并为上海联合产权交易所，北京产权交易中心与中关村技术产权交易所合并为北京产权交易中心，湖北将包括东湖技术产权交易中心在内的多家产权交易机构合并为武汉光谷联合产权交易所。合并后的产权交易机构取得了长足发展，在业务量和业务规范程度等方面得到较大提高。

各地产权交易市场的发育程度和产权交易机构运作状况差异巨大，产权市场存在着"东强西弱"的格局。2007 年东部地区集中了全部产权交易成交金额的 73.3%，中部地区只占了 20.4%，而广大西部地区的产权成交金额才占到总额的 6.3%。我国产权市场交易量的分布权重由东部沿中部向西部减少，东部和沿海地区的贸易比欠发达的西部地区要高很多。几个例外的地区分别是中部省份湖北、西南地区重庆市、东北地区的黑龙江和西北地区的兰州。这几个地区的交易量超过了和自己经济发达程度差不多的周边地区。总体来看，我国产权交易市场受国有产权分布影响大，国

有产权分布权重较大的地方，交易量也比较大。这是因为国有产权进产权交易所交易是强制性政策规定，而不是市场自主选择的结果。

5. 现行制度模式和业务范围基本确定，有些机构正在进行创新试点

产权交易范围不断扩展，从交易品种来看，产权交易几乎做到了资本品种市场全覆盖，既包括权益类资本品，也包括物权类，甚至包括法权类资本品交易，如可交易的排污权、频道权、知识产权、技术产权甚至文化产权等。2010年我国先后成立了两家金融资产交易所——北京金融资产交易所和天津金融资产交易所，主要进行金融不良资产的处置和金融企业的股权转让等。从交易市场种类来看，新涌现出了技术交易所、环境交易所和文化产权交易所等。从产权交易方式来看，目前产权交易可分为协议、竞价、拍卖、招标转让等交易方式。据相关数据显示，在统计的90多家产权交易机构中，到2003年为止，有招标转让记录的仅10家，交易额总和不过28.6亿元，有拍卖转让记录的28家，总拍卖金额124.5亿元，在历年交易总额6722.5亿中所占比例分别仅有0.43%、1.85%。2007年，我国采取协议转让的产权交易宗数占52.29%，同比下降了8.77%，而采取拍卖转让的交易上升了6.66个百分点，占总成交宗数的16.93%，见表7-4所示。相比协议交易方式，竞价、招标以及拍卖这几种交易方式更体现透明度和公平性，有利于国有资产最大限度地保值增值，使得产权市场价格发现功能充分发挥。

表7-4 2007年我国产权交易不同方式情况比较

单位：%

交易方式	宗数占比	同比变化
协议	52.29	-8.77
竞价	6.59	-10.12
招标	7.04	-1.69
拍卖	16.93	6.66
其他	17.15	13.92

数据来源 本社编辑部：《中国产权市场年鉴》(2008)，上海，上海社会科学院出版社，2009。

尽管各地的产权交易市场在运作过程中还存在一些差异性，但是我国产权市场产生的特殊背景和形成路径的特殊性，决定了各地交易所一般都采取了会员制度或交易商席位制度，从事的业务基本上都包括企业产权转让、拍卖、资产评估、产权

纠纷调解、股权登记托管、信息发布和服务等，交易的对象均以国有企业和集体企业为主。各地产权交易机构大部分属国有事业法人，一般都由政府或政府部门直接出资设立，近年来也有部分省市在建立新的股权登记托管机构或将股权登记托管交易业务分离管理（如上海、天津、河南）时，采取公司制运行方式，进行市场化运作，政府部门由主管变为监管。由于各级各地产权交易所的体制定位相似，一般都由政府直接投资，财政或国资部门主管。

6. 共同市场或联合市场发展迅速，资源配置空间显著扩大

随着产权交易机构自身的发展，对跨地区协作、扩大资源整合与配置范围的要求日益提高，区域性的市场联盟应运而生。21世纪初，我国产权市场出现了一些横向联合的势头，如由上海联合产权交易所等13个省市的42家产权交易机构组成了"长江流域产权交易共同市场"；2002年由天津产权交易中心等19个省（市、区）的61家产权交易机构组成了"北方产权交易共同市场"；2004年由青岛产权交易中心等8个省（区）的11家产权交易机构组成"黄河流域产权交易共同市场"；2004年贵阳和西部(陕西)产权交易所等7家产权交易机构发起成立了"西部产权交易共同市场"。随着业务合作的深入，各共同市场已经开始由一般性信息沟通和业务交流的松散联合体向实质性自律和整合方向迈出步伐。以上海为龙头的长江流域产权交易共同市场，自1997年成立以来，成员单位已由最初的29家发展到40家；2002年由北京、天津、河北、河南等7家产权交易机构共同发起组建的北方产权交易共同市场，范围已经覆盖了我国20个省市，共有61家成员单位；青岛市产权交易中心发起组建了黄河流域产权交易共同市场；2004年西部产权共同市场也相继成立。由此可见，我国产权交易市场的区域边界正在被产权交易共同市场所打破，经济资源配置的空间比过去扩大了十几倍乃至几十倍。目前四大区域性的产权交易市场的联盟成员之间通过网上链接、资源共享、同步挂牌、项目交流推介、投资者引荐、设立分所、建立海外窗口等举措，自觉地将本机构的利益与区域共同市场相结合，形成区域合作、互利共赢的新局面。

（二）存在的问题及原因

尽管我国产权交易市场的发展已经取得了令人瞩目的成绩，但是，随着社会主义市场经济体系的建立和完善，产权交易市场的业务形态，特别是主营业务面临重大转型，实现又好又快发展还存在诸多困难和问题，各地产权交易市场在交易范围、交易品种、交易规则以及法律制度等诸多方面存在不足之处，全国统一的产权交易

大市场还未建立，迫切需要从理论上和实践上不断进行深入探索，努力寻找一条适合我国国情特点和产权交易特点的道路，构建适合我国国情的产权交易市场体系。

1. 产权交易机构的体制机制难以满足迅速扩张的需要

目前，产权交易市场担负着过多的职责。首先，产权交易市场是一个交易场所和交易平台，各类企业产权通过这个交易场所进行交易；其次，产权交易市场是一个监管机构，担负着制定信息披露的标准、进行转让项目的信息披露、审核进场交易企业资格等重任；再次，产权交易市场还作为一个谈判机构参与到国有企业挂牌转让的整个过程中，以便能从产权交易的源头上及国有资产的流转过程中防止企业国有产权的流失；最后，在企业产权挂牌转让过程中，产权交易市场还要按照国家相关法律法规审核出让产权的相关材料，起草产权转让的相关文件，与交易双方签订产权交易合同并出具产权交易鉴证书，这些工作赋予了产权交易市场本应该由律师事务所等诸多机构才能完成的职责，使产权交易市场在企业产权交易过程中的职责定位模糊不清。

2. 产权交易市场的交易范围和品种有待扩大

随着我国社会主义市场经济体制和国有经济布局的日趋完善，进入产权交易市场交易的国有产权的比重日益下降，特别是各地国有企业产权制度改革陆续完成，可供交易的企业国有产权越来越少，部分产权交易机构定位带有一定的行政化色彩，市场机制发挥得还不够充分，业务较多依赖于现有的国有产权交易以及国资监管机构支持，非国有产权交易市场拓展不足，产权交易必须在市场体系中寻找到新的主营业务定位。而且企业国有产权交易一般都涉及企业的债权债务，特别是职工安置，交易过程复杂。企业国有产权交易着重于程序的公开、规范，而作为市场更重要的价格发现和资源优化配置的功能还没有得到充分发挥，在实际操作中，资产的流动性受到一定的制约。

对于产权交易市场或者其他中介机构这样的市场平台来说，过去许多的基础性、根本性问题其实一直没有解决好。比如在融资信息发布方面，市场机构的信息平台搭建起来后，难以应对涌过来的成千上万条融资信息，无法对这些信息进行有效梳理和分解，最终往往会把所有信息都放在网络上，让投资人自行判别、挑选。

3. 交易机构亟待整合

产权交易机构具有不断扩大区域进行整合壮大的内在强烈需要。目前除西藏外，全国每个省（直辖市）都设立有产权交易市场。产权交易市场的重复建设，不但导致信息的人为分割，难以发挥市场应有的促进产权信息交流的作用，而且导致交易分散，单个交易机构的交易量较小，部分交易市场难以为继，同时也增加了市场整体运行和监管成本，加大了市场风险。由于部分机构管理经验不足，内部控制制度不健全，功能未能得到充分发挥，与形势的发展和市场的要求还有很大差距，突出表现在以下两个方面：一是从机构建设来看，一些落后地区的硬件和软件建设，尤其是在交易手段现代化、交易信息网络化和市场服务职能化等方面，都还难以满足市场的要求。二是从地区分布来看，部分地区产权交易机构发展比较快，产权交易覆盖范围比较广，而有些地区则还处在刚刚起步阶段，市场建设严重滞后，地区间发展很不平衡。

4. 产权交易市场监管体系不健全，执法能力有待提高

虽然各有关省市相继出台了一些有关产权交易的法规、政策，明确了产权交易市场的范围、原则，以及市场的法律地位、设立条件等，但至今还没有一部全国性的产权交易法律、法规。2004 年 2 月 1 日开始实施的《企业国有产权转让管理暂行办法》虽对国有产权转让进行了规范，但产权交易市场不仅有国有产权，也有民营产权，既有监管机构，也有中介机构。因此，对整体产权交易市场而言，此办法仍无法涵盖。而且随着产权交易的快速发展，各地产权交易所开始出现业务上的频繁摩擦和消极竞争，各地在地方政府的推动下纷纷建立交易所，导致监管机制面临极大的挑战和系统风险，同时形成了以政府主导为特征的地方产权交易所体系，全国大部分地区的产权交易机构由省区市的国有资产管理部门主管，还有一些地方的产权交易所归财政厅或发改委主管，由此造成产权交易市场的多头管理、政出多门、权责模糊和交易低效。因此，我国产权交易市场没有明确的监管体系和标准。到目前为止，还没有一家专门的全国性监管机构对产权交易市场实行监督管理，也未像监管证券市场那样设立全国性产权交易监管机构，这也是产权交易市场未能健康顺利发展的一个关键性缺陷。如国务院国资委认定的 64 家产权交易机构中，江苏占 13 家，却分属于财政、国资委，有的已经改制，但是由于资源过于分散，价值实现功能减弱，市场吸引力降低。

5. 缺乏专业人才队伍，人才结构难以适应产权交易市场体系发展的要求

产权交易市场与一般商品或者劳务市场的显著区别在于，它所提供的商品不是作为普通消费者的消费品，而是作为企业再生产的重要生产条件。因此，企业产权转让是一项涉及面广、专业技术性强、政策面大的复杂工作，一项企业产权的转让过程，从产权信息的披露到意向受让方的征集，从项目的资产评估到产权交易方式的确定，从受让价款的支付到产权变更手续的办理，每一个环节都需要得体到位的

专业性服务，除了产权交易市场，还需要监督管理机构、投资银行、律师事务所、会计事务所等机构的介入，需要多行业多部门多领域具备相关专业知识和丰富实践经验的专业性技术人才。而目前我国产权交易市场才刚刚起步，专业技术人才还很缺乏，难以胜任产权交易市场的信息披露、资格认证和价格发现等工作。特别是新兴的文化产权交易市场，缺乏既懂文化、又懂知识产权交易规程的专业人才。

6. 产权交易市场支持中小企业，特别是服务业发展的功能和作用需要进一步发挥

从上海产权交易市场 2009 年全年的交易量来看，出现了向服务业转移的趋势，在服务业中，交通运输、金融、现代服务业和房地产业等四大行业同比交易量出现增长。其中，金融业表现最为突出，成交宗数和金额同比分别增长 36.36% 和 203%。2009 年山东产权交易中心服务业项目成交额比重也已达到 38.74%，未来几年，国有企业产权交易还将更为活跃，民营企业参与传统制造业、现代服务业产权交易也会进一步增加。由于企业产权作为商品的特殊性，对这些产权特别是对一些涉及无形资产、折旧资产、未来现金流的服务业中小企业产权作价比较困难，需要办理各种繁杂的评估手续，这些工作只有借助具备较强专业知识和丰富操作经验的机构才能有效开展，并通过公开、透明的市场环境对出让产权进行充分竞价，广泛征集各类意向受让方，但我国产权交易市场体系尚不成熟，难以确保产权交易过程的"公开、公平、公正"。

四、我国产权交易市场发展的政策环境

（一）新修订出台的《公司法》、《证券法》等法律文件为规范扩充产权交易的功能预留了空间

目前，全国的产权交易最高文件是 2008 年全国人大通过的《企业国有资产法》及 2003 年 12 月国资委与财政部联合颁布的《企业国有产权转让管理暂行办法》（以下简称为 3 号文件）。这一系列法律、法规、政策性文件的出台，从原则框架、具体操作等多方面给产权交易规范运作提供了指导，同时也给地方性法规、规章的制定提供了依据。新修订的《公司法》第 139 条规定："股东转让其股份，应当在依法设立的证券交易场所进行或者按照国务院规定的其他方式进行。"新修订的《公司法》关于放宽投资限制、调整注册资本金、降低公司注册门槛、提倡权益性投资、大幅度提高无形资产出资比例等内容，有利于形成新一轮的创业和收购兼并高潮。依据新修订的《公司法》规定，股东可以用货币出资，也可以用实物、知识产权、

土地使用权等可以用货币估价并可以依法转让的非货币财产出资。这些新规定无疑加速了我国企业的设立和并购进程，相关产权交易必将更加普遍。《证券法》第39条规定"依法公开发行的股票、公司债券及其他证券，应当在依法设立的证券交易所上市交易或者在国务院批准的其他证券交易场所转让"。这就为在产权交易所进行交易提供了可能。

国务院在《实施＜国家中长期科学和技术发展规划纲要（2006～2020）＞若干配套政策》中规定："推进高新技术企业股份转让工作。在有条件的地区，地方政府应通过财政支持等方式，扶持发展区域性产权交易市场，拓宽创业风险投资退出渠道。"因此，要通过产权交易机构以场外交易的方式进行未上市的"两高"企业的股权交易。国家科技部发布的《关于加快发展技术市场的意见》规定，要促进技术市场与金融市场、产权市场的衔接，就必须积极发展技术产权交易市场。要在发展较好的技术产权交易市场，开展国家高新区内未上市的高新技术企业股权流通的试点工作。

2009年财政部颁布了金融资产转让的54号令，第一次提出了金融国有资产交易必须进入产权交易市场，而且规定了产权交易机构的级别。一直以来，金融类企业国有产权始终游离于产权交易市场，54号令的颁布，体现了我国产权交易制度的完善与提升。金融资产进入交易所后将大大提高产权交易市场的交易金额和社会影响力。

（二）政府对产权交易市场的关注度日益提高

我国的产权交易机构最初属于国家体改委主管。2003年国务院成立了国务院国有资产监督管理委员会，产权交易归口国资委管理，国资委还专门成立了产权管理局。为了加强产权交易市场的功能，中央和地方的国资部门出台了一系列的政策文件。2003年11月，国资委主任李荣融提出筹建南北两大产权交易市场，加快了全国产权交易市场整合的步伐。

2004年7月14日，国资委发布了《关于做好产权交易机构选择确定工作的指导意见》规定了选择产权交易机构的工作原则：国资监管机构在选择产权交易机构时，应按照"打破区域限制、立足规范运作、促进资源共享、利于长远发展"的原则，按统一的标准和条件在全国范围内公开进行。因此，很多产权交易所为了能够成为国资部门选定的具有从事国有产权转让资格的产权交易机构，不断加强自身建设，规范操作程序。2004年国资委又发文，暂将上海联合产权交易所、天津产权交易中心和北京产权交易所作为试点，负责发布中央企业的国有产权转让信息，并由其或其所在的区域性产权市场组织相关产权交易活动。

2008 年 2 月，国资委发布《关于建立中央企业国有产权转让信息联合发布制度有关事项的通知》，要求沪、京、津、渝四家中央企业国有产权交易试点机构共同选择一家以上全国性经济或金融类报刊发布中央企业国有产权转让信息，并在各自网站的联合发布信息专栏同步发布。实行央企产权转让信息联发制度，标志着产权市场的信息披露由地区分割开始走向全国的联合。

工信部为加快构建中小企业投融资平台，目前正在包括上海联合产权交易所在内的全国 5 家产权交易机构中展开中小企业股权托管试点工作。据了解，包括上海联合产权交易所、北京联合产权交易所、重庆联合产权交易所、河南省技术产权交易所、南方产权交易所在内的 5 家机构，将成立中小企业股权托管部门，以承办非上市中小企业股权托管登记、股权投融资金融服务，以加强对非上市中小企业股权的规范管理和服务，实现资本市场资源的合理配置。

（三）地方政府具有很高的积极性

发展产权交易市场对促进地方经济发展具有十分重要的现实意义。许多省市都明确将产权交易市场作为地方资本市场的重要部分，给予高度重视和大力扶持。如湖北等地政府由主管省长牵头成立产权交易市场领导小组，组织、协调产权交易市场建设工作；上海、天津、北京等地政府以数千万的财政拨款或低息贷款支持产权交易机构改善办公条件。部分省市提出开展区域产权交易市场规范发展试点申请，天津提出要建立非上市公司柜台交易市场等。由于各地设置产权交易机构的定位差异和起步时间不同，此前许多省市都颁布了一些产权交易的地方性法规和实施细则，如《上海市产权交易管理办法》、《北京市产权交易管理规定》、《天津市加强产权交易管理暂行办法》、《河北省公有资产产权交易操作规程》等，然而由于产权交易自身的开放性，交易业务可能跨地区、跨国家，一旦涉及跨区域性交易，地方性法规的效力无法溯及，就会造成产权交易方必须付出更多的交易成本来克服这种差异性。

（四）产权交易机构有着规范发展的强烈内在要求

在创新中求生存、在规范中求发展已成为产权交易机构的共识。各地产权交易机构紧紧围绕产权（包括物权、债权、股权和知识产权等各类财产权）交易、促进资源优化配置，探索包括股权登记托管转让在内的各项新业务，主动推动地方政府或政府部门出台相关的制度规范，如甘肃、吉林、沈阳等地先后出台了规范股权登记托管转让行为的地方行政规章或部门意见，支持产权交易机构在不断规范中更好更快地发展。

五、我国产权交易市场体系的战略思路

从各国的资本市场发展历程来看，西方国家历史上的金融深化和发展多遵循"先发展金融中介机构，后发展金融市场；先货币市场，后资本市场；资本市场中先债券市场，后股票市场"的发展顺序，反映着金融从简单融资到复杂融资、从债务融资到权益融资、从基础产品到衍生产品的合乎逻辑的金融深化和发展的过程。作为资本市场基础市场的产权交易市场体系的建立和完善也应摆放在重要的位置上，通过市场竞争提高资源配置的效益和效率，促使我国产权交易市场发展逐步纳入规范化、法制化、市场化的轨道。

(一) 明确产权交易市场的定位

近年来，党中央、国务院多次提出要建立多层次资本市场，发挥资本市场对资源配置的基础性作用，以适应多种投融资需求和风险管理的要求。应深化对产权交易市场体系的认识，明确产权交易市场体系中各层次的功能定位，规范和引导产权交易市场健康发展。

国际资本市场的发展都经历了一个逐步完善的过程，但方向是构建起一个多层次的资本市场体系。我国发展金融市场时采取资本市场先行且优先发展股票市场的策略，缺乏基础性的市场平台，其结果往往是在一定程度上导致股市结构失衡、投机盛行、股市定价功能失真和秩序混乱的局面，不能很好地服务于经济发展的需要。目前，产权交易市场与证券市场相比，挂牌企业的知名度、规模、盈利能力、可持续发展能力和信息透明度等一般都不如上市公司，投资者必须到实地考察，取得完整、准确的信息比较困难且成本较高。因此，产权交易市场应定位为面向中小企业、创新型企业的资本市场，应与面向大型、成熟企业的证券市场共同构成统一的多层次资本市场体系，这样既方便投资者，又有利于发挥地方建设区域性资本市场的积极性。总体来看，产权交易市场是多层资本市场体系中重要的一环，其主要定位为：促进股份制经济发展的支撑性平台；中小企业的私募融资平台；拟上市企业资源的培育中心；各类资本要素资源流动重组的市场平台等，目的是为产权转让提供便捷、

优质的撮合、见证服务。

（二）创新产权交易制度设计

根据经济发展需要，产权交易市场要做好服务类型选择以及相关业务设计，更好地以较低成本为社会各类产权交易提供场所、设施和信息服务，即通过提供一系列规则来界定交易主体之间的相互关系，降低市场中不确定性和交易成本，保护产权，从而保障交易双方的合法权益。未来构建我国产权交易市场体系必须完善以下制度：

1. 信息披露制度

统一信息披露制度，对信息披露的内容、程序、方式、格式、时效性、当事人及经纪人在信息披露中的权利、义务和法律责任等要做出统一的规定，真正实现信息互动、资源共享，提高产权交易的透明度和效率。由于产权交易市场服务于各类企业，不同企业对信息披露的深度和广度要求是不一致的。如国有企业原则上要求严格的信息披露，避免信息不对称和暗箱操作。不仅要进行广泛的信息发布征集公众参与竞价，而且要建立交易项目公示制度，把转让项目审批、决策、评估等主要环节内容公示，以实现国企的和谐改制。对于其他类型的企业，可以根据交易方的要求实行弹性披露，对于涉及商业秘密的内容，可以请求豁免某些信息披露义务，但是需要披露出让方、受让方和中介机构三者的信息。只有深度披露信息，才有助于形成合理的市场价格。

2. 监督管理制度

为了促进产权交易市场的健康发展，规范产权交易行为，保护交易双方的权益，必须有严格的监督管理制度。市场监管既需要有人制定规则、有人执行规则，更需要有人维护规则的执行。未来将确定一个机构对产权交易市场体系行使监督管理职权。市场监管主要涉及政策监管、社会监管、行业自律和责任追究制度。政策监管是指政府部门通过制定严格的管理制度和办法，协同财政、工商、监察等部门，强化政策的监管力度。社会监管是指利用法律、审计、会计、评估、公证等中介机构，以及新闻媒体的特殊功效，对相关企业和交易机构进行全方位监督。行业自律是指行业协会等机构对交易所和会员的管理，体现出其自察自检的特点。从原则上说，产权交易市场的所有参与者都要受到行业协会制定的规则的约束。

3. 会员制度

会员是产权交易市场买卖双方的经纪人，是产权市场交易主体和交易平台之间的联系纽带。会员制度在产权市场的规范发展中应当发挥重要作用。在实行会员制度的产权市场中，参与者包括政府监管机构、交易所、会员和交易主体。会员制的出现对于活跃产权市场、沟通信息、缩短交易时间、降低交易成本以及异地交易等方面都发挥了很大作用。但由于会员的逐利性特点，需要在制度上进一步加以规范。特别是要提高会员的整体素质，并且不断吸引高素质会员入场。应通过法律法规合理确定会员数量，使交易量和代理业务相匹配；合理认定会员资质以及从业人员资格，设置必要的准入门槛；对会员逐利的激励动力和因贪婪引发违规倾向进行约束，对违法违规会员进行清退和处理等。加强会员专业培训力度，提高他们的业务水平和市场开拓能力，并且通过良好的制度设计给他们以激励和约束，引导他们走向正规化。

（三）建立覆盖全国的统一产权交易市场体系

我国产权交易市场自建立之初就是各地地方政府根据自己的需要和按照自己对产权交易市场的理解自发组建的，而且，从其管理体制上也归各地政府直接管理。这使得产权交易市场事实上一直是一种封闭的地方性市场。建立全国统一的产权交易市场能积极推进各大产权交易市场的联合，能突破异地交易瓶颈，在让交易项目得实惠的同时，也能让当地的交易所得实惠。由于产权交易市场是为企业服务的，企业的多样性从根本上决定了产权交易市场应当是多层次的，采用"中心交易所——分支机构"的统一模式。总部加分支机构的模式，可以有效提高分支机构管理水平和专业水平，降低费用和成本。交易量大的地方可以独立组建具有法人资格的机构，脱离原来的市场体系，形成新的竞争格局。总的来看，实现全国产权市场的统一不可能一蹴而就，需要经过一个比较长的过程。在这一过程中，那些发展比较成熟的产权交易机构完全可以发挥其感召力，统领和带动更多的交易机构形成辐射网络，以点带面，逐渐实现全国统一市场。

（四）制定《产权交易法》，完善产权交易市场的法律环境

规范有序是保证产权交易市场效率的基础。市场规范来自于制度的完善，其中法律制度是根本。通过不断修正原有的法律法规，逐渐完善市场经济法律体系，可以在最大程度上为市场秩序的维护提供制度保证。以英国和美国为例，其与产权交易制度相关的法律框架主要包括三项基本内容：一是公司法，也是并购基本法；二是反托拉斯法或者竞争法；三是证券法。这些法律是保证其市场规范运作的基础。

与之相比，我国的法律制度就显得很不完善，与快速发展的产权交易市场相比，相应的法制建设未能同步，至今仍缺乏一部统一的产权交易法，从而使得产权交易中众多新业务、新领域的服务缺乏充足的法律法规作为依据，产权交易市场定位模糊、管理水平参差不齐，无论是价格形成机制还是市场壁垒，以及信息披露等都受到不同程度的影响，降低了市场效率。制定《产权交易法》无论是从经济建设、社会稳定和建立具有中国特色的社会主义市场经济体制需要以及建立和发展具有中国特色的资本市场多元化、多层次体系需要，还是促进经济建设和谐发展，促进构建和谐社会需要等，都将发挥出积极有效的巨大推动作用。

《产权交易法》应明确产权交易市场由国家统一建设，实行国家统一监管的原则；根据经济建设资源配置的发展需要，对应该进入产权交易市场挂牌，公开招商、公开交易的社会性资源、权益性交易做出明确界定；统一交易规则、交易流程、交易保证金的收缴、退还、交易价款结算、违约责任、交易佣金收费标准、交易鉴证过户等；应对机构从业人员的职业道德和技术资格提出具体要求；对进入产权交易市场取得经济会员资格、条件提出要求；应进一步严格规范资产评估、审计等其他中介机构以及交易机构的执业行为；加大对产权交易中所存在的欺诈、违规操作，虚假鉴证行为等的处罚力度。

六、近期完善我国文化产权交易市场的政策建议

文化产权交易市场属于产权交易市场体系中的重要组成部分。文化产权市场实质上是为文化产权交易提供规范、高效中介服务的机构，它需要一系列提供产权界定、咨询策划、审计评估，特别是产权经纪代理等专业性服务的组织机构。文化产权交易平台的搭设，不仅为文化创意服务业和资本的对接提供了便利，降低了搜寻摩擦成本，促成文化创意产品价格的形成，还打通了文化创意服务业产业链，为我国文化创意服务业发展开辟了更大的空间。随着我国文化体制改革的持续深入，文化领域的产权属性及其交易行为正逐步兴起，但是相比较其他领域而言，文化产权交易市场尚处于发展的起步阶段。2009 年 6 月 15 日，上海文化产权交易所正式揭牌，成为国内首家成立的文化产权交易所，上海文化产权交易所是由上海联合产权交易所、解放日报报业集团、上海精文投资公司联合投资创立，其目的是"为文化物权、债权、股权、知识产权等交易对象提供专业化市场平台"。目前，上海与深圳文交所，都将自身定位为一个与文化相关的产权交易平台、产业投融资平台、企业

孵化平台、产权登记托管平台。

目前，我国文化产权交易涉及电视节目、动漫节目、网络游戏节目及其技术设备交易、音像制品、电子出版物、艺术收藏品交易、小说影视剧改编权、影视剧本拍卖、精品图书展销、家居艺术饰品展销、钟表珠宝展销、文化创意产业项目投资洽谈等。范围非常广泛，文化产权交易的形式也多种多样。在这些交易中，会涉及多种知识产权，并非仅仅涉及版权。但是，文化产品的交易有相当数量是以版权为标的的贸易活动，因此，可能会涉及版权保护的有这样几种：一是涉及交易的作品，目前著作权法保护的作品有文字作品、音乐、戏剧、曲艺、舞蹈、杂技、美术、摄影、影视作品等；二是交易中涉及的使用方式，如对作品进行复制发行、展览、表演、放映、广播、信息网络传播、摄制以及改编、翻译、汇编等；三是版权保护的录音录像制作者、表演者和广播电视组织的权利。当然，文化交易中还不可避免地涉及一些寻觅不到所有者的民间文艺作品，像王洛宾的许多歌曲都是根据基层采风整理而成，这些已经成了著名的"公案"，对于这类案例，目前我国还没有制定相关的法律法规。

（一）积极推进各大产权交易市场的联合

我国文化产权交易市场近期整合的重点应在"资本合作"方面突破，形成跨区域的经营实体，推动跨地区产权交易项目的市场化运作。以建设规范、专业、统一、高效的产权交易市场平台为目标，推进产权交易市场整合。上海联合产权交易所为与其他地方产权交易机构合作，适时推出了合理的利益分享机制，为建成一个统一的全国市场提供了新思路：地方交易所身份不变，同时又成为上海联合产权交易所的经纪单位，共享佣金利益，形成一个较大范围的共同市场，让产权项目在这个共同市场中流动范围最大化、资源配置最优化。北京产权交易所也与天津产权交易中心，南下到长三角，甚至到上海进行业务拓展。文化产权交易市场也可以效仿这一做法，通过联合，促进规范。应出台文件促使各大联合产权交易所在整合区域资源的基础上，实现更高程度的区域统一，找准自身在全国产权交易市场体系中的角色定位、功能定位，将区域产权交易共同市场培育成为架构全国统一产权交易市场的基础。进而形成能够更好地实现界定文化产权、信息集聚、发现价格、提供中介服务、资本配置等功能，制度规范的文化产权交易平台。

（二）逐步规范产权交易，完善信息系统和监督管理体系

1. 建立规范的交易方式

各地文化产权交易市场多从当地情况出发，制定适合当地情况的产权交易运行规则。这样做尽管便利了当地的产权交易，但是却为异地交易带来了诸多不便，影响了交易市场范围的扩大，制约了产权交易的规模和质量，形成了市场垄断。应尽快建立一套标准的、规范的交易方法，规范产权交易行为。

2. 建立覆盖面广、反应快速、内涵丰富的信息系统

各文化产权交易所、文化产权交易中心的产权交易信息系统是一个集信息采集、筛选、归类、推介、挂牌、举牌、询价、报价、竞价、统计、分析及预警机制为一体的信息网络体系。应统一规定信息披露的具体内容、披露形式和披露标准，规定全国各产权交易机构都必须在同一平台发布信息，确保信息异地同步发布，实现信息标准化，扩大交易信息量，加快信息传递的速度，确保信息是完全的、对称的，买方和卖方都能够轻松获得自己所需要的市场信息，逐步实现产权交易信息、审批机关批复、资产评估报告等有关资料在产权交易网络上公开发布，交易双方能够在网上进行洽谈、竞价成交，提高成交率。各产权交易机构也要不断完善交易信息系统，加强对交易过程的规范与监测。

3. 完善监督管理，有效控制市场风险

各级国资、发展改革、工商、监察等有关部门根据各自职责分工，相互协作，密切配合，加强对产权交易市场的统一规划，健全产权交易机构和市场体系，切实解决产权交易市场出现的问题，加强国有产权交易监管，推进企业国有产权的规范交易和市场化交易。落实法律法规赋予国资（财政）部门的职能，承担起制定和完善产权交易政策、办法，规范市场管理的职责，对产权交易机构建设、交易规则的制定给予有力的指导。各级工商行政管理部门在受理因企业国有产权变动而变更、注销工商登记申请时，应根据国有资产管理有关法律法规和国务院决定的要求对企业提交的材料进行审查，对材料齐全的，方可办理工商变更、注销登记手续。各级行政监察机关要加强监督检查，严肃查处监察对象违反企业国有产权交易法律法规行为。各级省国资委要组织专门力量，对市（地）、县国有企业改制和产权转让进行监督检查，检查的重点是财务审计、资产评估、交易管理、定价管理、转让价款管理、管理层受让国有产权和职工合法权益的维护，对发现的问题要及时纠正和处理，对违规行为要追究相关人员的责任，监督检查的结果要报国务院国资委备案，逐步建立企业改制和产权转让年度监督检查和报告制度。各级国资委在加强与有关部门协

调、实施有效监督的同时，充分发挥群众监督和舆论监督的作用，争取社会各界的积极参与和支持，形成全社会监督的氛围，逐步构成了企业国有产权转让的社会监督体系。国资部门还应与纪检监察部门密切协作，把加强执法能力作为一项重要工作来抓，认真研究产权交易市场建设和发展中出现的新问题和新情况，制定相应的政策措施，从严规范产权交易行为，认真组织监督、检查，发现问题，及时解决。

（三）成立文化产权交易行业协会，加强引导和自律管理

2010 年 9 月 2 日，"中国企业国有产权交易机构协会"筹备领导小组第一次会议在京召开，就协会筹备相关事宜达成一致并形成决议，2011 年 2 月中国企业国有产权交易机构协会正式成立，首批机构会员目前有 66 家。截至现在，相关产权交易体系已覆盖全国 26 个省，对于推动全国产权交易市场网络体系的建设及促进各地国有产权交易机构的整合，具有重要意义。这意味着今后要有组织、有规划、有目的地进行产权交易，对产权市场领域产生重大积极的影响，标志着产权交易行业进入一个新阶段。行业协会成立后将抓紧制定行业规则，充分体现法律、法规、行业要求，抓紧制定会员、会费管理办法，秘书处工作规则，搭建设施完备的服务平台，为产权交易机构提供优质的服务。文化产权交易可以作为产权交易行业协会的分会尽早成立，以从事专业性的文化行业管理规则制定等一系列相关工作。

（四）加强文化产权交易机构建设，建立高效的产权交易运作模式和组织形式

未来文化产权交易机构的服务对象将不断扩大，民营企业和其他非公有制企业产权进场交易的需求将不断增加，要求文化产权交易机构要以市场为导向，不断提高服务质量和服务水平。文化产权交易所应实现市场服务职能化，不仅能够为产权交易提供法律咨询、交易资格审查、办理交易鉴证、组织招投标和拍卖等服务．还能够为企业的购并、融资租赁、企业托管等文化企业产权交易行为提供服务，通过不断规范交易行为、创新交易品种满足市场的要求，不断提高产权交易的水准和效率。积极做好高级专业人才和复合型人才的引进和培养工作，积极培育和吸纳文化产权交易经纪机构和经纪人，努力造就一支思想过硬、熟悉政策、精通业务的专业化人才队伍。支持和引导文化产权交易机构进行市场化整合，优化市场结构，提升文化产权交易市场的整体功能和水平。

特别是要促进产权中介服务加快发展。成熟、发达的产权中介组织是产权交易市场体系健康发展不可或缺的社会基础。产权交易是一个复杂的过程，需要审计、

评估、会计、拍卖、财务顾问、投行、产权经纪等各类机构的积极参与。应高度重视中介服务体系的建设，逐步推行产权交易会员代理制，将中介机构纳入文化产权交易市场会员管理，并建立健全产权经纪机构行为规范，加大会员队伍建设和文化相关知识培训，由中介机构为交易方提供文化创意投资咨询、经纪代理、项目推介、价值评估等服务。

（五）扩大交易品种，努力提供更好的服务

积极探索文化产权交易品种创新和服务模式创新，大力吸引民营、混合资本入场交易，根据本地区的实际需要和本机构的服务能力，开展企业改制顾问、私募基金交易、拍卖以及小额贷款、融资租赁服务、不良资产处置、政府采购代理、外资兼并收购等增值业务。开发大量的新兴的权益性文化产权交易等新型交易平台的建设，充分利用文化产权交易市场这个平台，积极开展交易文化创意新品种业务，逐步拓宽市场的经营范围，提高市场的运作效率。国家有关部门应当引导那些比较成熟的文化产权交易市场进行这方面的试点，从中积累经验，然后再进一步推广。积极探索面向文化中小企业的服务方案。在我国资本市场层次单一的情况下，产权交易市场不仅为国有企业，也为非上市股份公司、中小企业、科技企业、民营企业等不同规模企业的直接融资提供了平台。我国文化中小企业数量众多，仅仅依靠证券交易市场不能满足广大中小企业股权转让的需要。地方产权交易市场具有点多面广、投资者就近了解企业信息并进行投资的优势，能够满足众多未上市文化公司的股权融资需求。积极探索为私募股权投资及其他创新业务提供托管与交易服务。探索为在本地发行的中小企业债券以及其他创新业务提供托管与交易服务。一方面可以发挥投资者就近监控的优势，较好地控制市场风险；另一方面能够较好地满足广大中小文化企业的融资需要。

（六）积极开展文化产权交易的统计和研究工作，加强对业务创新的试点和规范管理

对于产权交易额的统计，目前国家还没有统一的标准，行业内也没有统一约定。由于统计方法不同，各产权机构公布的交易额相差悬殊。一些业绩和规模差不多的产权交易机构，有的年交易额超过千亿元，有的则只有几十亿元或几百亿元。多计、重报、统计不实等问题使产权交易额虚增，其后果既容易对产权市场造成误导，又不利于政府部门及时掌握真实情况。我国文化产权交易市场由于成立时间短，更没

有相关的统计标准。国家有关部门可组织相关专家成立专题小组，建立统计指标体系，着重从建立和完善多层次资本市场体系的角度对文化产权交易市场进行深入研究，尽快出台相关法规制度，加强对市场的指导和管理。鼓励文化产权交易市场按照党中央、国务院的总体战略部署，在现有法律法规的框架下，围绕服务于国有企业改革、服务于股份制企业规范发展、服务于中小文化企业、科技型企业创新，开展业务创新。在充分准备、统一组织下，有选择地支持比较成功的文化产权交易所进行业务创新并组织试点，由政府有关部门进行规范管理，在总结试点经验的基础上，以点带面、逐步推广，稳步促使文化产权交易市场进入健康发展轨道。

第八章 研发设计服务业：培育与延伸

研发设计服务业是文化创意服务业的重要组成部分，是以知识的生产、应用和传播为主要特征的知识密集型服务业。研发设计服务业多处于产业链（特别是制造业价值链）的前端，既创造新的科学知识，又产生新的科学技术，以顾客专业化、雇员知识化、手段高科技化、产出高增值性与高渗透性等为特征，在凝聚科技创新资源、优化产业结构、提升自主创新能力、发挥科技带动功能等方面起到了积极作用，对促进产业结构升级、提升国家或城市竞争力、转变经济增长方式等具有极为重要的意义。目前，研发设计服务业已经成为提高研发效率、加快科技成果商品化进程、促进产业转型升级的重要新兴产业之一。随着研发设计服务业的快速发展及其在国民经济中地位的提高，国内外对其的理论研究和实证研究显著增多。

一、研发设计服务业的产生与内涵

（一）研发设计服务业产生的背景

20世纪70年代以前，研发设计活动通常是企业内部的一个重要组成部分，绝大部分研发设计活动由企业内部的研发机构来完成。20世纪70年代末期，研发设计服务业逐渐在美国和一些发达国家出现。表现为一些企业以迅速获得利润为目标，从基础研究为主转向为满足市场需求而研究、开发应用技术，进而生产出具有更强市场竞争力的新产品。随后，众多国际品牌制造商为了降低投资风险，规避市场不确定性，应对快速的技术变革和不断缩短的产品生命周期，纷纷开始通过委托外包与全球采购等方式剥离加工制造等非核心价值环节，因而，研发设计日趋独立化、产业化，并随着知识经济的发展和人们对知识产品的大量需求而逐渐为越来越多的人所认识。

20世纪90年代后，研发设计活动日益呈现出专业性和复杂性，并由此带来了研发设计活动的不确定性和风险性。同时，由于竞争的不断加剧，使得研发设计活动必须具有高效性。由于通过研发外包可以有效避免重复研发带来的资源浪费，因而，发达国家跨国公司为充分利用世界各国现有的科技资源，降低新产品研制过程中的成本和风险，根据不同东道国在人才、科技实力以及科研基础设施上的比较优势，在全球范围内组织安排科研机构从事新技术、新产品的研究开发，促使跨国公司的研发设计活动日益朝着全球化的方向发展，跨国公司通过推动发展中国家加入全球研发设计、供应和销售链来帮助其建立起独立化和产业化的研发设计服务体系。随着知识经济发展对知识产品的需求增加，研发设计活动在深度和广度上迅速延伸，其优势逐渐为人们所认识，研发设计服务业由此开始蓬勃发展。

（二）世界主要国家对研发设计服务业的定义与范畴

各国由于政治体系、社会发展条件、经济发展程度、研发资源条件、产业发展战略的不同，对研发设计服务业的界定并没有统一。目前，美国统计局对科学研究设计服务业的定义是：在系统化的基础上进行原始调查，以便获得新知识（研究）、研究发现新应用、其他创造性或改良产品或流程的科学知识创造活动。主要包括两类：物理、工程、生命领域研发设计服务业（R&amp：D service in the physical, engineering, and life science）和社会、人文领域研发设计服务业（R&amp：D service in the social sciences and humanities）。①

英国所定义的研发设计服务业主要包括：设计咨询服务（品牌设计、企业形象、会展、信息设计、新产品开发等），工业设计服务，室内及环境设计服务等。具体包括：美术设计、平面设计、时尚设计、手工艺品设计、多媒体、网络及数字媒体设计、电视图文、制造业设计等。从英国设计服务业的内部结构来看，数字设计、品牌设计和通信设计等是英国最为普遍的设计活动。

（三）我国研发设计服务业的概念与研究现状

1. 研究现状

研发设计服务业是近年来国内外经济领域研究中的热点课题并已初步形成了理论体系，回顾研发设计服务业发展理论及其研究文献，可以看出国内对研发设计服务业的研究重点主要集中在对我国及发达国家研发设计服务业现状及趋势上的描述，

---

① 参见马春：《美国研发服务业发展概况》，2005，www.istis.sh.cn/list/list.aspx？id=2493。

对研发设计服务业的发展动因及运行机制这一层面研究不够，特别是对我国研发设计服务业如何更好地为制造业升级和产业转型服务缺乏深入的研究。目前，我国对研发设计服务业的研究不能适应当前研发设计服务业快速发展的时代要求。国内许多学者将研发设计服务业称之为研发服务业，在学术研究上不作区分。我国并未将研发设计服务业作为一个独立产业纳入产业目录，因此在对各地研发产出进行统计时，还是科技管理部门独立进行，并未纳入经济核算中。

我国台湾地区十分重视研发设计服务业的发展，制定了系统的政策措施和行动方案来推动其发展。台湾对研发设计服务业（Research and development services）的定义是：依据《服务业发展纲领》，研发设计服务业是指以自然、工程、社会及人文科学等专门性知识或技能，提供研究发展服务之产业。若以研发活动性质来看研发设计服务业务内涵，则可视其为提供研发策略之规划服务、提供专门技术之服务与提供研发成果运用之规划服务等三类。就学术研究而言，近年来台湾对研发设计服务业的相关探讨不断深入，从引进国外成果发展为面对中国现状，从以理论思辨为主发展为以实证案例为主，从"解释问题"为主发展为尝试"解决问题"。目前研发设计服务业已经成为学术研究中的一个热点领域。台湾学者直接将 R&D 产业称为研发设计服务业。

2. 研发设计服务业的概念

截至目前，我国研发设计服务业的概念尚未得到十分严格和统一的界定。研发设计服务业是个外来的概念，国际上尽管有各种不同的定义和理解，但近年来对其本质、要求、运行模式等的认识已日臻趋于一致并达成了一定的基本共识。对此，本书尊重国际上已经达成的共识，固守其本义。本书在归纳相关文献资料的基础上，概括研发设计服务业的概念和内涵为：研发设计服务业是指利用自然、工程、社会及人文科学等专业知识或技能，提供产业技术创新所需的研究开发和设计服务的产业，是指从事研发设计活动并提供产品或服务的企业和机构的集合，是高度知识密集型和人才密集型的现代服务业。其服务内容主要包括：① 研究开发服务：以知识或技术提供技术开发、产品开发、实验、检测等相关服务业务；② 设计服务：提供各类工程设计和产品设计。③ 研发成果转化服务：促使研发设计成果交易、买卖等服务。由于产业的存续与发展是建立在市场平台基础上的，因此研发设计服务业也是通过市场将供给者与需求者紧密联系起来的，依据于此，从属于企业技术创新的企业内部研发机构及其活动不属于研发设计服务业的内容；而当企业内部研发设计机构的研发设计产出通过市场交易时，便属于研发设计服务业的内容；外部的研发设计活动也属于研发设计服务业的内容。

3. 研发设计服务业的内部结构分析

从理论上看，学者普遍认为研发设计服务业可看作增加知识总量，运用这些新的知识创造新的应用，以及提供智力成果、技术服务，并通过市场进行交易和转换活动的集合。但从定量和实证角度看，研发设计服务业的产出主要是论文、各类专利、新产品、专业的技术知识。产出的形式多种多样，它们是无形的，是新产业产生和产业升级的重要来源。它们可以转化为可消费的产品。转化的过程一是直接通过中介机构或相关的市场进行技术的转让和许可；二是通过企业内部的交易转化为新产品。

关于研发设计服务业结构，李京文（2006）以 OECD 关于研发设计服务业的定义为标准，在 NAICS 基础上对其进行了解析，并将其分为工业设计、工程服务、实验室的实验活动、计算机系统及相关服务、科学技术咨询服务以及自然科学、工程和生命科学领域的科学研究与试验发展六大类。这种对研发设计服务产业的解构是从研发设计活动类型和范围角度来考虑的。黄鲁成（2008）按从事研发设计服务业的主体将研发设计服务业内部组织分为科研院所、独立的研究开发企业、计算机应用服务业和信息咨询服务业、大学、有研究开发活动的企业五大类。这些分类方法对于研究研发设计服务业内部组织动机与行为及组织间互动机理和模式无助。因此，本章采用第一种分类方式。根据研发设计服务业的形成过程，在现有国民经济行业统计中，研发设计服务业不仅包括研究与试验发展，还包括专业技术服务与技术推广服务等多个行业，以及制造业及农业中符合研发服务业特征的业态集合，如制造业中的工业设计、建筑业中的建筑设计、信息产业中的增值服务等。

二、研发设计服务业的产业特性

（一）研发设计服务业具有知识高度密集特性

研发设计服务业是专门从事知识生产、专业提供智力成果和服务的行业，从事的是一种专业性的知识创新工作，所以需要高度复杂的劳动投入，"产业工人"需经过专业训练；研发设计服务业生产的"产品"在其产业领域内处于研究的前沿，因而是超前性的"尖端产品"。研发设计服务业是需要投入高度复杂劳动的产业，其员工是经过专门训练的科学家和工程师。研发设计服务业通过运用众多专业知识、技术与信息来从事研发活动，集中了价值链中知识含量最高的区段，属于知识高度密集型的生产性服务业。

(二) 研发设计服务业具有较强的集约集聚特性

从技术的创新及管理成本上考虑，研发活动具有很强的规模效应和集聚效应，要求研究机构之间位置相近，而且研发服务企业多数按照收益最大化原则布局产业空间结构，最大限度地利用城市服务业发达、智力资源密集的优势，最大限度地利用生产基地的土地、劳动力、能源等要素优势，形成产业配套，最大限度地降低成本。

(三) 研发设计服务业具有很强的带动性和共赢性

由于研发设计服务业所提供的产品主要是技术与知识，它们都不是最终消费品，而是服务于其他产业，作为其他产业的消费品或中间品，为其生产力水平的提高服务，如：改进现有生产技术、技能或工艺以及技术和产品创新等。因而可以带动其他产业发展，并通过产业结构调整和升级，推动区域经济和科技发展。在研发设计服务业通过技术推动其他产业发展的同时，其他产业也通过需求拉动了研发设计服务业的发展，产业间形成沟通、合作和共享的互动发展。研发设计服务业的服务供给者是专门从事研发设计活动的企业和组织；研发设计服务业的服务需求者是将研发设计活动外部化的企业，从而提高了供需双方的劳动生产率。研发设计服务改变了区域之间对同一产业在企业、项目上"非此即彼"的简单争夺，实现了不同区域之间依据资源优势通过功能链不同区段所进行的分工、合作，实现共同发展。

(四) 研发设计服务业具有较强的高投入、高风险特性

研发设计服务业是需要投入高度复杂劳动的产业，其员工是经过专门训练的科学家和工程师，投入主要是研究开发经费和人员的投入，研发经费主要用于研发人员工资、研究开发的设备和实验用材料、实验室建筑，人员主要是高级的技术人才和一部分辅助人员，因此，研发设计服务业的投入除经费外，更重要的是智力投入，即科学家和工程师的智力劳动投入。同时，研发设计服务业的发展具有很高的不确定性，需要一定的风险分散机制，也需要有一定的投入回报机制，才能提高投资者投资的积极性。因此，很多国家与地区通过政府直接资助、企业投入，以及学术机构支持等多种形式不断加大对科技研发的支持，出台相关激励措施，推进自主创新，大力发展研发服务业，目的是保持其在全球科技创新中的领先地位。

从事研发设计服务业不仅需要巨额的资金投入，服务所产生的经济效益却明显

滞后，即使在今天有些技术从发明到创新应用的时间间隔也要近 10 年；研发设计服务业的智力成本有时难以估量，能否研发设计出具有更高市场竞争力的产品或服务也难以预计。

（五）研发设计服务业具有很强的探索性和不可重复性

研发设计服务活动主要分为两类：

自主式研发设计活动和订单式研发设计活动，前者是指研发设计服务和产品的供给者自主确定研发设计项目，并通过市场向外提供研发设计产出的活动；后者是指研发设计服务和产品需求者主动从外部寻求研发设计服务支持的活动，两者都是探索性很强的研发设计活动。一般认为，订单式研发设计活动是研发设计服务业存在的主要形式。因而，研发设计服务业是通过快速频繁的创新以提供智力成果和服务其产业化为主要服务内容；以交互程度较高的个性定制为主要服务方式，因此，研发设计服务业所提供的服务主要涉及自然与工程技术领域，产业活动具有很强的探索性和不可重复性。

三、研发设计服务业的发展机理

研发设计服务业仰赖知识及专业技能提供相关服务，与制造业的发展模式有显著差异。

（一）研发设计服务业产生的动因分析

探讨研发设计服务业形成原因应当从研发设计活动外部化入手，企业研发设计活动外部化是研发设计服务业形成的主要动因，研发设计服务外包是企业研发设计外部化的主要形式。

研发数据活动的特性，使得很多市场企业开始将内部研发活动转向外部，即研发活动外部化。

MacPherson 研究了发生于小企业的研发外部化，Roper 研究了发生于大企业的研发外部化。Vittorio Chiesa 指出，研发外部化的一个重要特征是企业内部的研发部门在缩小，而负责外部研发工作的部门在不断扩大。研发活动外部化催生了一批专门从市场承揽研发活动的企业，随着创新模式的改变和全球专业分工的不断细化，市场对专业服务的需求不断扩大，国际性的研发外部转移趋势不断加强，一种基于高新技术产业，以从事研发经营，提供智力成果、技术服务和现代商务服务的研发设计服务业应运而生。笔者结合黄鲁成、颜振军等学者的研究成果从需求和供给两个方面对研发设计活动外部化的成因进行分析。

1. 从需求方面分析

第一，全球竞争的加剧，缩短了产品与服务的生命周期，导致企业必须缩短开发时间。

据市场调查，有 62% 的电子和信息企业认为减少开发时间非常重要，这些公司都重视 24 小时不间断全球研发模式。如摩托罗拉、朗讯等公司，通过其全球研发机构与我国研发机构之间的合作，降低了产品开发时间，特别是软件开发、测试时间。在企业技术资源有限性和专业性的约束下，要满足多样性的技术需求，减少开发时间，企业就不能仅仅依靠内部研发活动，而且还要求助外部研发活动，以得到相关的技术和创新成果。

第二，企业为了维持或减少研发成本，增加研发活动的灵活性，往往不会维持一个很大的研发设计队伍，而一旦企业发现自身缺乏技术专家时，他们必然要求助于外部专家和组织机构，以弥补科学与工程技术的不足。特别是要开发满足当地市场需要的产品、进行产品本地化改良和工艺本地化改良时，企业都将开发适应当地市场的产品以及产品和工艺的本土化作为最为主要的影响因素来看待，由当地熟悉消费习惯的研发设计机构参与研发活动。市场的巨大潜力以及市场的特殊性推动了当地的研发设计服务业的发展。高质量研发人才的市场价格相对低廉，在一定意义上对跨国公司在我国设立研发机构是有吸引力的。

第三，基础研究和根本性创新（产品与工艺），具有很大的不确定性，而选择外部研发设计活动，可以大大分散研发设计活动的风险性。

2. 从供给方面分析

第一，科学技术与工程知识在各个领域的飞速增长，使技术研发的分工不断深入，使研发能够进行外包成为可能，同时网络技术的发展使协作研究和开发越来越方便，全球研发网络的协同效应也促进了研发设计服务业的形成。

第二，大量风险资本的出现，为研发设计服务外包的双方提供了便利，在资金方面为承揽研发外包的研发企业提供了生存发展的条件。一些对研发设计服务业有利的相关政策也为研发设计服务业发展提供了良好的软环境。

第三，随着科学技术与高等教育及培训的发展，掌握大量专业知识的人才形成了重要的人才库，这个人才库使人才的供应、知识与信息的供应有了保障①，为承揽研发设计外包的企业提供了基本生存条件。聘用当地研发设计人才，除了满足公司在技术和产品当地化方面对本土人才的需要以外，降低软件开发中的人工成本，特别是诸如编程和测试等劳动密集型环节中的人工成本，实现全球范围内24小时不间断的研究开发工作，压缩产品研究开发时间，提高研发设计效率也是重要因素。

（二）研发设计服务业的产业组织模式分析

1. 合同研发

目前，学术界基本达成共识：以合同研究组织（CRO）形式开展的研发活动是研发设计服务的典型代表之一。国内外企业界为提升研发效率、缩短研发过程，逐渐将公司内部不符合经济规模或效益的研发项目，委托专业的研发服务公司进行。2001年，美国1300多家制造企业（占所有进行研发活动的制造公司中的8%）共支出了40亿美元的合同研发费用。以制药领域为例，合同研究是制药领域产业分工的结果，其特点表现为研发活动本身被赋予产品属性、科技资源与现实技术需求得到直接衔接、具有较强的企业化经营管理配套能力、为吸收国际先进技术提供新渠道等方面。国际著名的市场研究公司——Frost & Sullivan 的研究报告显示，2002年全球制药业有合同研究机构（CRO）1000余家，其中大约有600家公司在美国。CRO服务的全球市场以每年20%~25%的速度增加，一些较大的公共CRO公司的增长率达45%。2005年全球CRO市场将达163亿美元，2010年达到360亿美元的规模，年增长率达17.2%。②

2. 研发联盟

以协定、条约为纽带，以专题研究、产品开发、技术合作为目的，不同国家、企业和科研机构相互联合而形成的战略联盟正在发展为一种新的技术研发和技术转

---

① 研究发现，我国信息技术领域人才供给比较优势是吸引跨国公司设立中国研发机构的重要原因。其比较优势主要体现在以下两个方面：一方面，我国海外留学人员和华裔科学家在信息技术领域的工作成绩，特别是这些人才多在或曾在国际著名企业和机构担任高职，在我国设立研发机构，跨国公司能够充分利用这些智力资源；另一方面，我国近年来在信息技术领域人才培养的快速发展使得该领域的人才供应水平普遍有所提高，主要表现为人才规模较大，人才的市场价格较为低廉，当地技术人才拥有中国本土市场知识，与市场和科技共同体之间关系紧密等。

② 数据参见孙晶、余昶颖：《关于大力发展我省研发服务业的思考与建议》，www.hbstd.gov.cn/html/2010_3_4_16_06_52_874.htm。

移方式。《2005 年世界投资报告》指出，在 1991～2001 年的 10 年间，技术联盟协议数量从 1991 年的 339 件猛增到 2001 年的 602 件。其中，美国是订立技术联盟协议数量最多的国家。从跨国公司来看，IBM 已在全世界建立旨在开发计算机产品的战略联盟 400 个，包括与日本东芝、德国西门子联合开发高能 DRAM 产品的联盟以及与摩托罗拉和苹果公司为抗衡英特尔微处理器而联合开发 Power PC 微处理器芯片的战略联盟；索尼、松下和日立为制定统一的、能够与高清晰度电视相兼容的盒式录像机制式标准而建立的技术联盟；日本的东丽公司与美国的基因技术公司共同研究干扰素，等等。跨国公司通过战略联盟，不但能集中资源突破关键技术，而且还分散了研发成本和投资风险，并通过成果共享，加快产业化步伐，缩短了技术投资的回收期。

3. 研发中介服务机构

研发中介等服务机构的任务是帮助企业寻找到合适的科技人才、技术、资源和产品市场，解决企业在生产和经营过程中所面临的较为专业的难题。它既是企业同高校和研究机构之间、企业同科技人才之间、企业同目标市场之间搭建的一座畅通无阻的桥梁，又是企业打开其他专业领域问题的钥匙。研发中介等服务机构的发达程度很大程度上反映了研发设计服务的成熟程度。随着研发设计服务业的发展，对中介服务机构需求的增加会使市场自发产生部分中介机构，但是单独靠市场自发建立的中介机构往往存在数量不足和相对滞后的问题。

四、世界研发设计服务业的发展概况

全球研发设计服务业发达的地区最初多集中在美国、日本、英国、加拿大等制造业发达国家。随着全球化和知识经济的高度发展，在新一轮产业转移和外包过程中，跨国公司将越来越多的研发设计、品牌经营同加工制造相分离，承包给成本更低的发展中国家的专业化公司或组织来完成，然后通过外购获得服务。

（一）主要国家研发设计服务业发展情况分析

1. 美国

根据美国统计局（US Census Bureau）对研发设计服务业的统计，1996 年美国研发设计服务业产值为 324 亿美元，2002 年产值 631 亿美元，2004 年产值达到 658 亿美元，2005 年研发服务业产值实现 815.4 亿美元，2000～2005 年均增长率达到

9.2%；同时预测数字显示，到 2009 年美国研发设计服务业的产值将达到 1039 亿美元，其中，2005～2009 年间研发设计服务业的年均增长率高达 9.6%，发展态势异常迅猛。2008 年美国平均每家企业产值 415 万美元。从美国研发设计服务业的两大分支领域的发展看，1997～2002 年间，不管产值的增长还是企业数量的增加，物理、工程、生命领域研发设计服务业都占了绝对大的比重，从产值增长上，物理、工程、生命领域研发设计服务业占了增长部分的 98.3%，社会、人文领域研发设计服务业仅占 1.7%；企业数量增加上，前者占了增长部分的 94.2%，后者只占 5.8%。从研发服务企业按产值分的集聚度数据看，2002 年在美国 15218 家研发服务企业中，前 4 强企业（包括公司总部下属的工厂、实验室、办事处等机构）的产值占总产值的 14.8%，前 8 强企业占总产值的 19.3%，前 20 强企业占总产值的 28.7%，前 50 强企业占总产值的 39.9%。分领域看，社会人文领域研发服务企业的产值集聚度高于物理、工程、生命领域研发设计服务业。①从美国研发设计服务业的构成看，自然科学及工程类研发设计服务业占据了主体地位，这主要是由于制造型企业中工程类的占了大多数。

2. 欧盟

作为世界工业设计服务的发源地，英国是最注重设计的国家之一，设计服务业发展迅速，成为英国重要的出口产业。欧盟统计局 2004 年发布的《European Business Facts and Figures》报告显示，1996～2001 年间，英国研发设计服务业规模从 17.5 亿欧元扩大到 38 亿欧元，人均产值 2.5 万欧元，年均增长率达到 16.8%，2001 年更是高达 41%。另外，在作为科技创新集聚区的科技园区中，英国的研发机构和科技开发型企业占绝对主导地位。在这些入园机构中，从事研发工作的占 45%，从事咨询或业务支持的占 23%，从事检测服务的占 12%，销售占 9%，培训服务占 6%，制造业占 5%。2003 年，英国大约有 4500 家注册机构或企业从事设计咨询服务，比 2002 年的 4000 家和 2001 年的 3700 家都有大幅上涨，雇佣人员 76000 人。近年来，英国的设计服务业出口呈不断增长的态势，2002 年设计咨询服务业海外总收入达到 14 亿英镑，全球平均每 6 秒钟就会有消费者购买一件由英国公司设计的产品。设计服务大大推动英国企业的发展。英国设计委员会对国内企业的设计投入与市场收益作比较发现，1998～1999 年度，英国采用设计的企业，销售额平均增加

---

① 马春、宋鸿：《国外研发服务业发展现状及对我国的启示》，载《科技管理研究》，2008 年第 12 期。

43%；而未采用设计的企业，销售额仅平均增加 15%。企业对设计的前期投资，平均在 15 个月内即可收回，有 90% 的设计项目都获得商业上的成功。关于对设计效果的评价，英国设计委员会的调查统计显示：设计帮助企业提升竞争力的占 92%，设计帮助公司打开新市场的占 88%，设计增加经济效益的占 87%，设计增加附加值的占 86%，设计改进生产过程的占 83%，设计提高创新和解决问题的能力的占 72%。

2000～2002 年间，德国研发服务业产值从 25 亿欧元增长到 38.8 亿欧元，年均复合增长率达到 24.6%，占欧盟 25 国研发服务业总产值的 24.9%；2002 年就业人数同比增长达到 513.9%，占欧盟 25 国研发服务从业总人数的 23.4%，仅次于英国。①

根据魏江、王甜（2007）在《中欧知识密集型服务业发展比较及对中国的启示》中的论述，芬兰、法国、荷兰、英国 1995 年研发设计服务业的从业人员分别为：1万、26.38 万、2.32 万和 8.8 万人，1999 年则分别为 1.29 万、27.07 万、2.74 万和 9.7万人（其中法国为 1998 年数），从业人数的增长率分别为 29.0%、2.5%、18.1% 和10.2%。

3. 加拿大

1990～2001 年间，加拿大研发设计服务业进出口额年均增长速度超过 10%，2001 年产值 421 亿美元，2004 年达到 463 亿美元。

4. 日本

日本研发设计服务业 1999 年产值为 23400 亿日元（约合人民币 1870 亿元），人均产值 1279 万日元（约合人民币 102 万元）；1999 年日本自然科学研发设计服务业产值占了行业总产值的 96.4%。

（二）研发设计服务业全球化发展趋势分析

1. 海外研发投资显著增加

研发服务全球化已经成为继贸易全球化、生产全球化、金融资本化之后世界经济一体化的重要趋势。随着全球科技竞争的日益激烈，跨国企业海外研发投资也逐渐增加。研发活动是跨国公司的核心职能，长期以来一直由母公司严格控制，近年

---

① 马春：《世界研发服务业发展动态》，载《汇视研究》，2006 年。http://www.ci1st.org/wp-content/uploads/2008/07/2006e586ac-e4b896e7958ce7a094e58f91e69c8de58aa1e4b89ae58f91e5b195e58aa8e68081.pdf。

来迅速出现国际化的趋势。Reddy（1997）提出，跨国公司对研发人员日趋增长的需求是 20 世纪 90 年代研发全球化最关键的动因。跨国公司的海外研发直接投资有利于跨国公司适应当地化生产、降低生产成本、监控国外技术创新情况等。德国企业 20 世纪 90 年代在国外设立的研发机构超过前半个世纪的总和；在瑞典主要企业中，国外研发活动所占份额从 1995 年的 22%猛增到 2003 年的 43%。

2. 研发设计服务业向发展中国家转移

20 世纪 70 到 80 年代，研发设计服务业发展的主要地点在发达国家，特别是美、日、欧等地区。当时在动因、区位选择等方面的研究结果也都与之对应，而随着发展中国家，特别是亚洲国家经济与科技的兴起，这里已经成为跨国公司海外研发的重要目的地。联合国贸发会议 2005 年 7 月发布的《2005 年世界投资报告：跨国公司与研发国际化》年度报告预测，研发活动全球化趋势还将持续，高达 69%的公司预测海外研发在全部研发开支中的份额将会进一步增长。从地域分布看，企业研发活动轴心逐渐离开欧洲大陆，向北美、日本、韩国、中国和印度转移，发展中国家正成为研发投资热点。2005 年，有 315 个海外直接投资研发项目落户南亚、东亚及东南亚，其中 80%落户到中国和印度两个国家。据 UNCTAD 的调查，未来最具吸引力的东道国排名里，中、美、印分列前三位。跨国公司研发投资国际化现象开始引起学术界的广泛关注。

3. 海外研发的动因不同

由于各个国家之间在资源、制度、文化、技术等方面的巨大差异，导致了跨国公司海外研发设计动因的不同。比如，日本企业在美、欧等地设立研发机构的一个重要动因是获取当地的最新科研信息和动态；而美国在印度设立研发机构的一个重要动因，便是利用其高质量且低成本的人力资源；不少来我国设立研发机构的跨国公司则是出于政策因素的考虑和我国拥有高素质的人力资源和科研教育资源。Fors 和 Zejan（1996）对瑞典跨国公司海外研发设计机构的研究表明，瑞典跨国公司倾向于将海外 R&D 机构布局于自己所在领域技术专业化水平高的国家。Dagiti 和 Yasuda（1996）对 254 家日本制造业公司海外 R&D 活动的研究发现，对欧洲和美国的 R&D 投资，以获取新技术信息为重要目标。[①]印度是一个优秀人才云集的国家，跨国公司在印度设立研发机构关注于使用印度的优势作为他们母国的研发平台。同时，各国

---

① 楚天骄、杜德斌:《跨国公司研发全球化研究的热点与展望》,载《软科学》,2004 年第 4 期。

研发环境和研发资源供给不同，所以研发设计活动的成本也不同，重新选择研发活动的地区可以提高公司的长远竞争地位。另外，利用在东道国设立的研发机构来追踪最新的科学技术进展也日益成为跨国公司海外研发活动的重要动机。由于东道国和母国的政策而进行海外研发。一些国家把设立研发机构作为允许外资进入的条件。当然，除了强制性政策外，也有些国家和地区制定了吸引跨国公司设立研发设计机构的优惠政策。另一方面，由于各个国家的法律制度不同，也有些跨国公司是为逃避国家禁止的科学研究，比如某些生物化学方面的项目便属于这种情况。

世界研发设计服务业的发展还呈现内部关联日益紧密、密集度迅速增大、研发领域不断更新、环境的影响更突出等趋势。

五、我国研发设计服务业的发展现状

（一）我国研发设计服务业的发展历程

我国研发设计服务业的发展大致经历了3个阶段：

第一阶段，由大学及研究院所承担主要科技研究与实验开发工作，基础研究集中以大学为主开展，应用与试验发展由科研院所发挥主要作用。由于院所与大学研发成果离企业实际应用较远，"科技"与"市场"两张皮问题比较突出。

第二阶段，为使研究应用更加贴近市场，20世纪80年代，科研院所开始转制，一些研究机构并入大型企业，一些院所直接转制为企业，还有一些院所作为公益性研究机构的事业法人存在。随着我国产业结构不断升级，企业内部研究机构设立增多、发展迅猛，研发设计作为一种企业职能逐渐内部化。

第三阶段，在企业研发内部化过程中，大部分企业由于自身研发设计能力不足，产学研结合研发活动成为企业寻求外部研发支持的重要途径。在此过程中，研究院所、大学与企业的技术合作通过技术学科、技术转移、合作开发等形式日益活跃。在某些行业，如电子信息、生物医药、新材料及应用技术、先进制造技术、新能源与高效节能技术、环保技术等领域出现了专门以研发设计服务业为主的企业。随着研发服务业作为独立业态的发展规模扩大，研发设计服务业逐渐形成。

根据研发设计服务业的形成过程，在现有国民经济行业统计中，研发设计服务业不仅包括研究与试验发展，还包括专业技术服务与技术推广服务等多个行业，以及制造业及农业中符合研发设计服务业特征的业态集合，如制造业中的工业设计、建筑业中的建筑设计、信息产业中的增值服务等。

目前，作为独立业态，研发设计服务业在我国刚刚起步，与市场还存在较大程度的脱钩现象，部分高等院校在专业设置、科研机构研究立项等方面，往往闭门造车，以致最后培养出来的人才或研究设计出来的产品不为市场所接受而成为废品；转制院所的双重身份，影响院所研发服务信誉度；研发服务定价机制、投融资环境不完善；研发设计中介服务体系尚不完善，产前、产中、产后服务业发育都不充分，还不能对产业发展中的创新需求形成系统的支撑；统计指标缺失等。

（二）我国台湾地区研发设计服务业的发展特点

2001 年，我国台湾地区对其标准产业分类进行第七次修订时，将"学术研究及服务业"小类提升为中类，并将名称修订为"研究发展服务业"，提高了研发服务业在台湾地区经济中的地位，并制定了一个多部门协同的具有操作性的行动方案——《研发服务业发展纲领及行动方案》，规定了研发服务业的产业范围：研发策略规划服务、专门技术服务和研发成果运用规划服务。

第一，研发服务业发展迅速。2001 年到 2006 年，台湾地区研发服务业的营业额以年均 7% 的速度增长，就业人数以 5.3% 的速度增长，2006 年，台湾研发服务业的营业收入为 1044.7 亿新台币，从业人数为 4.7 万人，分别比 2005 年增加了 7.4% 和 5.8%。"台湾研发服务计划"提出，到 2009 年末，台湾研发服务业的产值要达到 1442 亿元新台币，从业人数达到 5.8 万人。

第二，开展了研发服务企业能力资格认证。通过认证的企业可获得台湾地区"经济部工业局"颁发的资格认证书，在权威网站上进行登录以宣传企业的能力和业绩，优先获得客户资源，并可以获得当局相关发展计划的支持，促进企业的发展。

第三，积极推动研发服务联盟建设。在《研发服务业发展纲领及行动方案》中，以发展策略为依据分别制定了有针对性的实施措施，共计 28 项。其中，把"推动研发服务联盟"作为"构建良好的研发服务业发展环境"的重要措施，并明确了应持续推动的两项事宜：一是由台湾地区"经济部工业局"负责，运用《研发服务业发展计划》协助研发服务者建立产品研发策略联盟。二是由台湾地区"经济部技术处"负责，运用《促进企业开发产业技术办法》协助研发服务业者成立企业研发联盟。目的是通过联盟的建立，将研发服务资源和能力、研发服务需求以及研发供需信息进行有效整合，创造多元的研发服务合作网络。

第四，凝聚和培养产业发展所需人才。主要包括通过吸引国外企业和高素质的技术研发人员到台湾开展研发工作；加强高校教师与研发服务业人才之间的交流；

推动研发服务业与学术机构合作，培养研发服务业所需人才；推动产学研合作培训研发人才，为有人才储备需求的研发服务企业和有实习需求的学校积极牵线搭桥；推行以到研发机构和企业从事一定时期的研发工作代替兵役的制度；建立研发服务人才支持中心，形成研发服务专家群，协助申请企业解决所面临的研究技术或管理问题；考虑研发服务的复杂性，设立跨领域的研究机构，培育跨领域的研发服务人才等7个方面。

第五，制定了税收减免、财政补贴优惠政策。2006年1月1日，台湾地区颁布了《新兴重要策略性产业属于制造业及技术服务业部分奖励办法》，据此对投资从事研发服务的企业，在经相关部门审查批准后，可以适用5年免征企业所得税或股东投资抵减税收的优惠政策。同时，对由学校和研发服务企业合作的项目，还可以通过"研发服务合作提案"进行补贴。

六、国外研发设计服务业发展的相关经验及对我国的启示

综合来看，美国、英国、日本等国家在促进研发设计服务业发展上有以下几方面的经验：

（一）丰富的人力资源和教育资源是发展研发设计服务业的基础

创新型人才是研发设计服务业发展的核心，研发服务人员的知识储备、专业化水平在研发活动中起决定性的作用。基于此，美国、日本、德国、英国等国都建立了多层次的人才培训体系和科学的人力资源开发利用体系。近年来，美国陆续在一批大学中建立起工程研究中心，让不同学科的工程技术人才集中在一起，共同研究国家和产业面临的重大课题；政府部门也启动了各种培养高层次人才的计划，如美国海军的"青年研究员计划"，是在一些大学和私人研究机构设立基金，专门提供给最近5年获得博士学位的青年研究人员；美国国家科学基金会设立了"总统青年研究奖"，每年提供200个名额，目的是将最优秀的人才吸引到国家急需的科学和工程领域中来。应优化和改善人居环境，大力吸引外来人才。利用良好的区位优势、完善的基础设施条件吸引所需的管理人员、技术人员入驻，同时必须具有便捷的信息获取以及良好的同异地沟通的信息通道，便捷的信息、网络可以大大节约研发基地与制造加工基地分离导致的空间成本。

（二）高强度的研发投入是研发设计服务业发展的有力支撑

美国、日本、德国、法国、英国是研发投入领先的 5 个国家，其研发投入总额在全球的比重达 79%，主导着全球的研发创新。其中，美国占 40% 的比重，位居第一，其次是日本，占 18%。以美国为例，第二次世界大战以后，美国的科学技术取得了举世瞩目的成就，无论是自然科学领域，还是工程技术领域，都处于世界领先地位。美国取得这些成就很大程度上依赖于其对科学研究的高度重视，不断加大科研投入。近 50 年来，美国研发经费占国内生产总值的比例（研发强度）一直在2.2%～2.8%，在全球主要发达国家中居于前列。可以说，庞大的研发经费保证了美国研发的水平和实力。

（三）健全的政策法规环境是研发设计服务业发展的保障

发达国家研发服务业的发展离不开其完善的法律法规体系。为了促进研发服务业等相关服务业的发展，美国从 20 世纪 80 年代开始，就制定了一系列法律法规。1980 年以后陆续颁布了《Stevenson Wydle 技术创新法》、《Bayh Dole 大学与小企业专利程序法》、《小企业创新发展法案》、《联邦技术转让法案》、《国家竞争力技术转移法等》，上述法案都规定了美国相关机构有义务与当地科研机构、大学和企业联合进行研究开发和技术转移，形成了推动知识扩散的环境和机制。美国制定的《国内税收法》规定，一切商业公司和机构一旦增加研发经费，则该公司或机构即可获得相当于新增值 20% 的退税。该法还规定，研发经费可以由该公司或机构使用，也可以委托其他机构代为研发。除公司外，个人从事的研发活动如有明确的商业化目的且研究成果的确已商业化，则研究投入同样可以享受 20% 退税。该法案对企业、高等院校及各种非营利机构等支持基础性科学研究起到了很大作用。

研发税收减免也是政府提高英国研发支出的关键措施之一，是其他形式的商业支持和法规干预的补充。为推进研发服务业的发展，英国政府规定了公共部门、私营部门和慈善机构对创新投入的有关原则和利益分配机制，出台了一系列的税收减免政策。2000 年，英国提出了《中小企业研发税收减免措施》，2002 年出台了《大型公司研发税收减免措施》，贸工部 2005 年报告《Supporting Growth in Innovation: Enhancing R&D Tax Credit》（《支撑创新成长：增加研发税收减免力度》）指出，研发税收减免是英国政府促进科学和创新并确保长期国际竞争力的广泛战略的重要组成，主要目的是解决造成公司减少研发投入的市场失灵问题。

在具备健全的、有利于知识产权保护的法律法规体系的同时，还要具有多元的文化氛围。法律法规要与国际通行规则接轨，提高政府办事效率，增加政府的透明度，为投资商创造良好的法律环境。同时，社会服务体系、市场秩序、通关秩序、诚信体系、社会治安状况、城市文明程度等也要达到相当高的水平。

综上所述，我国的研发设计服务业发展应与市场需求密切结合，整合现有资源，培育有利于科技成果转化的市场环境，促进研发设计服务业与制造业的互动发展。另外，要针对国内外不同市场采取不同的竞争策略，加强对市场和研发设计服务业发展趋势的超前研究。要加快推进科研机构和大学的市场化进程，同时鼓励企业进行科研和创新，提高自主开发创新能力。在具体操作过程中，应注意方式方法的灵活性和多样性，既可以鼓励企业设立研发机构，也要把从科研院所、高等院校、工业企业等单位转制出来的独立研发机构区别于一般企业和事业单位，制定土地、基础设施建设、进口器材、税收优惠等方面的鼓励政策，减小它们进入市场的障碍；在推进大学和科研院所市场化过程中，应针对不同类型的高校或科研机构采取不同方式，应该先试点，然后推广。大力发展科技服务中心、创业孵化器、信息服务机构、科技融资机构、科技评估咨询中心、知识产权事务中心、技术产权交易中心、公共科技信息平台等中介服务机构。我国目前对研发设计服务业的统计还较为欠缺，应尽早完善统计支持。

第九章　西部文化旅游业：开发与布局

西部地区①是我国旅游资源的富集区，国土面积辽阔，自然地理条件复杂，动植物资源丰富，不仅资源的品位高、种类全、特色强、精品多、分布广，历史古迹、文化遗产众多，在旅游资源的独特性、垄断性等方面具有突出的优势。而且在国际、国内均具有广泛的影响和较高的知名度，丰富的旅游资源为西部发展旅游特色产业奠定了坚实的基础。目前，西部各省（区、市）都把旅游业作为振兴当地经济的重要产业予以发展，文化旅游业发展潜力较大，文化旅游业将成为西部经济增长的亮点。

一、西部文化旅游业发展现状

（一）旅游收入和接待入境旅游人数不断上升，呈现出良好势头

近年来，随着西部大开发的深入，西部文化旅游全面升温，形成了一批较为成熟、具有国际影响力的经典旅游目的地，西部地区已成为我国自然观光旅游、历史考察旅游、民族风情旅游、宗教文化旅游以及登山探险旅游的胜地，旅游收入和接待旅游者数量均有不同程度的增长。2010 年全国旅游业总收入 1.57 万亿元，其中西部地区实现旅游总收入 7870.11 亿元，占全国旅游总收入的 50.1%。2009 年西部 12 个省区的国际旅游总收入为 43.29 亿美元，占全国国际旅游收入的 10.21%。2009 年西部地区接待入境旅游人数 1062.24 万人次，其中外国人 769 万人次，占全国接待入境旅游总人数和外国人入境旅游总人数的 13.21% 和 17.4%。②2010 年旅游总收入超过千亿元的西部省（区）有四川和贵州两省。2010 年四川省实现旅游总收入 1886.09 亿元，同比增长 28.1%，名列全国第九位；累计接待国内旅游者 2.71 亿人次，同比

---

① 西部地区包括云南、广西、四川、西藏、贵州、重庆、陕西、甘肃、宁夏、青海、新疆、内蒙古 12 个省（区、市）。

② 国家旅游局：《中国旅游统计年鉴》，北京，中国旅游出版社，1996~2010；国家统计局：《中国统计年鉴》，北京，中国统计出版社，2011。

增长 23.8%。2010 年贵州省旅游总收入达 1060 亿元，名列全国第 15 位，同比增长了 30%左右，旅游接待人数达 1 亿人次。

2005 年西部 12 个省区的国际旅游总收入为 52.65 亿美元，占全国国际旅游收入的 8.8%，"十五"期间年均增长 10.25%。2005 年西部 12 个省区的国际旅游总收入为 25.82 亿美元，占全国国际旅游收入的 8.8%，"十五"期间年均增长 10.25%。2005 年西部地区接待入境旅游人数 755.71 万人次，其中外国人 541.21 万人次，占全国接待入境旅游总人数和外国人入境旅游总人数的 6.28%和 26.72%，"十五"期间年均增长分别为 9.02%和 11.66%（详见表 9-1、9-2）。

表 9-1　西部地区国际旅游外汇收入

单位：百万美元，%

地　区	1995	2000	2005	2010	"九五"年均增长	"十五"年均增长	"十一五"年均增长
内蒙古	91	126	352	602	6.72	22.81	11.33
广　西	121	307	359	806	20.47	3.18	17.56
重　庆		138	264	703		13.85	21.64
四　川	125	122	316	354	−0.48	20.97	2.30
贵　州	29	61	101	130	16.03	10.61	5.18
云　南	165	339	528	1324	15.49	9.27	20.19
西　藏	11	52	44	104	36.43	−3.29	18.77
陕　西	139	280	446	1016	15.03	9.76	17.90
甘　肃	21	55	59	15	21.24	1.41	−23.96
青　海	2	7	11	20	28.47	9.46	12.70
宁　夏	1	3	2	6	24.57	−7.79	24.57
新　疆	74	95	100	185	5.12	1.03	13.09
西部地区合计	779	1585	2582	5265	15.27	10.25	15.32
全国	8733	16224	29296	45814	11.67	12.55	9.35

数据来源　国家旅游局：《中国旅游统计年鉴》，北京，中国旅游出版社，1996～2010；国家统计局：《中国统计年鉴》，北京，中国统计出版社，2011。

表 9-2 西部地区接待外国入境旅游人数

单位：万人次，%

地　区	2000	2005	2010	"九五" 年均增长	"十五" 年均增长	"十一五" 年均增长
内蒙古	38.74	99.56	140.02	5.63	20.78	7.06
广　西	50.8	88.66	141.39	10.57	11.78	9.78
重　庆	19.29	41.81	103.96	0	16.73	19.98
四　川	19.97	68.27	74.97	-4.01	27.87	1.89
贵　州	7.12	9.26	18.61	-1.78	5.4	14.98
云　南	66.59	99.65	231.23	7.04	8.4	18.34
西　藏	13.58	11.1	21.41	15.73	-3.95	14.04
陕　西	58.48	74.57	155.24	8.04	4.98	15.79
甘　肃	14.34	17.2	4.99	15.19	3.7	-21.92
青　海	1.46	1.46	3.39	10.91	0	18.35
宁　夏	0.58	0.66	1.29	15.68	2.62	14.34
新　疆	20.84	29.01	45.44	2.36	6.84	9.39
西部地区	311.79	541.21	941.94	7.93	11.66	11.72
全　国	1016.04	2025.51	2612.69	11.53	14.8	5.22

数据来源　国家旅游局：《中国旅游统计年鉴》，北京，中国旅游出版社，1996～2010；国家统计局：《中国统计年鉴》，北京，中国统计出版社，2011。

（二）资源开发初具规模，旅游产品具有一定的影响力

随着旅游产业的发展，西部地区已经形成了一批较为成熟的旅游线路，在特色旅游产品、重点旅游景区和区域旅游热线开发等三个层面上都取得了较大进展。如西北地区以丝绸之路开发为主轴，形成东西延伸、辐射南北的旅游格局。各省（区、市）在这一主轴的基础上精心设计，向南北推出了富有西北地域特色的分支专题线路，如陕北的三黄一圣、甘宁的长城之旅、黄河风情、穆斯林风情、青海高原登山狩猎、新疆塔克拉玛干沙漠探险等。丝绸之路在突出历史文化主题的同时，近年来还开发了一批专项、特种旅游项目，如沙漠汽车拉力赛、嘉峪关滑翔飞行、酒泉—

敦煌徒步（骆驼）旅游、登山、修学旅游等。

（三）旅游基础设施趋于完善，服务体系建设初见成效

国家产业政策的调整和西部大开发政策的实施，使得西部地区旅游基础设施建设不断得到加强，旅游饭店、交通以及景区设施都得到了显著的改善，以省会和旅游城市为核心，以机场、高等级公路为重点的区域旅游交通、通讯设施建设取得突破性进展。

航空设施建设对远离经济中心和旅游客源市场的西部地区尤为重要，目前不仅大城市、旅游中心城市都新建扩建了机场，增加了航线，而且主要旅游点也建了或准备新建扩建机场，如敦煌、嘉峪关、九寨沟、西双版纳等。近年来随着旅游直达列车、旅游包机、豪华旅游客车、游轮开通数量增加，西部地区旅游可进入性有所提高，旅游发展的交通"瓶颈"制约得以缓解。旅游涉外饭店数目不断增多，基本形成了具有一定档次和规模的旅游饭店服务体系。

二、西部文化旅游业存在的主要问题

（一）西部文化旅游业的总体发展水平比较低，旅游企业规模较小

由于旅游业起步晚，目前西部文化旅游业总体发展水平还比较低，且国际旅游收入增长速度降低。"九五"期间西部国际旅游收入的增速为 15.27%，高于全国平均水平 3.6 个百分点；"十五"期间西部国际旅游收入的增速为 10.25%，低于全国平均水平 2.3 个百分点。

2009 年，西部 12 个省、自治区和直辖市国际旅游的总收入只相当于广东省国际旅游收入的 43.17%。西部许多省区旅游业发展的水平在全国的排名仍居于后位。同时西部地区旅游企业大多规模小，从业人员少，经济效益不高，抗风险能力弱。西部地区旅游业中的重要行业——旅行社业的数量和营业收入在全国整体发展水平中相对较低。

按 2010 年旅行社营业收入排名，西部没有一个省（区、市）进入 10 亿元级的行列（表 9-3）。按照入境旅游人数排名，西部仅有 5 个（区、市）勉强进入百万人次行列，且排名后三位的均为西部省（区、市），这种局面与西部所拥有的旅游资源和所面对的旅游市场极不相称。

表9-3 2009年西部地区星级饭店及旅行社情况

单位：个、%、万元

地 区	星级饭店		旅行社总数		旅行社营业收入	
	总数	比重	总数	比重	总额	比重
内蒙古	262	1.84	614	3.01	102582	0.57
广 西	437	3.07	385	1.89	316094	1.75
重 庆	273	1.92	346	1.70	438086	2.43
四 川	534	3.75	631	3.09	413353	2.29
贵 州	320	2.25	215	1.05	98909	0.55
云 南	826	5.80	450	2.21	671772	3.72
西 藏	149	1.05	39	0.19	23842	0.13
陕 西	338	2.37	531	2.60	259685	1.44
甘 肃	312	2.19	335	1.64	72031	0.40
青 海	123	0.86	173	0.85	26625	0.15
宁 夏	57	0.40	85	0.42	35715	0.20
新 疆	433	3.04	356	1.75	61351	0.34
西部地区	4064	28.55	4160	20.39	2520045	13.95
全 国	14237	100.00	20399	100.00	18065301	100.00

数据来源 国家旅游局：《中国旅游统计年鉴》，北京，中国旅游出版社，2010。

（二）西部各省区市旅游业发展不平衡，区内差异较大

在西部文化旅游业整体落后的状况下，西部各省区旅游发展水平也呈现出较大的差异性。云南、陕西、广西的旅游开发程度在西部已具有相当规模，在产业体系的综合配套、旅游项目的设置组合、旅游线路的连接延伸等方面，都取得了较显著的成绩，并在各自省区内初步形成了多层次的风景名胜区体系。重庆、四川、内蒙古近年发展势头较好，速度较快；甘肃、西藏、青海、宁夏尚属旅游小省区，旅游资源开发利用程度普遍较低。以2009年的国际旅游为例，西部旅游外汇收入排在第一位的云南是排在最后一位宁夏的265倍。地区差异性较大还表现在旅游热点高度集中，集中在少数旅游线路上、旅游中心城市及周边区域等，而其他广大西部地区

旅游资源开发程度普遍低或呈待开发状态。

（三）旅游产品结构单一，特色产品开发不足

由于缺乏资金，西部很多地区无力进行资源普查和科学规划，导致资源开发水平不高，景区景点形式单一，档次低，一些地区存在着盲目开发和重复建设现象。从开发深度上看，景区、景点的项目内容过于单调，文化意蕴和科技含量低，资源的内涵未能充分展示出来。从开发广度上看，较注重对自然旅游资源的开发，而对人文旅游资源却缺乏足够的认识，开发力度不够；较注重对"硬件"的开发，而忽视对"软件"的开发。从立体开发的角度来看，东部地区的旅游业已形成了观光旅游、度假旅游产品和特种旅游产品并存的多元化产品供给结构，而西部的旅游产品仍以观光旅游产品为主，休闲、探险、科学考察型产品的开发不足。即使是观光旅游产品也以相互简单模仿为基本特征，致使旅游产品间的特色无法形成互补效应，产品的吸引力有待提高。

（四）交通等基础设施建设滞后，可进入性较差

实施西部大开发战略以来，国家对西部地区的资金投入大幅度增长，使西部地区旅游业投资不足的问题得到了一定的缓解。但是，资金不足依然是制约西部文化旅游业发展的一个因素。由于各省、区财力不足，许多投资大、回收期长、满足当地人民和旅游者的基础设施建设严重滞后，如道路、医院、银行、通讯、广播、电信、市政、排水排污系统等，与旅游业快速发展的要求相比差距仍然很大。目前，西部交通基础设施落后的状况仍然比较突出，表现在：一是路网密度低，西部地区路网密度只是全国的一半；二是公路等级低，路况和行车条件差，二级以上公路比重只相当于全国的一半；三是通达深度低，全国未通公路的乡镇大多集中在西部地区。由于西部地区一般距离主要客源地较远，区位条件较差，从外部进入西部地区，尤其是进入西部腹地的交通线较长，成本较高，不利于外部游客进入。西部地区内部交通网尚在形成过程中，内部交通效率不高，内部循环线路的选择性不强，走"回头路"的情况时有发生，一些高品质旅游景点由于交通不畅而令许多游客望而却步。交通"瓶颈"依然是制约西部旅游发展的一个比较突出的问题。西部地区的多数省区市宾馆、饭店等设施简陋陈旧，西藏、青海和宁夏至今尚未有五星级宾馆，旅游基础设施数量少、级别低、设备陈旧、配套程度不高，严重削弱了西部地区的旅游接待能力，难以满足游客日益增长的旅游消费需求和未来旅游业发展的需要。

（五）缺乏深层次的旅游合作，尚未形成西部地区整体优势

西部地区旅游资源比较分散，难以形成景点集中的旅游线路，且由于缺乏整体的发展规划和区域间协调运行的机制，地区间、城市间、景区景点间缺乏经常性、稳定性的联系与协作，致使旅游优势资源得不到有效整合，不利于旅游产业整体素质的提高。目前，西部文化旅游业之间的合作主要表现在游客的互送，这只是区域旅游合作的一种浅层次形式，而体现为各省（市、区）根据旅游需求的变化在文化旅游资源和旅游产品开发中形成的深层次合作明显不足。由于西部各大区域互相联合协作少，没有形成区域文化旅游资源的整体优势，各地相继出现多头对外的局面，没有联合促销，导致旅游业竞低报价—旅客竞取低价—服务水平下降—旅客不满率上升—产品综合经济效益降低—为争夺客源再压低报价的恶性循环。以西北地区为例，丝绸之路已成为国际旅游热点之一，这是带动西北五省区旅游业协同发展的最佳切入点，实践中，由于五省区之间一些地区和部门往往各行其道，联合开发还处在低层次水平，使丝绸古道并未发挥资源共享、优势互补、整体受益的优势。

（六）开发保护能力有限，西部地区旅游资源破坏严重

在西部总体生态环境脆弱、西北缺水、西南缺土的情况下，如何协调好旅游资源的开发与生态环境的恢复和保护之间的关系是西部地区亟待解决的问题。西部地区总体经济水平较低，全国贫困人口有一半以上生活在西部地区。这些地区由于科学技术水平较低、经济基础薄弱、文化教育落后，人们的生态意识普遍淡漠，易受眼前经济利益的驱动和诱惑，对旅游资源进行过度开发和掠夺性索取，其结果是导致风景区资源和环境的严重破坏。西部地区地势较高，既分布着冰川雪峰高原，又分布着大江大河的源头，若西部生态恶化，将很难恢复且会波及东部地区。目前，一些自然资源和历史文化资源，由于长期的自然风化作用和人为的破坏，已经变得破烂不堪，急需保护和修复。同时西部地区其他产业的发展与旅游资源、旅游生态环境保护的矛盾也比较突出。由于缺乏协调和实施相应的保护性恢复措施，乡镇企业盲目发展，对林、石、沙土及其他矿产资源的无节制开发，使不少高品位的旅游资源以及旅游环境均遭到严重破坏，已直接影响到西部地区旅游业的可持续发展。

（七）旅游教育发展滞后，旅游人才匮乏

据统计，西部12个省（市、区）的旅游业从业人员、旅游院校、旅游院校学生人数仅分别占全国旅游业从业人员、旅游院校、旅游院校学生人数的23.34%、

20.58%、25.07%，西藏、青海、宁夏三省（区）总共只有 10 所旅游高校。西部地区旅游人才缺口较大，旅游人力资源总量和后备力量明显不足。而且目前旅游职工队伍的整体素质不高，整个旅游服务体系存在着经营管理不善、服务质量不到位等问题，不能适应西部文化旅游业大发展的需要。同时西部地区旅游人才流失严重。近年来尽管西部各省（区）为了留住原有人才、吸引外地人才和发挥各类人才的作用，采取了一些措施，但收效甚微，大批人才流向沿海发达地区，特别是掌握现代旅游管理知识的旅游专业人才队伍短缺，高级管理人才老化问题严重，而且旅游职工整体素质不高，旅游队伍经验不足，整个旅游服务体系存在着经营管理不善、服务质量不到位等问题。

（八）体制创新不足，西部文化旅游业发展环境有待改善

从目前旅游资源管理的现状看，不同的文化旅游资源分别属于不同的管理部门，如文物局、旅游局等，形成旅游行业管理以旅游行政部门管理为主的交叉重叠状态。如风景名胜区以园林业部门管理为主；文物古迹以文化部门管理为主；森林旅游以林业部门管理为主；库区湖泊以水利部门管理为主。旅游资源的多头管理一方面引发旅游资源在开发过程的种种矛盾与问题，各部门为自身利益在开发旅游资源的过程中缺乏长远利益观念，普遍存在急功近利思想，如违背规划乱开发、低水平重复建设等，不仅造成了资源的破坏，而且由于这些问题和矛盾的出现使得外资和民间资本因得不到旅游资源开发经营权和收益权的保障，迟迟不能进入。另一方面各部门在管理过程中所出台的政策，存在衔接不紧密甚至互相冲突的情况，使得旅游景区管理者无所适从，一定程度上影响了旅游业的健康、顺利发展。在企业制度方面，公司治理结构仍有待确立，一些旅游企业虽然在名义上按照现代公司结构模式建立了管理组织结构，但董事会、监事会等机构并未发挥功效，降低了管理效率。

三、西部文化旅游业的发展环境和潜力分析

（一）西部地区普遍拥有的优势旅游资源，为西部地区发展文化旅游业奠定了坚实的基础

西部的旅游资源在资源类型的丰富程度和质量上具有明显优势。西部共拥有国家重点风景名胜区 44 处、国家级自然保护区 41 个、列入联合国教科文组织自然保护名录的自然保护区 6 个、国家级森林公园 52 处、国家级旅游度假区 2 处、国务院

公布的全国重点文物保护单位 199 处、国家第一批历史文化名城 34 座，分别占到全国总数的 36.97%、44.08%、42.90%、23.00%、16.67%、23.80%、34.34%。[①]其中重庆的大足石刻，四川的九寨、黄龙、峨眉山、乐山大佛、都江堰、青城山，云南的丽江古城，西藏的布达拉宫，陕西的秦始皇陵，甘肃敦煌的莫高窟，内蒙古的长城等享誉世界，均被列入了联合国《世界遗产名录》。目前我国共占有 28 处世界遗产地，西部就有 13 处，占有率为 46.43%。根据《中国旅游资源普查规范》的划分，西部除了少数景观以外几乎所有 6 大类型 70 多种旅游资源都可以找到典型代表，其中地文景观、水域风光、古迹与建筑三大类最为突出。西部也是藏、壮、内蒙古、维吾尔、回、哈萨克、苗等少数民族广泛分布地，仅云南就生活着 24 个少数民族。数千年来众多民族各自保持着独特的民族特色和文化习俗，创造出了绚丽的民族文化，这些民风民俗都是极其珍贵的无形的特色旅游资源。

（二）西部大开发战略的实施为西部地区发展旅游业提供了政策机遇

国家实施西部大开发战略，重点支持西部地区的基础设施建设、生态环境改善和人才培养以及旅游业的发展，对我国西部地区旅游业的跨越式发展具有强有力的推动作用。由于西部大开发战略的实施，西部地区成为国内外关注的热点，从而提高了西部旅游的知名度和吸引力。国家每年发行数亿元国债支持西部旅游开发，有的省（市、区）甚至建立了旅游专项基金，出台了关于加快旅游业发展的决定。西部文化旅游业的发展也得到了社会的广泛关注，民间资金、区外资金介入的强度越来越大。

（三）政府调控经济手段的变化促使西部文化旅游业的经济地位不断提升

党中央、国务院高度重视旅游业发展，把旅游业确立为国民经济新的增长点，先后制定了一系列促进旅游业发展的政策措施。在中央提出的社会和经济发展的第十二个五年规划中，强调要积极发展文化、旅游、社区服务等需求潜力大的产业，进一步明确了"十一五"全国旅游业发展的指导思想、工作方针、发展目标和工作重点，为旅游消费的发展提供了政策保障。西部地区各级党委政府也更加重视旅游

---

① 邓清南：《论西部文化旅游业发展的现实性策略》，载《西南民族大学学报（人文社科版）》，2004年第 5 期。

业发展，在"十五"规划思路中，四川、重庆、贵州、云南、西藏、陕西、甘肃、宁夏、广西、内蒙古明确提出了把旅游业作为支柱产业来建设，其中陕西、云南把旅游业当作了重要支柱产业；青海把旅游业作为优势产业；而新疆把旅游业作为先导产业来建设，西部地区基本形成了"政府主导、市场运作、社会支持"的旅游发展新格局。

（四）我国的和平发展和积极参与全球和区域合作有利于提升西部国际旅游竞争力

我国以负责任的大国形象积极参与国际事务，国家经济繁荣、社会稳定，使我国成为全球公认的、安全的旅游目的地，将为文化旅游消费的发展带来诸多机会。据世界旅游组织预测，到 2020 年我国将取代美国成为世界第一大旅游目的地。我国西部位于亚洲大陆的中心部位，与南亚、中亚、东欧等联系方便。西部是我国少数民族聚居的地方，而且这些民族与国外联系比较多。随着旅游签证等手续的简化，境外旅游者可以更方便地进出西部地区，西部地区涉外旅游将跨上一个新台阶。

（五）国民经济继续实现持续、快速增长与居民休息时间的调整变化促使西部旅游消费的实现

我国在全面建设小康社会的进程中，实现了经济的快速增长，未来较长时间仍将处于平稳的上升期。

据国家统计局的分析，我国人均消费从目前到 2020 年，将以每年 10.8% 的速度递增，居民消费将由实物消费为主走上实物消费和服务消费并重的轨道，文化旅游消费需求将大幅度提升。而且，未来随着国家消费政策的完善，国内居民在增加收入的同时，闲暇时间也将增加，一些不固定的、不确定的节假日将逐步固定下来，居民闲暇时间的增加将促进文化旅游消费的实现。随着人民富裕程度的提高和扩大内需方针的进一步实施，西部地区也将拥有更多的国内客源。

（六）世界旅游发展的新趋势为西部地区提供了宽广的发展空间

在经济发达的欧美国家，旅游度假已经成为人们生活方式的一个重要内容。如今，越来越多的旅游者把目光转向了东方。根据世界旅游组织预测，21 世纪最有吸引力的旅游产品中包括文化旅游和各种形式的探险旅游。这两种旅游的发展趋势都有利于我国西部文化旅游业的发展。

（七）信息技术时代给旅游业发展提供了很好的条件

经济落后的西部边远地区，虽有丰富的旅游资源，却由于信息不畅等原因，一直处于待开发状态。在信息技术飞速发展的今天，互联网技术能够把世界各个角落连在一起，为传统意义上的边远地区和经济落后的地区发展旅游提供了更为广阔的空间。

（八）全国均加大旅游开发力度，西部地区将面临着东部地区严峻的竞争

全国有 27 个省（市、自治区）将旅游业定位为主导产业或支柱产业，并提出要加快旅游业的发展速度，建设成旅游大省、大区。西部地区各省（市、区）也完成了旅游业的定位，但由于起步晚、基础设施差、位置偏远等，从主要旅游资源的面积相对密度来看，西部地区主要旅游资源面积相对密度远小于全国平均水平，约为全国平均水平的 40%～60%，[①]森林公园仅为全国平均水平的 31%，说明西部地区旅游资源分布相对稀疏，这为西部旅游资源的规模开发利用带来了一定难度，也对当地基础设施建设提出了较高的要求。

与东部地区的旅游目的地相比，西部地区缺乏针对国际旅游市场开发的旅游产品，旅游度假产品没有竞争力，旅游消费环境有待改善，国际市场的促销力度和手段还有待加强，仍将面临来自东部地区的严峻挑战。

四、西部文化旅游业发展思路和重点

（一）发展思路

以科学发展观为指导，以市场为导向，以体制创新为动力，紧紧抓住国家经济结构调整和实施西部大开发的机遇，以特色旅游资源为依托，以旅游中心城市为核心，以旅游集散地为节点，以专题和特色旅游热线为纽带，广泛开展区域合作，积极开发旅游精品，努力开拓客源市场，加强环境保护，构建结构合理、主题鲜明、特色突出、生态环保的多层次系列旅游产品体系，促使旅游业成为西部的支柱产业和国民经济新的增长点，把西部建设成为世界知名的生态旅游目的地和特色旅游目的地。

---

① 张蓬涛、封志明：《西部地区旅游资源综合分析与开发对策》，载《资源科学》，2002 年 3 月。

1. 突出特色

加快西部地区旅游产业发展，必须始终坚持突出特色、准确定位的发展战略。求新、求异、求奇是人们普遍的旅游心理，只有能够满足人们旅游心理的产品才会拥有长久的生命力。西部地区文化旅游资源具有鲜明的特色，挖掘其特色并赋予其厚实的文化底蕴，在此基础上寻求独特的市场定位，是培育西部文化旅游业竞争优势的客观要求，是开发文化旅游产品必须始终坚持的方向。突出特色、准确定位主要应该从两个层面上着手：一是寻求与东部地区的差异，形成与东部地区不同的文化旅游特色；二是西部地区内部各个次级区域之间也要突出各自的特色，寻求各自不同的定位，形成各具特色、优势互补、百花齐放的西部旅游发展格局。

2. 加强合作

区域合作是使西部融入世界经济，分享发展成果的重要手段，大力推进区域旅游合作、加强区域旅游合作是旅游业发展的内在要求。旅游业的综合性极强，涉及行、游、食、住、购、娱各个相关行业与部门；同时，旅游活动又是跨区域的活动，涉及各个不同的行政区域。要保持旅游活动的完整性和旅游产品的整体性，各有关部门之间、地区之间必须打破条块分割的樊篱，开展有效的合作。东部和世界其他地方的旅游发展经验表明，区域合作也是减少旅游业风险的重要手段。

3. 重点推进

广大西部地区由于经济发展水平、旅游资源禀赋、区位和交通条件不同，导致各自的旅游发展水平参差不齐，它们在西部旅游产业发展的总体格局中所处的战略地位、承担的发展任务也各不相同。在西部旅游开发过程中，应当根据统一的旅游发展规划的要求，明确发展战略，划分发展阶段，选择发展重点，有效合理地配置资源，确保战略重点优先发展。从西部旅游产业的现状来看，西安、桂林、成都、昆明应当率先建成在国内外有影响的、旅游接待体系比较完备的著名旅游目的地，使之成为带动整个西部旅游发展的龙头，最终实现西部地区旅游产业的协调发展。

4. 协调发展

加快西部地区文化旅游产业发展，必须加大文化旅游资源的开发和保护的力度，应打破行政区划的限制，根据区域旅游合作的要求，编制统一的旅游发展规划，以旅游规划为依据进行旅游产品开发。要加强文化旅游资源和旅游环境的保护，防止盲目开发和粗放式开发对资源的浪费，杜绝开发性破坏，尤其要注意保护少数民族风情和文化传统的原生态特质，防止过度商业开发。

（二）发展布局

西部文化旅游业的发展布局应遵循"点轴推进、网络开发"模式，遵循由"点"到"轴"、由"轴"到"网"的发展过程，即西部文化旅游业发展要依托旅游中心城市或高等级的旅游景区，通过旅游线路向外扩散，并对整个旅游经济产生影响。我国西部地域广阔、旅游资源丰富、待开发地点多面广，不可能共同发展，应寻找切入点，寻求在某些领域实现重点突破，通过对旅游重要城市或重要景区的培育和扩展，构建旅游增长轴，分步骤、分阶段、分区域地实现西部文化旅游业的整体发展。

（三）发展重点

1. 构建多层次旅游产品体系

依托资源优势，抓住机遇，大胆创新，引导文化旅游业逐步从相对发达的近西部向资源丰厚的纵深地域推进。一般来说，西部地区旅游产品要以观光型产品为主导，以专项产品为补充，而在世界屋脊、荒漠腹地等常规旅游难以触及的特殊区域，要以专项旅游、特种旅游为主要方向。在深化自然与历史文化观光览胜、寻根谒祖、宗教朝圣旅游的基础上，积极开发科考探险、民族民俗风情、生态休闲、文化修学、体育训练、边境跨国等具有休闲性、参与性和"新、奇、险、特"的旅游活动，并大力发展周末娱乐、红色旅游、疗养度假、商务旅游和会议旅游等。

2. 开发新的客源市场

在文化旅游市场开发方面，新疆、宁夏、青海应积极开拓中东客源市场；云南、贵州、广西等应积极开拓东南亚、韩国、日本市场。从吃、住、行、娱乐设施和服务方面分地理、分档次、分价格适应和满足不同游客的需求，推出同一游路不同时日的专项游，满足时间不一、消费能力不同、兴趣各异的游客群体需要，提高旅游市场的整体效益。

3. 建设、发展文化旅游中心城市

西部现有的中国历史文化名城、中国优秀旅游城市是首选的"点"，西部旅游要有突破性飞跃必须发挥旅游中心城市的重要作用。借鉴东部沿海改革开放的经验，在旅游中心城市建设上要特别关注"点"选择的战略性、梯次性。由于旅游产品构成内涵包括旅游吸引物、旅游设施、旅游服务、可进入性等四方面，近期考虑大力开发的新的主要"点"必须有丰富的旅游资源（旅游吸引物），如西安、乌鲁木齐、成都、重庆、昆明、贵阳、拉萨等，以这些点为中心枢纽和集散地，重点开发和完善丝绸之路、黄河上游、长江三峡、滇西北、滇南、世界屋脊等旅游地域网络系统。

4.培育大型旅游企业集团

推进体制改革，着力促进旅游企业向集团化发展，通过加强旅游企业之间的横向联合，构造和形成若干具有区域甚至是全国意义的可进入资本市场直接融资的企业集团。旅游集团不但可从事旅游产业，而且可投资到基础设施建设或以旅游业为龙头的优势产业上去。要引进和建立现代企业管理体制，提高旅游产业队伍素质及服务水平，积极参加国内国际市场竞争。

（四）布局重点

1.西北区（新疆、宁夏、甘肃、陕西、内蒙古）

西北区应重点发展历史文化遗迹游和特种旅游。以丝绸之路、长城、黄河（黄土）文化为主线，以西安、兰州、呼和浩特、乌鲁木齐、敦煌、嘉峪关、吐鲁番、喀什为依托城市，充分挖掘西北地区文化内涵，提升旅游产品的可观赏性，做强、做大文物古迹游。适度开展以大漠、戈壁、草原为背景的特种旅游，如科学考察、沙漠探险、越野拉力赛等。丝绸之路将五省区连成一个完整的旅游大区，成为中国历史文化旅游产品的典型代表。长城和黄河旅游线则是连接了西部与东部的文化枢纽，东西部的联合开发可以以此为契机，形成"西北—北方旅游联合体"，开辟世界级的国家历史文化园区、国家地质公园区、国家民族风情园区。

2.西南区（四川、重庆、广西、云南、贵州）

西南区应重点发展民族文化风情游和生态旅游。进一步提升"三峡"、"桂林山水"、"峨嵋"、"世博园"等著名产品的品位，启动云贵高原的生态旅游以及中心城市（重庆、成都、昆明）都市游，培育并完善西南边境游。西南区在整个西部地区中人口众多，少数民族人口较多，生物资源最丰富。与西北区和青藏高原区相比，该区来自生态环境保护方面的压力较小。保护旅游开发区内少数民族的利益，营造社区优美的环境，创造和谐的社会氛围，实现利益共享，保护少数民族的文化传统不受外来文明的冲击，保护景区景点生物的多样性等，是西南区文化旅游业发展的着力点。

3.青藏高原区（西藏、青海）

依靠国家的特殊政策科学规划、妥善安排景区景点开发和基础设施配套建设。变青藏铁路为旅游通道，推出有世界影响的旅游线路，如从云南到西藏的"茶马古道"、从西宁至拉萨的"世界屋脊探险旅游线路"等，使西藏文化旅游业的潜在优势转变为现实优势。青藏高原区要和周边省、区协作发展，其中西藏要和四川、云南联手，青海要和甘肃、四川、陕西、新疆联手，共同开发文化旅游资源和市场，达到借船出海、借水行舟、联合发展的目的，将青藏高原的文化旅游开发推向新的阶段。

五、加快西部文化旅游业发展的政策建议

(一) 谋求广泛合作，形成文化旅游整体合力

国家可以通过世界银行、亚洲开发银行和中国银行等积极支持旅游区域合作项目。西部地区各省（市、区）之间也应加强协作，对区域内旅游发展中的问题进行调控和指导，形成合力和整体优势。西北地区和西南地区在旅游资源禀赋上存在着明显差异，西北地区以丝绸之路、历史文化为主要特色；西南地区以民族风情、自然风光为主要特色。西北和西南应充分发挥各自的文化旅游资源优势和潜力，走联合开发、协同发展的道路，使各省（区）的旅游资源、旅游设施得到最大限度的开发和利用，形成综合功能和整体经济效益，共同振兴西部文化旅游业。各旅游企业也应加强协作，合理规划旅游路线，加强信息交流和整体形象宣传，如本地区内互相推荐客源，互为客源和接待地，共同探讨旅游路线的建立、旅游商品的促销和旅行社的合作等。政府应鼓励效益好的大型旅游企业兼并重组中小型旅游企业，通过横向联合使其向集团化方向发展，进行跨区域合作，形成旅游网络体系，统一规划运作，开发西部黄金旅游线，从而将西部文化旅游业推上新台阶。

(二) 加大促销力度，培育旅游客源市场

旅游产品的不可移动性决定了旅游产品要靠形象传播，使其为潜在游客所认知，促使他们产生旅游愿望。西部地区应充分利用广告进行集中和渗透式的宣传促销，广泛运用报纸书刊、电视、电影等大众传播媒体和高科技媒介，加大宣传力度，开通旅游咨询热线，向海内外广泛传递信息。本着突出形象、突出产品、突出沟通、国际国内市场相结合、远近客源市场相结合的原则，既要突出旅游的文化层次和内涵，引起游客向往，又要树立各省（区、市）独特鲜明的旅游形象。各省（市、区）可从大西部旅游角度出发成立协作组织，主动到我国东部沿海地区和主要客源国（地区）进行展示或联合宣传；充分利用节庆活动，开创、举办一系列承载西部历史文化风情的节庆活动以提高知名度、提升西部文化旅游形象，确保西部旅游客源市场稳定、快速地发展。

（三）强化旅游管理体制改革，实现制度创新

改革现行的旅游管理体制，建立完善的旅游管理新机制，使旅游企业在制度上实现创新，从市场中获得效益。一是要进一步打破政企不分、条块分割的旧体制。旅游业是由核心旅游业和辅助旅游业构成的综合性产业，要实现高效持续的协调发展必须依赖一个高效的管理部门运用市场化手段对其进行整体规划、规范、指导和控制。可适时申请提高旅游管理部门的行政管理层次，整合旅游资源，实行统一管理，逐步形成文物、文化、风景、宗教合一的管理体制，对本地区旅游业发展通盘考虑，全面规划，整体协调，加强各部门之间的综合协调能力，发挥整体优势。二是要建立和完善公司治理结构，进一步提高旅游企业的科学管理水平。对景区的所有权、经营权和管理权要实施三权分立，使景区经营单位逐步成为适应市场的法人实体和竞争主体，促使旅游企业效益不断提高，改变旅游企业"小、散、弱、差"的局面。

（四）重点做好生态环境和旅游资源的保护工作，确保旅游业持续发展

国家已经制定了环保法和保护生态环境的法律法规，西部地区也应结合本地区的具体情况有针对性地制定相应的法规条例。把生态保护放在首位，对各种旅游资源必须在保护的前提下进行科学、适度的开发。历史文物、古迹建筑、遗址等非再生或不能搬迁的珍贵旅游资源应加强保护、加强维修、加固并应尽量保持其原有风貌。建立健全生态环境和旅游资源的法律保障体系，依法有序地进行管理和开发，禁止为了一时、一地之利破坏整个生态环境。广泛宣传，提高用法律手段管理生态环境和旅游资源的自觉性，并对违反法规的行为进行严肃处理。要重视解决"三废"对旅游环境的污染，在开发中强化保护，做到严格保护、合理开发、永续利用。

（五）加快人才培养，创新用人机制

西部文化旅游业要实现可持续发展，旅游专业人才的培养不容忽视。一是要加大对旅游教育的投入，增设旅游院校和旅游专业，扩大旅游专业人才的培养规模，合理培养旅游专业研究生、本科生、专科生、高职、中专生等各层次人才，满足旅游业对旅游专业人才的大量需求。二是采取有效措施，加强对旅游从业人员的教育和培训，提升现有旅游从业人员的综合素质和旅游管理、服务水平。三是制定更加优惠的人才政策，对任期内有贡献的专业人才给予奖励。允许高等院校、科研单位、科研人员兼职参与西部旅游开发，为人才提供有效刺激、较为宽松的环境。

（六）突出旅游资源的特色优势，实施文化旅游产品多元化战略

西部地区应当随着国内旅游需求的逐渐成熟，针对不同细分市场，根据自身资源条件，设计、开发和销售具备比较优势、自身特色鲜明的旅游产品，在体现特色中实现产品多元化，在体现特色中实现与东部地区的互补效应，为实现跨地区旅游经济体系的"点线"联合、客源分享、联合促销等创造条件。实现产品多元化的同时，要努力提高旅游产品的科技含量和附加值，西部旅游产品的开发应注重自然风光与独特的文化品位的组合，大力发展地方文化旅游和民俗风情旅游。西部地区作为中华民族的发祥地之一，包容的巴蜀文化、秦陇文化、西域文化、青藏高原文化、滇黔文化等至今仍闪耀着夺目的光彩，应该充分利用优美的自然风光和民族风情，组合新的文化旅游产品类型，形成精品文化旅游线路，从而进行实现文化旅游资源的深层次开发，优化西部旅游产品结构并提高文化西部旅游产品的市场竞争力。

（七）加强旅游商品开发，提高旅游收入

旅游购物是旅游活动的重要内容，也是提高旅游业综合经济效益的重要途径。我国的旅游购物一直是旅游业发展的弱项，旅游商品的创汇仅占旅游外汇总收入的20%左右，远远低于发达国家水平，西部地区就更为明显。发达国家旅游商品销售创汇占旅游外汇收入的比重均为50%以上，新加坡和我国香港更是高达60%以上。旅游商品的创汇能力低的一个重要的原因就是我国旅游商品种类少、档次低、特色不突出、品位不高，没有地方特色。为了提高西部旅游商品档次、创出名牌，应积极与有关科研院所合作开发具有民族地方特色、景点特色、文化内涵，精致、美观、实用的旅游商品，使游客能留下对西部旅游持久而深刻的良好印象。有条件的地方还可以让游客参与旅游商品的制作，以满足旅游者的购物和体验需求。

（八）积极拓宽渠道，增加对旅游基础设施的投入

旅游业的发展对基础设施的要求较高，西部旅游基础设施建设应走多渠道投融资的道路。一方面设立西部地区旅游发展基金，形成固定、合理的导向性资金渠道，保证每年都有一定数额的投入，用于重点精品项目建设。另一方面，坚持"政府主导、市场运作"的思路，广泛调动全社会办旅游的积极性，营造良好的投资环境，提供优惠的政策和良好的服务，以吸引社会资金和外资。通过减免税费、简化审批手续、土地转让、设备进口等方面的优惠政策，引导资金开发重点旅游资源，建设基础设施。特别是要大力加快西部地区旅游交通基础设施建设，大幅度提高现有民

航、铁路、公路、水路的客运能力。鼓励在风景区中心城市、景点、交通枢纽等地方兴建改建一些高质量的宾馆、饭店，提高西部地区旅游接待能力与创汇能力。

（九）积极争取中央政府的政策支持，促使西部文化旅游业加快发展

国家要适当加大对旅游基础设施的投入，适度增加用于旅游设施建设的国债资金，主要投向直接为旅游景区配套的旅游道路、垃圾污水处理设施、供水供电设施、自然环境和文化遗产保护设施等，并通过示范作用，促进各级政府增加对旅游基础设施的投入。

（1）以实施西部大开发发展战略为契机，力争向西部地区多配套基础设施建设资金，改善中西部地区的旅游基础设施条件，进一步挖掘西部旅游消费需求的潜力。加大生态保护、文物保护及相关的农业、水利、文化等项目的资金投入，改善旅游消费整体环境。针对乡村旅游的快速发展，政府应该加大对整治农村生态环境的投入力度，保证乡村旅游可持续发展。

（2）把西部文化旅游业纳入国民经济和社会发展规划，在制定国民经济中、长期规划和产业政策时，应对西部文化旅游有相应的安排，纳入国民经济核算体系，设立系列指标，建立定点和抽样统计制度。促使有条件的地区充分利用外国政府和机构的支持，做好本地区文化旅游业的发展规划，从而引导社会投资的投入。

（3）进一步拓宽旅游建设项目投融资渠道，吸引更多的银行资金和社会资金投入旅游开发。通过免征、减征西部旅游企业所得税等优惠政策，鼓励民营企业投资旅游业；充分运用市场经济手段和渠道，如适当增加西部旅游企业发行股票、债券的规模，赋予少数大型旅游企业集团与其资本和收益比例相适应的海外直接融资权和担保权等，尽快建立适于旅游产业发展的投、融资体系和规范化的企业直接融资机制。

（4）建立西部旅游投资咨询平台、旅游投资信息发布平台、旅游投资交易平台等公共服务平台。促使资金投向有市场前景、有经济效益的文化旅游项目，鼓励有资质、有能力、有创意、有信誉、有品牌的投资中介机构介入西部文化旅游业，包装旅游投资项目。

随着西部大开发战略的实施，西部文化旅游业的外部环境将越来越好，西部各省（区、市）应充分利用自己的优势，抓住机遇，从思想上重视旅游业，加强生态环境和旅游资源的保护，制定科学的发展规划，多方引资，加强宣传促销，开发富有特色的旅游产品，促使文化旅游业发展成为未来西部经济增长的支柱产业之一。

第三编　实践编

第十章　城市工业区实现产业升级的新跨越：创意与转型

为了适应经济发展阶段要求、优化投资环境、集聚发展要素、完善城区功能，闸北区和杨浦区把转型发展文化创意服务业作为推动城区转型的重要抓手，通过合理规划、产业链延伸、创新驱动、三区互动、功能提升等多项举措，努力加快产业结构调整升级，自 20 世纪末、21 世纪初走上了传统工业逐步退出、符合城市中心区功能的服务业逐步兴起的转型历程，构建了符合各自区域特色的现代产业体系，形成了以服务经济为主的产业结构，把老工业城区初步建设成为现代服务业较为发达的、具有特色的新型城区。本章以所调研的上海市北高新技术服务业园区、上海多媒体谷、环同济知识经济圈、莱茵技术认证公司、大陆集团等园区和企业作为案例进行分析，以期为其他城市的、具有类似发展基础的老工业城区转型发展文化创意服务业提供建议和参考。现将调研情况汇报如下：

一、老工业城区转型①发展的背景及主要成效

作为上海中心城区的闸北区和杨浦区历史上都是传统工业相对集中的地区。闸

---

① 城市转型，即城市依托的要素资源和主导产业的重大调整，引发城市发展模式出现革命性进步，能动地调整城市发展方向和进程的活动。城市转型的实现途径，就是在全球经济体系和世界城市网络中重新定位、重塑功能的过程。城市转型的根本方法，就是要以面向未来的视角，在城市生命周期转折到来之前，通过最新科技的加速培育占据先导地位，通过主导产业的主动升级获得先发优势，最大限度地降低城市发展震荡，满足市民更加幸福的愿望。参见周振华：《城市转型与服务业发展》，上海，上海人民出版社，2009。

北区被誉为"华界工厂发源地"；曾拥有上海最大内河码头，聚集了中国实业等 17 幢银行仓库和沪上著名的米业北市场，是上海民族资本集聚地和重要的物资集散中心。1958 年开始，在闸北区辟建了 5.5 平方公里的工业基地，先后迁入了 37 家机电工业大型骨干企业和一批中小型工厂，在机电工业和装备制造领域在全市具有较大优势和影响。杨浦区原来是上海最大的中心城区，是中国近代工业的发祥地之一，中国第一家发电厂、水厂、机器造纸厂等 10 多个"第一"都诞生在这里。新中国成立后，杨浦的工业总产值一度占上海的 26%，产业工人最多时近 60 万。"大杨浦、大工业"，在上海和全国都有很高的知名度和影响力。百年工业、百年大学、百年市政更为杨浦留下了珍贵的优质资源和历史文化遗产。

但是经过几十年甚至上百年的发展，到 20 世纪 90 年代，在浦东开发开放和上海新一轮产业结构调整的大背景下，闸北区和杨浦区作为老工业基地的优势逐步弱化，两个区都面临着工业优势弱化、产业结构老化、经济基础薄弱、污染较为严重、社会包袱沉重、历史欠账较多等问题。特别是进入新世纪后，在地价涨幅加快、"楼宇经济"迅速崛起、工业郊区化集聚发展的影响下，两个区的工业面临着边际效益逐年下降、招商引资出现困难等严峻挑战，中心城区淘汰传统高能耗、低附加值产业，实现产业转型升级已成必然趋势。杨浦国有大中型企业从 120 多家锐减到 10 多家，产业工人从 60 万人锐减到 6 万人。为了完善城区功能、优化投资环境、集聚发展要素、提升城区品位，两个区都审时度势，把转型发展服务业作为推动城区转型的重要抓手和战略支点，通过合理规划、政策扶持、完善制度等多项举措，构建了符合各自区域特色的现代产业体系，把老工业城区初步建设成为现代服务业较为发达的、具有特色的新型城区。

（一）经济总量快速提升，财政收入显著增加

"十一五"期间，闸北区和杨浦区地区生产总值规模不断扩大，2010 年分别达到 444.65 亿元和 894.69 亿元；年均增长速度分别达到 12.3% 和 11.7%，均超过了上海平均水平。2010 年实现财政总收入闸北区和杨浦区分别为 112.35 亿元和 116.89 亿元。区级财政收入保持较快增长。"十一五"期间闸北区区级财政收入累计完成 173.06 亿元，2010 年实现区级财政收入 46.30 亿元，年均增长 15.1%。位列上海 17 个区县的第 14 位。2010 年杨浦区实现区级财政收入 50.07 亿元，年均增长 13.7%，位列上海 17 个区县的第 12 位。

（二）服务业比重持续上升，对区域经济的支撑作用日益增强，产业结构调整取得明显进展

2010 年闸北区第二、三产业增加值比例从 2005 年的 21.3∶78.7 调整到 2010 年的18.2∶81.8，服务业比重上升了 4.5 个百分点。详见图 10-1。以工业园区转型和功能集聚区建设为重点的《闸北区开展国家服务业综合改革试点方案》得到国家发改委专家的一致认可，2010 年 8 月，国家发改委正式批准闸北区列入服务业综合改革试点区域。预计到"十二五"期末，全区服务业综合改革试点将取得重大突破。届时，区域内的生产性服务业集聚发展将取得显著成效，服务经济规模和效益明显提高。服务业增加值将年均增长 9%，达到 552 亿元，约占全区生产总值 90%；其中生产性服务业将实现增加值 268 亿元，年均增长 14%，约占服务业增加值的 48%。

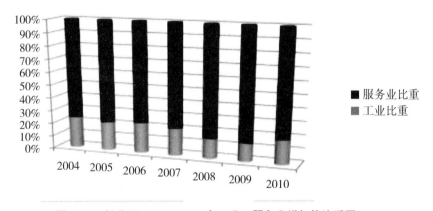

图 10-1　闸北区 2004～2010 年工业、服务业增加值比重图

注：其他行业主要包括租赁和商务服务业、科学研究技术服务业、教育、卫生、文化体育及居民服务和其他服务业等。

数据来源：闸北区统计局。

近年来，杨浦区坚持"三区融合、联动发展"的核心理念和"两个优先、两个提升"的产业发展方针，①把推进创意产业及园区建设作为加快产业结构调整、提升

① "两个优先、两个提升"的产业发展方针即优先发展以现代设计、科技金融为主导的知识性现代服务业；优先发展高新技术产业和培育发展战略性新兴产业；提升转型都市工业；提升发展商旅文体服务业。

都市型产业园区能级、转变经济发展方式、改善城区形象的重要抓手。探索走出了一条依托科技创新的老工业区转型之路，大力推进由"传统工业杨浦"向"知识创新杨浦"的转变，产业结构不断优化升级。杨浦区第二、三产业增加值比例（不含烟草业，上海烟草集团公司为中央企业）从 2005 年的 29.6：69.2 调整到 2010 年的 22.7：76.5，服务业比重上升 7.3 个百分点。详见表 10-1。

表 10-1 杨浦区服务业各行业增加值及比重情况

单位：亿元，%

行业	2005 年增加值	2010 年增加值	2005 年比重	2010 年比重
服务业	161.72	368.48	100.0	100.0
交通运输、仓储和邮政业	9.74	17.4	6.02	4.72
信息传输、计算机服务和软件业	9.87	25.34	6.10	6.88
批发和零售业	25.02	79.02	15.47	21.44
住宿和餐饮业	4.28	17.26	2.65	4.68
金融业	14.44	46.35	8.93	12.58
房地产业	20.61	39.19	12.75	10.64
其他行业	77.76	143.92	48.09	39.06

注：其他行业主要包括租赁和商务服务业、科学研究技术服务业、教育、卫生、文化体育及居民服务和其他服务业等。

数据来源：杨浦区统计局。

（三）产业特色日趋鲜明，初步形成了以生产性服务业为特色的服务经济体系

杨浦区以高校强势学科为支撑实现特色产业集聚发展，2010 年拥有创意①园区 17 家，面积达到 79 万平方米，现代设计产业形成了以大型设计企业为引领、中小企业共生互补、集聚发展的良好态势。

---

① 2005 年，上海市确定了创意产业发展的五大重点行业，分别是研发设计创意、建筑设计创意、文化传媒创意、咨询策划创意和时尚消费创意，涉及 38 个中类、55 个小类。

以新东方等为代表的社会培训机构的集聚推进教育服务业的发展，构建了以科技为特色、生产性服务业为核心的新型服务业产业体系。

2010 年杨浦区知识型生产性服务业实现增加值 132.21 亿元，比上年增长 19.7%。知识型生产性服务业占服务业比重从 2005 年的 27.7% 上升到 2010 年的 34.0%，提高了 6.3 个百分点。其中，现代设计实现增加值 38.33 亿元，增长 16.7%；科技研发实现增加值 13.95 亿元，增长 36.0%；教育服务实现增加值 7.60 亿元，增长 26.2%；商务服务实现增加值 72.33 亿元，增长 17.8%（2010 年杨浦区知识型生产性服务业发展情况请见表 10-2）。

全年完成地方税收 11.83 亿元，比上年增长 26.1%。2010 年 1 月，杨浦区被国家科技部正式确定为国家创新型试点城区。

表 10-2　2010 年杨浦区知识型生产性服务业发展情况表

	现代设计	科技研发	教育服务	商务服务	知识型服务业合计
增加值（亿元）	38.33	13.95	7.6	72.33	132.21
比上年增长（%）	16.7	36	26.6	17.8	19.7

数据来源：2010 年上海市杨浦区国民经济和社会发展统计公报。

闸北区结合区域发展转型的要求，积极引进股权投资、基金等金融服务业企业，推动金融后台服务、金融租赁、担保服务等金融衍生服务业集聚。加大信息服务业培育力度。推进国产基础软件公共服务平台和应用标准体系建设，引进一批国产基础软件产业链企业。

2010 年闸北区服务业企业实现区级税收 34.41 亿元，同比增加 31.8%，占全区比重为 74.3%。其中，批发零售服务业实现区级税收 7.68 亿元，同比增长 28.3%，占全区比重 16.6%；租赁和商务服务业实现区级税收 7.30 亿元，占全区比重 15.8%；科技服务业实现区级税收 9896 万元，同比增长 12.3%；软件和信息服务业 2010 年规模以上企业实现经营收入 155 亿元，同比增长 70%；金融业发展迅猛，在服务业中的比重持续上升，实现区级税收 4690 万元，同比增长 216.4%。

详见图 10-2。

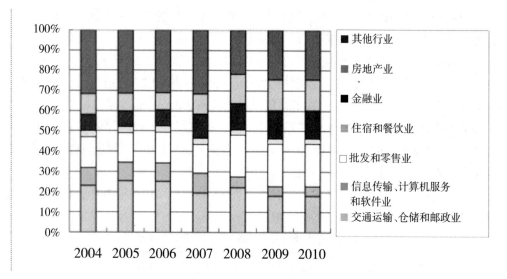

图 10-2　闸北区 2004~2010 年服务业分行业增加值比重图

注：其他行业主要包括租赁和商务服务业、科学研究技术服务业、教育、卫生、文化体育及居民服务和其他服务业等。

数据来源：闸北区统计局。

（四）重点产业园区建设稳步推进，集聚能力显著增强

闸北区通过对原有产业园区的归并、整合、调整，加快园区发展转型的步伐，形成了一批以市北高新技术服务业园区、多媒体谷为代表的特色鲜明的生产性服务业集聚区，服务业集聚发展态势基本形成。洲际商务中心、上海人才大厦等一批高品质商务楼宇已建成使用，47 家国内外人力资源企业和培训机构相继进驻中国上海人力资源服务产业园区；老仓库通过改建形成了创意产业集聚区；上海云计算产业基地和上海基础软件产业基地落户市北新区；多媒体谷成为国家数字多媒体技术产业化基地。

杨浦区聚焦重点地区和重大功能性项目，初步形成特色鲜明的现代服务业集聚区和科技园区。江湾—五角场城市副中心集聚效应明显，商业商务区初露端倪，创智天地初具规模。环同济知识经济圈建设成效突出，总产出保持年均两位数的增长，2010 年总产出 150 亿元，成为杨浦区创意产业的特色和亮点。大连路总部研发集聚区建设开端良好，知名跨国公司地区总部相继落户。杨浦滨江发展带进入规划开发

建设阶段，重大项目全力推进，综合环境有所改善。新江湾城高起点开发成效显著，基础设施和配套服务设施逐步到位。2009 年已建园区完成税收 1.84 亿元，入驻企业 1511 家，吸纳从业人员 17200 余人。作为市区联手推进的"环同济创意设计产业集聚区"被评为上海市示范创意产业集聚区。形成了以建筑设计为特色的 63 号设计创意工场、昂立创意设计园，以纺织科技为特色的东纺谷创意园以及以文化艺术为特色的上海 800 艺术区等创意产业园区。详见表 10-3。

表 10-3 "十一五"杨浦区服务业载体建成情况
单位：万平方米

重点地区	"十五"期末建成	"十一五"期间建成	重点载体
江湾—五角场城市副中心	14.0	79.6	创智天地一期、万达广场、百联又一城
环同济知识经济圈	34.2	39.5	上海国际设计中心、同济联合广场
大连路总部研发集聚区	1.9	20.9	西门子华东地区总部、德国大陆集团亚太总部、安莉芳上海总部
杨浦滨江发展带	16.8	39.5	世博水门、上海国际时尚中心一期
新江湾城	0.0	7.0	极限运动中心、文化中心
科技园区	33.0	28.0	复旦大学、同济大学、财经大学、上海理工等国家级大学科技园、上海体育学院科技园
都市型产业园区	40.2	36.6	上海国际家用纺织品工业园一期、海上新东坊创意园区、五角场 800 号

资料来源：杨浦区统计局。

二、转型发展服务业的主要路径和经验

经过几十年的发展，闸北区和杨浦区的制造业已经具备了良好的基础，为延伸发展生产性服务业开拓了空间。进入新世纪以来，两个区都把发展生产性服务业作为引领产业结构升级的突破口。闸北区从工业为主到服务业为主的产业结构调整经历了两个阶段，即从传统工业—都市工业—服务业，产业园区的发展也历经工业园—都市型产业园—服务业集聚区的调整升级，在现有工业用地、工业区、工厂等范围内，突出产业转型、产业升级、产业链延伸和功能完善，以科技研发、设计创

意、现代物流等生产性服务业为发展重点而形成服务业集聚区，转型道路具有二、三产业融合发展和产业链延伸、联动拓展等特点。杨浦区从工业为主到服务业为主的产业结构调整主要是依靠科技教育资源丰富的优势转型发展研发设计等服务业，打造特色专业型生产性服务业功能区，转型道路具有创新驱动和功能提升等特点。在调研中，我们看到，两个区都从自身实际情况出发，努力发挥优势，结合服务业的特点探索发展路径。但是由于两个区的资源禀赋不同、产业基础各异，在转型发展服务业的路径上既有相同之处，又各有侧重。

（一）依托制造业基础，发展生产性服务业

闸北区的工业土地和厂房资源相对比较丰富，发展生产性服务业有一定的制造业基础，而生产性服务企业的介入又能和传统工业转型相结合，是区域经济实现转型发展的最佳途径。"九五"以来，闸北启动了市区联手、建设都市型产业园的探索。按照"退二进三"战略，实施"南厂北移"，通过传统老工业基地功能转型及进一步的资源整合、转性改造，促使交通运输、仓储、商贸、商务服务业快速发展。"十五"期间，按照现代交通商务区发展目标，结合闸北产业基础，确定重点发展生产企业所急需的广告媒体、信息传媒、文化创意、设计咨询、多媒体技术研发、五金研发等知识密集型、低能耗的生产性服务业。截至2004年年底，已盘活闲置厂房43万平方米，建设都市型产业园30家。"十一五"期间，闸北区进一步优化产业结构，结合老工业基地的转型升级，依托工业区的土地、厂房资源优势和大工业文化，大力发展2.5产业（2.5产业，即生产性服务业，既为生产性企业提供贸易、结算、咨询等管理服务，又兼备研发中心、核心技术产品的生产中心职能）。积极吸引优质服务外包企业来投资，突出引进软件外包、工业设计、研发、IT服务、客户服务、人力资源管理、企业运作管理、财务管理、投融资策划与管理等领域的服务外包项目，重点发展商务服务、金融服务、人力资源服务、研发创意服务等现代服务业，初步形成了以生产性服务业为特色的服务经济体系，走出一条独具特色的老工业基地转型发展之路，成为产业能级高、辐射能力强、具有代表性和示范性的生产性服务业集聚区。

专栏10-1：上海市北园区的转型发展

1992年，市北工业新区成立时的主要任务是接受传统的纺织和轻工系统企业的转移。近20年来，市北工业新区演变成为以研发设计、服务外包以及总部型经济为主导的上海生产性服务业集聚区，是闸北发展生产性服务业的一个缩影和亮点。

作为上海中心城区唯一的市级开发区和距上海市中心最近的工业园，市北工业新区处于中央商务区和外围的加工制造区之间。2003年，新区在上海率先提出向"2.5产业"转型，率先提出打造集纳"2.5产业"的现代办公园区。新区根据生产性服务业的工作需求，以工业楼宇取代传统的标准厂房，将办公面积控制在1200平方米左右，引入综合布线、宽带网络、光缆通信等设施，统筹策划建设绿化、水景、花卉、雕塑等景观，精心推进以商业设施、会所、健身房、会务中心、咖啡吧、简餐厅等内容为一体的配套设施建设。新区还先后搭建了产业、信息、人才、孵化器、融资、服务外包等服务平台，提升园区的专业服务和综合服务能力，更好地塑造了满足生产性服务业需求的软硬环境。新区抓住服务外包和技术研发环节转移的机遇，大力培育信息传媒、研发设计、物流服务、创意会展等产业，不断提升承接产业转移的能力，藉此提升产业能级。几年来，科勒（中国）投资有限公司、中国铁路工程总公司上海分公司等企业为代表的区域性及功能性总部，环达电脑（上海）有限公司、上海研华慧胜智能科技有限公司等企业为代表的跨国企业研发中心，赛科斯信息技术（上海）有限公司、上海智联易才人才咨询有限公司等为代表的服务外包机构，大公信用测评、仲立国际贸易等代表现代高端金融服务类企业相继入园。上海超级计算中心、世界第二大独立软件公司"甲散"、全球IT巨业戴尔在园区建立计算联合实验室。园区还特别引进了一批能够从事公共服务的中介机构，仅行业协会就有上海计算机行业协会、上海通信制造业行业协会、上海交通电子行业协会、新加坡信息通讯协会等7家。2007年，园区成立服务外包平台——聚能湾企业管理有限公司，推进服务外包企业的集聚。目前注册在该园区的企业总数已超过4000家。新区企业结构向信息技术、总部型企业、服务外包、现代物流类企业等方向发展和集聚，实现了从传统的工业园区向以研发设计、服务外包、总部型企业为主导的生产性服务业集聚区的转变。

2008年，园区先后被批准为国家级上海张江高新技术产业开发区的重要组成部分、上海市级高新技术产业开发区，首个国家高技术产业基地和首批上海市生产性服务业功能区，成为"十一五"时期中心城区老工业基地功能转型产业升级示范区。2009年更名为市北高新技术服务业园区。近两年，其生产性服务业一直保持年均30%以上的增长势头，园区已成为区域经济的主要增长极。2010年，园区累计完成税收22亿多元，新引进生产性服务业企业200多家，园区内生产性服务业比重超过80%。

（二）充分发挥科技高校等智力资源优势，通过创新驱动和人才带动，促进知识密集型服务业集群发展

集中的学科优势、丰富的智力资源是杨浦发展知识密集型服务业的智力保障。在实施"三区融合、联动发展"的具体实践过程中，杨浦区建立了较好的联动发展的机制和政策，积累了较多的经验，形成产业特色。

杨浦区聚集了复旦、同济等 10 多所高校和 150 多家科研院所，拥有科教和人才两大资源高地，杨浦区内有两院院士 51 人，在校大学生占上海的 40%，博士、硕士研究生占上海的 50%，被称为上海的"学术区"，集聚程度在上海乃至全国都具有领先的优势。2003 年，市区两级政府做出决策：建设杨浦知识创新区。几年来，杨浦区成功激活科技和教育资源，鼓励社区、校区、园区打破围墙，鼓励各创新主体打破体制机制屏障，促进创新要素的充分流动和有效互动，促进知识创新源头建设，将大学空间拓展与创新资源辐射、旧城改造相结合，促进融合发展。杨浦区还把大学科研成果的转化作为重中之重，复旦的电子信息、同济的设计产业、上海理工的光机电、上海财大的金融软件等一大批强势学科的最新科研成果从大学溢出，从孵化基地毕业，在大学科技园做大做强。

杨浦还积极打造创新创业服务平台等载体，深化金融创新服务科技创新功能，大力吸引风险投资和要素市场集聚，开展"创业苗圃＋孵化器＋加速器"的创新服务链建设，推动科技与金融服务的结合，支持科技企业向大学科技园区聚集，培育了一大批智力型、创意型具有自主知识产权的科技企业。杨浦科技创业服务中心已成为上海最大的科技孵化基地、全国最具影响力的科技孵化平台之一。上海知识产权园、上海中小企业研发外包服务中心、上海创业者公共实训基地、新材料技术转移中心、环保技术转移中心、上海纺织研发公共服务平台等产学研一体化公共服务平台陆续建成，构建了特色明显、优势突出、成效显著的创新创业体系。依托联合国南南技术产权交易所、南南全球环境能源交易所等平台，不断引导国内外高端要素市场向杨浦集聚。目前，一批跨国公司和国际高端研发机构在杨浦集聚，3600 家中小科技企业在大学周边集群发展。尤其是 400 多家头脑型、原创型的企业在大学周边集群发展，使知识经济特别是创新创意成为推动服务业发展的主导力量。依托教育、人才优势，杨浦积极发展教育培训服务业。学尔森集团依托同济大学、上海财经大学等高校强大的师资和技术力量支持，辐射"长三角"并面向全国，现已在全国各地发展了百余所合作院校；还与国内外数百家知名企业达成合作协议，进行人才培训输送，成为中国建工与设计、投资与金融以及财会与税务行业最重要的人

才储备基地之一。新东方上海学校总部也已落户杨浦。为扶持教育培训机构的成长，"上海教育服务园区"在杨浦区创立，吸引多家优质教育培训机构入驻。经过几年的建设，以科教为特色、现代研发服务为核心的新型产业体系基本形成，知识型、生产型现代服务业在服务业中的比重超过 30%，综合经济实力由中心城区"垫底"跃至"中游"，探索走出了一条依托科技创新的老工业区转型之路，实现了"工业杨浦"向"知识杨浦"的成功转型，成为知识高地与创意经济成功结合的典范。

专栏 10-2：上海环同济知识经济圈的形成和发展

"上海环同济知识经济圈"，通过有效集成大学优势设计类学科资源，发挥大学知识溢出效应，依托 4 个国家级重点实验室、2 个国家级研究中心和 20 个省部级重点实验室与研究中心，汇集技术、人才、信息等各种创新要素，以城市、建筑、汽车等相关研发设计服务为核心，在环同济周边形成了具备先进设计理念、知识溢出效应、全方位辐射的学科链—技术链—产业链的完整的知识型产业生态链，吸引近 1200 家设计类企业集聚，从业人员近 3 万。以建筑设计为龙头，以市政工程设计、规划设计、景观设计、室内设计等为重点，国内规模最大、产业链最为完整的、在国内外形成了一定的影响力和知名度的设计创意产业集群已初步形成。2009 年完成地方税收 4.47 亿元，同比增长 15%。2009 年 4 月，国家火炬计划"环同济研发设计服务产业基地"正式揭牌。7 月，杨浦区与同济大学签订合作协议，共同推进"上海国际设计一场"项目，合力打造"联合国创意城市设计之都"的核心项目引擎。目前，环同济研发设计服务产业基地正形成核心圈、扩展区、辐射点三层空间，成为中国最大的设计产业集群。2010 年，集群总产出达到 150 亿元，获批上海市首批示范创意产业集聚区。到 2015 年，这里的年总产出将超过 300 亿元。

闸北区作为"全国科技进步先进县（市）"，积极营造良好的创新环境，加大科技企业扶持力度，逐步增强服务业的动力和活力，也非常重视创新对服务业产业的集聚效应。积极引进中国网络电视台（CNTV）核心节点数据中心、腾讯上海云计算中心等一批重点项目。延伸云计算产业链，做好"健康云"等项目开发工作，形成集聚效应。加快金融及衍生服务业发展。积极引进股权投资、基金等金融服务业企业，推动金融后台服务、金融租赁、担保服务等金融衍生服务业集聚。加大信息服务业培育力度。推进国产基础软件公共服务平台和应用标准体系建设，引进一批国产基础软件产业链企业。至 2010 年年底，全区集聚科技型企业 3500 余家，高新技术企业 100 家，软件企业 63 家。上大科技园已成为上海张江高新技术产业开发区

"一区六园"之一，市北园区整体纳入上海张江高新技术产业开发区上海大学科技园管理范围。创新服务平台建设成果显著，在全市率先建立了"上海研发公共服务平台闸北服务中心"，6个专业机构被授予首批上海市专业技术服务平台。创建7家市级工程技术研究中心，建成国家级企业技术中心1家，市级企业技术中心5家，成立了上海IT青年创新创业孵化基地。

（三）加快人才引进培养力度，为现代服务业发展提供智力支撑

杨浦区通过实施"百千万"工程，打造高端人才汇集地。针对创意产业的重点行业和项目，通过全球招聘等选拔方式，给予科研、工作、住房、保健等一系列优惠待遇，有针对性地引进创意人才、高级管理人才、科技人才、风险投资人才、知识产权保护与交易人才前来创业，提升杨浦创意产业的水平。2009年9月，杨浦正式成为国家第二批海外高层次人才创新创业基地。杨浦还制定了《关于加快推进海外高层次人才创新创业基地建设的决定》，加大创意人才引进、使用和合作规模创新的力度。以建设国家海外高层次人才创新创业基地为重点，深入实施杨浦"3310"计划①，加强区校合作，引进一批在专业领域拥有自主知识产权和科技成果的海外高层次人才、国际化人才，鼓励海外高层次人才带技术、带资金、带项目创办企业，采取与高等院校、科研院所进行合作研究等方式为产业转型升级服务。

闸北区以引进紧缺急需的高精尖技术专家为重点，采用团队引进、核心人才带动引进、高新技术项目开发引进等方式招揽海内外优秀人才来创业，在政府奖励、生活居住、子女入学、项目申请等方面建立了配套服务体系。在市北园区建立了"中国留学服务中心上海闸北创业基地"；在街道（镇）党员服务中心和产业园区建立了12个人才工作站；制定实施《闸北区关于大力引进高层次人才的实施办法》，对企业急需的高端人才落户由"指标控制"转变为"条件控制"，对符合条件的人

---

① "3310"计划是杨浦作为国家级海外高层次人才创新创业基地建设总体目标，即通过实施三大工程，实现三大目标，并推出与之配套的十项政策。"三大工程"：实施"百千万"工程，实现标志性人才集聚的目标；实施人才环境工程，实现标志性成果突出的目标；实施主导产业集群发展工程，实现标志性产业清晰的目标。"三大目标"：至2015年区域内集聚100名入选国家"千人计划"创新创业人才，集聚1000名重点产业领域高端人才，培育10000名各级各类专业人才。"十项政策"：提供以降低创业启动成本、提供资金担保与贴息、设立项目风投基金、建立风险补偿机制、实施财政扶持补助、加快落实并推进引进人才的安居工程、优先安排医疗及子女教育、营造良好学术环境、发挥政府采购导向作用、建立便捷高效的服务平台。

才，及时办理户籍引进申报手续。进一步拓展人才服务内涵，为重点企业高管、优秀人才在子女入学入托、家属就业、出入境管理等方面提供支持保障。

闸北区还积极发展人力资源服务业。依托中国上海人力资源服务产业园区，以发展人才中介、人才培训等为重点，以人才大厦和国家人才培训基地项目为核心，大力吸引国际、国内知名人才服务机构落户，培育具有国际竞争力的本土人力资源服务机构，提升人才服务业发展规模和能级；设立人力资源服务外包专区，探索形成功能全面的人力资源综合服务平台，成为上海乃至全国的重点人力资源服务枢纽和人才产业发展高地。

（四）大力推进旧厂房、旧园区改造，创新运作模式，盘活土地资源，把有限的土地用来发展文化创意服务业

杨浦区保留了传统工业的大量工业遗产，包括老厂房资源、土地资源等，区内大量的工厂、码头、仓库具有独特的文化价值。杨浦把老城区的市政改造与发展知识密集型服务业紧密结合起来，通过主动沟通、主动让利、主动服务整合土地资源，舍得拿出最好的土地和社区资源支持高校、科研院所加强科研基地和平台建设：腾出最好的土地支持大学就近就地拓展；把好的商业和地产项目让出来建设大学科技园；投入人力、物力整治和美化大学周边环境。目前，在校区周边寸土寸金的有限空间里，拓展教学和科研用地近 4000 亩。杨浦依托工业遗产资源，将创意产业的发展与传统制造业的改造、工业历史建筑的保护相结合，先后建成了滨江五交厂八百号、明大创意园等创意产业园区。会同上海纺织控股集团，启动 17 棉纺厂（占地约 12 万平方米）改造工程，规划改造后总建筑面积约 19 万平方米，成为集多功能秀场、时尚精品仓、会所、餐饮娱乐、创意办公和酒店式公寓六大功能于一体的"上海国际时尚中心"。充分利用区内百年的工业文明遗产，同济大学与杨浦区政府将公交停车场建设成为集产、学、研、创于一体的上海创意设计产业高地。由于在旧区改造中找到了区企互动的结合点，为利用企业土地资源注入了新内涵，提高了区域土地资源的创新能级和贡献率。杨浦区定期开展对区域内存量厂房资源利用情况的调查与分析研究。每年按照"竣工一批、新建一批、提升一批、储备一批"的原则，聚焦重点，创新机制，形成合力，加快项目推进。"十一五"期间，由老厂房改建为创意园区的有 11 家（海上海和昂立园区除外），建筑面积 34 万平方米，占总量的 72%。

闸北区土地面积仅 29.18 平方公里，产业发展用地占 22%，且大部分为工业仓

储用地，可供服务业发展的土地资源非常有限。为推进传统老工业基地功能转型，闸北区在 20 世纪 90 年代、特别是"十五"以来，积极以市北工业园区、晟和都市型工业园等一批都市型工业园区为载体，结合新一轮产业置换升级，推进生产性服务业的集聚发展。但是，这些都市型工业园区在多媒体、物联网、云计算等新兴产业的发展下，再次显得"不合时宜"，亟须"二次创业"。如原上海振光电镀厂位于闸北区中部的黄金地段，在 2003 年进行的"一次创业"中，电镀厂经过建设，不再从事污染大、耗能大的传统电镀产业，转型为"晟和都市型工业园区"，吸引了 17 家适合都市发展的新型工业，涉及智能化系统集成、书报刊发行等领域。但在"十一五"期间，一些总部型、科技型的企业迫切希望在这一地区落户。对此，区有关部门支持园区投资方将晟和园区推倒重建，打造全新的"东方环球企业园"，新建 3 幢高层研发大厦、3 幢多层研发中心、55 幢独栋式企业总部、1 个超星级企业俱乐部，并且配备 1500 余个室内外停车位。凭借崭新的形象和为生产性服务企业度身定做的发展环境，如今的东方环球企业园已经吸引总部型、科技型企业 188 户，仅 2010 年上半年就上缴税收 5055.59 万元，同比增长 55%。类似的产业能级提升也出现在区域内的其他都市型工业园。市北园区内在老工业企业迁走后，遗留了配套齐全的电力设施和大批空置的厂房，很多高科技企业慕名前来，将老厂房用于数据存储，为企业提供数据存储外包服务。堪称上海密度最高的服务器集群于是被安置在这片改造一新的园区内，向全国用户提供数据服务。大型数据中心的建设成为园区独具优势的专业服务，带动了中小型技术创新、创意企业跟进服务。苏州河畔的老工业厂房中一部分已率先"变身"为创意园区，还有一部分将成为上海人力资源服务产业园。目前闸北区 23 个都市型工业园区实现再转型，1500 亩老工业土地资源进一步整合利用开发，为生产性服务业提供了发展空间。

（五）构建完善的扶持政策体系，加快服务业载体建设

在两个区调研时，负责人都谈到了建设服务业集聚区对转型发展的重要性，都非常重视服务业集聚区建设，培育龙头企业，高度重视并积极发挥重大项目的引领、示范辐射作用。

为加快服务业的发展，闸北区加强政策梳理，加大扶持力度。从财政扶持、金融支持、品牌建设、知识产权保护、人才发展、产业配套服务六大方面着手建立完善的产业发展扶持政策体系；在现有政府扶持资金的基础上，以资金扶持、房租补贴、贷款贴息、市场开拓资助等方式加大对重点服务产业的财政支持。同时，积极

吸引社会资金，探索引进专业团队，运用市场化方式推进产业项目建设。闸北区创新政府管理体制，以项目化推进为落脚点，形成服务业发展合力。在政府推动层面，分管副区长总协调，建立区商务委牵头，各相关部门参与的园区发展管理联席会议制度，以项目化推进为落脚点，发挥统筹协调作用，明确职责，各司其职，形成合力。逐步融合工商、税务、质监等部门服务内容，建立服务业企业"绿色通道"；进一步减少和规范行政审批，着力提高行政审批和办事效率，提高行政效能和透明度；深化"百人团队联系百家企业"制度，帮助企业拓展业务渠道，了解投资信息。建立园区例会制度，加强沟通协调指导服务。在现有政府企业扶持资金基础上，由区财政安排 2 亿元资金设立服务业发展引导资金，并制定详细的资金管理办法；以上海亿创投资有限公司为主体，成立服务业发展基金，积极吸引社会资金，支持鼓励重点项目市场化运作。提高资金使用效益，引导更多的社会资金投向服务业领域。闸北区成为国家服务业综合改革试点区域后，能更好地运用先行先试政策，为加快现代服务业发展奠定基础。

杨浦区针对自己的产业特色，着力拓展科技型中小企业融资渠道，推动科技金融服务业发展，明确了发展科技金融服务业的主要举措。杨浦区围绕创意产业，通过资金补助、税收、土地、人才等多种政策体系，构建完善的产业发展环境。还争取了上海市政府的支持，使杨浦知识创新基地规划范围扩充到 9.46 平方公里，享受到了相应的优惠和创新基金扶持。2010 年杨浦区被国家科技部授予全国首批国家创新型试点城区。

三、转型发展服务业中遇到的主要问题

(一) 生产性服务业分离时面临企业税负增加、缺乏成熟的市场体系支撑等问题和困难

调研中一些园区和企业反映，在老工业区工业企业实行主辅分离时，资产买卖中的营业税、增值税等增加了生产性服务业剥离的成本，影响了企业剥离整合的积极性。相对增值税而言，营业税税负明显减轻，这对企业具有吸引力，但对于面对的客户不是终端的消费者的企业来说，生产性服务业企业剥离后将无法进行增值税抵扣，因此一些企业对生产性服务业分离后企业税负增加表达了不同程度的担忧。而且营业税具有重复征税的缺点，分工越细，税负越重。另外制造业享有一些税收优惠政策，如高新技术企业按 15% 税率征收企业所得税、技术开发费税前加计扣除、

软件企业二免三减半等相关政策，分离后的服务业无法取得相应资格，就无法享有相同的优惠待遇，加大企业的运营和管理成本。

（二）旧区改造成本高，程序繁复，政府调控资源难度大

尽管上海市政府大力支持利用工业老厂房兴办信息服务业、研发设计、文化创意等现代服务业，但是老厂房改建园区目前仍不能突破"三个不变"的原则，即"不改变建筑形态、不改变使用权人、不改变用途"。2011年，上海市政府又下发《关于进一步规范本市建筑加强建设工程质量安全管理的若干意见》（沪府发〔2011〕1号），对工业老厂房改造要求更加严格。工业老厂房一般层高较高，在转型发展生产性服务业时，为适应产业发展的特点和企业需求，大多数情况下都需要对建筑形态做较大改动，如严格遵循原有的建筑形态，可能影响城区环境、产业集聚和土地资源的集约利用。在座谈中园区负责人都谈到，老厂房改建园区项目报备程序仍未建立"绿色通道"，需历经用地、规划、报建、消防、竣工验收、办证等诸多审批程序，报备时间长，程序繁复，在一定程度上影响了转型发展的进度。由于开发商报批改扩建工程项目时间长、难度大，为了绕过障碍，常用外立面装修项目的报批来替代改扩建工程项目，游离于政策边缘。遇到问题，投资开发商的利益难以得到法律保护。

（三）中小企业融资难，科技项目产业化缺乏后续资金支持，在一定程度上制约服务业的发展

目前，国家层面并无促进园区转型升级发展服务业的专项扶持资金，上海市也仅对创意产业集聚区建设有专项扶持资金，但是资金总盘子很小，只有500万元。虽然近年来杨浦中小科技企业增长较快，企业数量达到了4390多家，但多为具有轻资产、小规模、高风险等特征的初创期、成长期企业，企业融资难，缺乏银行信贷和风险投资的投入，科技项目产业化缺乏后续资金的助推。而且在创意产业融资方面，其产业特性决定了创意产业本身就是一个高风险投资行业，加上创意企业一般规模较小，信用等级较低，缺少可作抵押担保的资产等，加大了其融资难度。面对日益升高的上海商务成本和生活成本，企业缺乏后续发展资金。同时，尽管杨浦区探索了将科技金融服务新模式，但科技型中小企业驾驭和利用金融工具和产品的意识和能力也亟待提高。

四、几点启示和政策建议

通过调研，可以看到老工业区发展服务业的路径主要有 3 种：第一种模式是依托制造业拓展生产性服务业；第二种模式是依托智力资源和创新驱动发展智力密集型生产性服务业；第三种模式是通过招商引资引进销售、研发等总部经济及搭建平台，通过协会等中介组织吸引服务企业入驻。未来一段时期，将有一些发展条件较好、发展较快的城市进入工业化后期和后工业化阶段，发展生产性服务业，已经成为城市，特别是工业城市转变经济发展方式、推进产业结构优化升级的主要任务。应突破原来的路径依赖，立足自身优势，找到转变经济发展方式的路径，实施配套有力的政策措施，加快产业结构调整，促进区域经济转型。

（一）二、三产业融合发展是服务经济发展的主要路径，老工业区转型发展服务业要注重产业融合互动，积极实施主辅分离①，依托优势培育服务业重点行业

发展生产性服务业是工业经济发展到一定程度的内在要求。根据产业链利润的变化曲线，制造业发展到一定阶段，其利润必然会向研发、设计、咨询等生产性服务业转移，生产性服务业就会成为带动经济发展新的增长点。闸北和杨浦是在制造业有了很好的发展基础后，才大力发展现代生产性服务业的。可见，发展现代生产性服务业要建立在一定的现代工业基础之上，以制造业为核心的工业是其发展的依托、基础和动力源泉。

由于制造业的生产与产前、产后服务是一条产业链上的不同环节，而不是截然分开的，老工业区转型发展服务业时，经济活动由以制造为中心逐渐转向以服务为中心，要注重借助自己的优势，深挖优势产业上中下游之间的联系，利用二、三产业联动发展模式，促进生产性服务业从制造业内部逐渐分化，将生产性服务业务剥离、整合发展。同时，对于新设立的服务业企业，应指导企业建立现代企业制度，指导企业扩大服务范围，从单一为母公司服务，扩大到为其他企业提供专业化服务，带动生产性服务业的发展。对工业企业主辅分离后设立的生产性服务企业，按照有关规定给予税收减免或优惠。在现阶段应重点分离发展科技研发服务、现代物流服务、贸易营销服务、专业配套服务、设计策划服务等。一是要提升原来制造业产业

---

① 主辅分离是指从工业企业中分离发展的科技研发、工业设计、仓储配送、现代物流、售后服务、信息咨询、投资与技术服务等生产性服务业务，形成相应的独立产业和企业。

功能，加强对上中下游产业的专门服务，如人员培训、经营管理、信息服务等；二是要以工业园区为基础，立足自身特点，加强针对园区的融资、租赁、中介等专业服务；三是转型发展服务业必须考虑自身原有产业条件，要注重培育和发展重点行业，通过潜力行业挖掘，形成服务业新增长点。要深化改革开放，创新分离发展服务业相关政策。目前企业分离发展服务业还处于探索阶段，该项工作不仅涉及企业组织结构、人员结构、资产结构等方面的调整，还涉及税收结构、财政收入结构、产业结构等方面的调整，关系到企业和地方政府的实际利益。应尽快启动生产性服务业企业的增值税改革，尽快实现一系列制度创新，由财政对制造业企业"主辅分离"、资产转移时所缴纳的营业税及增值税等多项税收进行资助。

（二）坚持改建和升级并重，以产业空间转移为契机，通过空间布局优化，拓展服务业发展载体

加快老城区崛起和发展方式转变，只能在老城区改造上做文章。在国家加大宏观调控力度、土地资源日益紧缺的背景下，存量土地在园区结构调整中腾出，成为工业区向生产性服务业功能区转型的优势资源，应抓紧抓好旧区改造，将老工业区服务业发展与区位禀赋和城市功能相结合，通过规划和政策引导现有工业园区向总部经济和生产性服务业集聚区转型。利用一些中心城区大专院校向外转移拓展的有利时机，出台专项政策支持老校区利用存量资源大力发展教育培训、文化创意、服务外包和研发设计等现代服务业，形成"校园服务经济"增长极。整合各类资源，进行产业功能置换升级，通过规划布局引导服务业向集聚化、专业化方向发展，建设服务业集聚区。要明确产业发展重点，充分发挥优势，推进生产性服务业功能区建设，结合产业结构升级和总部经济发展，充分依托现有的工业用地、工业区、工厂等，突出产业转型、产业升级以及产业链的延伸和功能完善，将老厂房改成"设计中心"、旧仓库变为"企业总部"，实现城市历史文化建筑的功能再造，提升土地价值，在同一块土地上让经济效益、产业能级和员工素质都获得质的飞跃，为现代服务业的集聚开辟广阔的空间。

进一步解放思想，适当突破生产性服务业载体建设用地机制。加快推进旧区改造，认真做好土地储备和出让工作，拿出最好的土地资源发展服务业。一是对实施搬迁、转型的企业出台优惠政策。如支持和鼓励部分工业企业利用现有厂房转型发展现代服务业，允许企业整体或部分补交土地出让金，将工业用地改为商业和服务业用地；企业若资金有困难，可与国土部门签订租赁协议，每年缴纳土地出让金等。

二是突破土地招拍挂现行相关规定。对原有工业用地发展生产性服务业项目，可以考虑设置土地供给特定准入条件，实行定向"招拍挂"，或者通过自主开发、土地折价入股合作开发、协议出让、土地租赁等方式引导经济发展和产业布局，为工业用地转型发展服务业创造良好条件。三是加强对老厂房节约、集约利用的调研，进一步解放思想，创新操作办法，改进操作程序，将相关审批手续纳入"绿色通道"，在用地、规划、报建、消防、竣工验收、办证等审批程序上，做到提前介入，特事快办。

（三）依托自身的区位、资源、产业优势发展现代服务业，以创新驱动促使转型发展服务业，增强区域服务业发展活力

基于各种要素资源形成老城区现代服务业的比较优势和发展特色。工业土地和厂房资源相对比较丰富的老城区，发展生产性服务业有一定的制造业基础，而生产性服务企业的介入又能和传统工业转型相结合，是区域经济实现转型发展的最佳途径。应积极培育特色，努力提升功能，做大增量，做强存量，加快推动现代服务业跨越式发展。科技教育资源丰富的老工业城区要依托高校的学科优势，以产学研一体化为主要抓手，通过加快集聚国内外知名科技企业总部、科技中介服务机构和科技服务平台等创新要素，不断引导国内外高端要素集聚，聚焦发展知识型现代服务业。打造创新平台，完善创新体系，通过创新驱动，以科技创新为引领，鼓励科研院所建立一批有行业龙头企业引领的产业化科技园区，与科技企业开展技术转移、共建产学研合作中心，优先发展知识密集型现代服务业。

（四）政府积极引导，重视人才引进和培养，完善与服务经济相适应的配套政策和制度环境

积极研究谋划服务业发展方向，制定清晰的现代服务业发展战略，将服务业发展与城市规划、旧区改造、土地出让、扩大就业等相衔接，以工业园区为载体，结合新一轮产业置换升级，推进生产性服务业的集聚发展，扩大生产性服务业的经济规模，从整体战略布局上助推老城区现代服务业发展。

积极发展行业协会、商会等中介组织，特别是引进国际知名中介机构。通过延伸行业协会的服务功能，推进生产性服务业的转移和发展。相关行业协会能够协助政府做好规划、规范市场竞争秩序、指导行业发展，搭建现代服务业企业的交流、合作平台，发挥信息交流、沟通协作等作用，并在资源整合的基础上，扩大现代服

务业发展的影响力，体现产业集聚发展的先进理念，助推现代服务业的跨越式发展。

生产性服务作为产品生产或其他服务的市场化的中间投入，具有高人力资本、高技术和高附加值的特征。要以科技领军人才为重点，千方百计引揽人才、争夺人才，通过人才集聚带动产业提升，赢得新一轮产业和科技竞争的主动权。以人才高地打造产业高地、创新高地，以人才优势赢得竞争优势、发展优势。

（五）鼓励支持服务业集聚区运营主体公司发展，拓展融资渠道，缓解园区开发建设资金压力

服务业集聚区是实现战略转型、促进服务经济发展的主战场。服务业集聚区运营主体公司往往被界定为商业地产开发商，受到国家宏观调控的影响，融资困难，迫切需要国家在政策层面给予融资方面支持。建议国家出台政策鼓励金融机构支持开发区运营主体公司发展，拓展融资渠道，缓解园区开发建设资金压力。打破传统发展模式，寻找新的发展动力，鼓励各类风险投资基金投向现代服务业领域。

第十一章　转型期政府对文化创意产品的供给：
保障与提升

2010 年 3 月，笔者随调研组赴安徽、甘肃、宁夏等省（区）开展地市级图书馆、文化馆设施情况的调研。调研组听取了安徽、甘肃、宁夏等省（区）文化厅的情况汇报，实地考察了合肥、芜湖、安庆、兰州、平凉、庆阳、银川、吴忠、中卫、固原等市图书馆和文化馆，比较详细地了解了各馆的馆舍设施、新馆建设、信息化水平、文献资源、读者服务、科学管理等情况，有针对性地提出了指导性的意见和建议。通过这次调研活动，调研组既看到近年来地市级图书馆建设的成绩，深刻感受到了群众对图书馆和文化馆的迫切需要，也了解到相当一部分图书馆、文化馆所面临的实际困难，现将调研情况报告如下。

一、中西部地市级图书馆、文化馆现有设施及服务情况

（一）地市级图书馆、文化馆的馆舍设施情况

近年来，随着党和国家对文化事业的支持力度不断加大，特别是全国基层文化工作会议召开以来，各级党委、政府和有关部门不断提高对文化工作重要性的认识，加大了对图书馆和文化馆等公益文化设施建设力度，图书馆和文化馆设施正逐步得到改善。"十一五"期间，安徽省新建、改建、扩建图书馆 31 个，其中市级馆 2 个，目前，安徽现有的 13 个地市级图书馆达标 8 个：其中一级馆 4 个，二、三级馆各 2 个，馆舍总面积 318583 平方米。新建、改建、扩建文化馆 19 个，其中市级馆 1 个，市级文化馆达标 2 个，一级馆、二级馆各 1 个，馆舍总面积 277529 平方米。

甘肃省 14 个市州实际拥有地市级图书馆 8 个，馆舍总面积 28906 平方米，8 个地市级图书馆藏书近 200 万册，其中兰州、白银、天水图书馆藏量较多，占地市级图书馆藏量的一半以上。甘肃省 14 个市州都有文化馆，馆舍总面积 15525 平方米，各个文化馆内部的基本设置包括培训室、辅导室、创作室和排练室。最大的金昌市

文化馆建于 2009 年。

宁夏回族自治区 5 个地级市中，只有银川和石嘴山市有图书馆。银川市图书馆馆舍于 1988 年建成，2000 年进行了二期扩建和一期改造，现建筑面积为 6000 平方米，是国家地市级一级图书馆。（在 2009 年第四次全国公共图书馆评估定级中银川市图书馆虽有三项硬件达不到要求，但终因其突出的工作业绩仍被评为国家地市级一级图书馆）。石嘴山市有市级图书馆和文化馆各 1 个，文化馆只有编制，没有办公和活动场所。石嘴山市图书馆建于 1998 年，占地面积 11110 平方米，建筑面积 3800 平方米，从业人员 24 人。

安徽、宁夏和甘肃等省（区）在加强图书馆和文化馆等公共文化基础设施建设的同时，注重软件的提升，图书馆馆藏日益丰富，类型主要为书刊，内容涉及生活百科、农业生产、文学作品、学术著作等，其中生活百科和文学作品的借阅率最高。图书馆提供的信息内容包括经济、政治政策、法律法规、生活百科知识、文学作品、农业生产信息等各个方面，信息丰富全面。甘肃省 8 个地市级图书馆藏书近 200 万册，其中兰州、白银、天水图书馆藏量较多，占地市级图书馆藏量的一半以上。银川市图书馆现有藏书 35.6 万册、电子图书 15000 种、音像制品近 2000 种；每年订购中文期刊 1200 余种、中文报纸 80 余种。石嘴山市图书馆现有藏书 26 万册，年图书购置经费 23 万元。

（二）图书馆、文化馆设施的信息化情况

此次调研的大多数地级市图书馆依托"共享工程"的实施，在办馆条件、现代化装备、服务水平等方面均取得一定的进步。多数地市级图书馆都建成了包括多媒体视听阅读室、语言学习中心在内的大众公共服务区及数字资源服务区。在电子阅读室里，读者可以对互联网上的资料进行检索和查阅，还能够获取图书馆提供的电子图书、报刊、文档、音视频等数字资源，能够访问法律、专利、学术期刊等的各类数据库，获得具有科研价值的信息服务。芜湖市图书馆先后投入 600 余万元，按照文化部《公共图书馆建设标准》设计改造，基本实现了服务、管理的自动化和网络化，建成了由"共享工程"数据资源存储和发布服务、电子阅览室服务、声视频多媒体资源服务、资源卫星接收、业务管理自动化、数字资源加工、外购数字资源等七大系统组成的市文化信息资源共享工程支中心和市数字图书馆，构建了覆盖全市城乡的文化信息资源共享网络。

甘肃省 8 个地市级图书馆中大部分都拥有不同数量的电子计算机，兰州、白银、天水、金昌、庆阳已建起了电子阅览室，建立了局域网，实现了电子检索、网上查询和网络管理，提高了公共图书馆现代化、数字化管理水平。

银川市图书馆于2008年建成了全国文化信息资源共享工程市级支中心，完成了电子阅览室的改造工程，调试并开通了文化信息资源共享工程天网的资源接收、省级分中心的VPN专网的资源接收以及互联网的上网服务，2009年5月电子阅览室正式对外免费开放，为读者提供共享工程资源及电子资源免费查阅、免费上网等服务。让读者充分利用电子阅览室及银川市图书馆网站宣传和传播文化信息共享工程的资源，真正达到资源最大限度的共享。

(三) 图书馆、文化馆的服务情况

地市级图书馆和文化馆都按照中央关于文化体制改革总体部署，及时增强活力，为广大群众提供内容丰富、形式多样的文化服务。本次所考察的地级市图书馆大都设置了采编部、辅导部、外借部、少年儿童部、自学阅览部、综合外借部、文献参考部、期刊部等部门，一些条件较好的图书馆还设立了视障读者阅览部，图书馆作为城市社会文化教育中心、图书文化交流、发展、研究中心和地方文献资料利用中心，担负着为全市社会公众提供书刊借阅、为经济建设和科学研究提供书刊资料、传递情报信息的重任。如银川图书馆设有680个阅览座位，办理各类读者借书证近20000个，年接待读者40万人次，年图书流通量为80万册次。条件较好的地市级图书馆少儿阅览部配备了适应不同身高青少年的桌椅和书架，购置了适应不同年龄孩子阅读的图书。很多图书馆还开展了科普讲座、讨论交流会、演讲竞赛、读书会等活动。甘肃省各地市级图书馆图书开架借阅率已达90%以上，年接待读者均在15万人次以上，成为各地传播先进文化的有效场所。同时，兰州、天水、白银等图书馆还依托图书馆开展周末专家讲座，广泛开展政治、经济、科技、文化等方面的专题知识讲座，部分讲座已经成为当地图书馆工艺文化活动品牌，受到广大群众的欢迎。

多年来，各地市级图书馆为充分发挥其在公共文化服务体系中的重要作用，把全民阅读活动引向深入，在馆内外举办了各类丰富多彩的读书活动，如：读书演讲比赛、征文比赛、知识竞赛、少儿现场书画大赛、民族器乐演奏会、小能人比赛等；寒暑假期间为少儿读者举办书法、写作、美术作品赏析等辅导班，以及各类公益读书讲座；少儿部常年同各小学联系，组织集体阅览，开展"共享读书乐"活动等；图书馆利用节假日在影视厅免费为青少年播放爱国主义教育影视片，从而把许多学生从游戏厅、网吧吸引到图书馆。

　　各地市级图书馆还充分发挥图书藏量较多的优势，积极改善服务手段、延伸服务范围，在部队、学校、厂矿、农村建立图书流通站，定期或不定期地更新流通站图书，提高图书利用率，起到了传播知识、典藏文献的作用。银川市图书馆在做好到馆读者服务的工作外，还积极改善服务手段、延伸服务范围，坚持开展送文化、送科技下乡村、进社区、进军营活动，在社区、军营、警营、学校、企业、边远乡镇建立了图书流通点，定期无偿配送图书、期刊、共享工程资源，此项工作已坚持近20年。到2009年，银川图书馆已建立各类图书流通点29个（其中部队、警营图书流通点10个、社区图书流通点4个、农村图书流通点6个、企业图书流通点6个、其他图书流通点3个），年均为各图书流通点更换图书20多万册次，各流通点年均接待读者近10万人次，使图书馆的服务真正延伸到社会各个角落，深受各界好评。

　　一些图书馆和文化馆还为外来建设者提供具有针对性的服务，彰显公共服务的人文关怀。在城市化进程中，一些地级市外来人口数量迅速扩大。图书馆不仅为其提供非常丰富的书籍报刊，还把文化信息资源送到了他们身边，这些资源中包括国内外经典影音资料、电子图书、各类讲座资料及各种地方戏曲等，为外来建设者提供良好的图书馆服务，不仅能满足外来人员的精神需求，也有利于维护社会安定和谐、预防犯罪。有的图书馆和文化馆不仅根据外乡打工人员的知识需求购置新书和刊物，而且还和其他社团一起组织了丰富多彩的"异乡风采"活动，该活动包括了声乐、舞蹈、写作演讲、健身、书画、曲艺、器乐、读书、时装展示等多项活动，吸引了大量外来建设者的参与，深受他们的欢迎。这些专门为外来人员提供的服务，体现了各级图书馆对弱势群体的人文关怀，契合了我国构建和谐社会的历史潮流。

　　为了积极响应国家"文化惠民"政策，充分发挥公共图书馆在公共文化服务体系中的重要作用，让更多的市民走进图书馆，充分享受到读书的权力，银川等市图书馆延长了开馆时间，实行了免费开放，读者办理借阅卡时除押金外免收其他一切费用，读者凭银川市图书馆的读者借阅卡可在馆内免费借阅图书、免费查阅现刊和现报、免费到自学阅览室学习、免费到电子阅览室查阅电子文献和上网等，大大方便了读者，吸引了越来越多的市民走进图书馆，充分利用图书馆的文献资源，使现代公共图书馆公益、平等、开放、共享的服务理念逐渐得到体现。甘肃、宁夏等省（区）的各个地市级文化馆紧密结合当地城乡群众的精神文化需求，面向社会各界开展美术、书法、舞蹈等方面的文艺辅导培训，组织开展群众性文化活动，开展当地非物质文化遗产保护工作，并常年坚持送文化下乡进社区，辅导群众文艺骨干，引导农民自办文化健康发展。完成了当地非物质文化遗产普查工作，整理了当地珍贵的非物质文化遗产文字、视频资料，为全省非物质文化遗产保护奠定了基础。

二、图书馆、文化馆建设和使用中存在的问题

一些地级市图书馆和文化馆设施建设虽有所进步，但是由于财力薄弱，经济底子差，投入文化基础设施的物力、财力严重不足，文化基础设施的发展问题仍比较突出。图书馆和文化馆建设和使用中仍然存在着投入不足、历史欠账较多、设施陈旧老化、功能不全等突出问题。

（一）馆舍面积不足，评估难以达标

安徽省共有 17 个地级市，现有 13 个地级市图书馆，其中只有 8 个达标，3 个市未建文化馆，4 个市未建图书馆（亳州、宿州、六安等 3 个市既无图书馆也无文化馆；黄山市待建地市级图书馆）。地市级文化馆中只有马鞍山市、合肥市文化馆上等级，三级馆空缺，市级文化馆上等级率仅为 13.33%。皖北地区的文化基础设施较差，文化发展相对落后，现有图书馆和文化馆多数面积不足，设施落后，远低于国家标准。

甘肃省 14 个地州建立地市级公共图书馆只有 8 个，还有 6 个地级市没有公共图书馆，平凉市只有机构没有馆舍，尚未开展工作。有馆舍的 8 个公共图书馆中面积大部分都达不到文化部制定的评估标准。目前仅有的 8 所图书馆中只有金昌和白银市的图书馆按照人口比例达到了要求，其余均不达标，且相差面积很大。兰州、白银、庆阳、临夏文化馆馆舍面积都在 1500～2000 平方米之间，其余的市州文化馆馆舍面积都在 800 平方米以下，嘉峪关和平凉市还在租用房屋开展活动。在 2008 年文化部开展第二次文化馆评估中，要求地市级文化馆三级馆舍面积必须达到 2500 平方米，甘肃省只有金昌市勉强达到标准，其余均不达标，严重影响了甘肃文化馆事业的发展。中卫市"撤地设市"后，原有县级文化馆、图书馆因无法使用，且不具备维修、改造价值，已经拆除，目前公共文化设施完全空白。

（二）建设年代比较早，内部设置不合理，功能设施简陋，不安全因素较为突出

从总体上看，中西部地级市现有图书馆和文化馆基本上都建于 20 世纪八九十年代，由于当初建筑缺乏建设性标准，目前除新建的文化馆和图书馆，"两馆"普遍

存在着设计问题，能够提供给群众开展文化活动的空间十分有限。相当多的地市级图书馆、文化馆馆舍狭小、破旧，设备陈旧、缺失，缺少基本的工作条件，有的因年久失修，甚至出现部分房舍漏雨、坍塌的情况，险情不断，无法使用。甘肃8个地市级图书馆中除了金昌市图书馆属于联建新修的外，其余均为20世纪90年代的建筑，不仅选址偏远，而且设施陈旧，功能不齐，群众活动空间狭小。甘肃省地市级文化馆房屋基本为20世纪60~70年代的砖混结构平房，天水市群艺馆还在城隍庙内办公。特别是临夏州文化馆建于1986年，目前已成危房，难以正常运行。庆阳市图书馆和文化馆均为地震危房。由于读者量的日益增加，图书馆的读者服务面积出现严重不足，许多图书馆面临新书、报刊无法上架的困境。珍贵文物现堆放在租用的库房里，保存设施简陋，古书、古画、青铜器等因无条件控制温度湿度，极易发霉、生锈，陶瓷器、玉器、石器因条件限制，也无法进行有效的维护保养。随着来图书馆和文化馆参加文化活动的人员激增，馆舍越来越紧张，尤其是双休日和寒暑期，阅览的、上网的、参加培训的群众人满为患，自修室、电子阅览室更是一座难求，一些地级市图书馆还没有讲座报告厅。甘肃省读者座位8个地级图书馆共计2240个，馆均280个，与《公共图书馆建设标准》对读者座位的要求相比较，尚不及小型图书馆的规模。一些文化馆是写字楼的布局，没有展览厅，缺乏排练厅，办公室代替创作室，室外没有演出场地，开展群众性文化活动有一定的局限性，需要组织活动时，只有租赁场地，增加活动成本。而且，因受文化馆馆舍面积所限，许多优秀、新颖的展览无法引进。

近几年，由于各地财政收入紧张，图书馆和文化馆维修改造欠账较多，暖气不热、上下水不通、墙皮脱落、屋顶漏雨等现象更为突出；由于投资有限、建成较早，防火、防盗、防尘、消毒灯设备配备不足；计算机数据库存储设备、网络安全设备等配套不够；所有电气设备、线路及管网陈旧、老化，给安全管理带来了比较大的不安定隐患。

（三）图书馆馆藏数量和质量不高，手段传统，缺乏现代化服务项目，服务水平有待提升

近年来，各级图书馆购书经费增长较快，上级图书馆向下级图书馆赠送图书比较普遍。这种赠送有效增加了基层馆的藏书数量，但所赠图书也有内容老化和内容不适合基层馆需求的问题。在固原等市级图书馆里，我们看到大部分书都过于陈旧、单一，无法满足现在读者的需要。另外，虽然在各级领导和有关部门的关心、支持

下，图书馆和文化馆的建设有了长足进步，但是很多市图书馆和文化馆人员现代化服务设施短缺，服务手段落后，严重制约了"两馆"的发展，与现代化图书馆的标准和社会发展对文献资料的需求相差很大。如一些图书馆还没有建立视听室、缩微室、专题数据库，未建立信息服务平台等。一些地级市图书馆媒体资源单一，以纸媒体为主，缺少能够有效丰富居民文化生活的音像资料，不利于消除"数字鸿沟"，无法满足城乡居民多样化的信息需求。有些图书馆阅览室兼做电子阅览室，属于一室多用，还不是真正意义上的电子阅览室，可利用的数字图书、期刊及网上资源十分有限；不少馆还停留在传统手工编目、读者查目录卡片的水平上，这对提升图书馆的文献保障能力和服务水平是十分不利的。如甘肃省8个地级图书馆中仅有兰州、白银两个市图书馆使用了计算机检索，而其余图书馆仍然依靠卡片开架借阅图书，速度慢，效率低，满足不了读者需求，加之购书经费有限，新书入藏量较低，对读者的吸引力减弱。应多增加纸媒体外的资料，如增加光盘、数据库等电子文献资源，普及电子阅览室，地级市图书馆还应提供电脑查询和电子阅览服务。

（四）购书、办公等经费普遍不足，在群众中的影响力有所减弱

在各级政府的关心支持下，图书馆购书经费有了较大的提高。但是，依然存在着购书经费不足且各馆增长不平衡的问题。购书经费的不足直接导致公共图书拥有量的不足，图书馆的购书经费随意性较强，缺乏统一的额定标准，影响事业的持续、稳定发展。甘肃等省的地级市馆藏更新很慢，有的图书馆在建成后基本上就没有更新，馆藏在数量和质量上亟待改善。此次调查的地级市由于财政困难，有关对文化事业投入增长幅度不低于财政收入的增长幅度、对文化事业捐赠享受减免税优惠等文化经济政策也一直没有完全落实。目前，甘肃省14个地市级文化馆每年财政供给的经费只能保证人员工资和部分办公经费，业务经费几乎没有，更新设备、购置工作器材、开展文化活动都要求经费自筹。8个地级图书馆购书经费都很紧缺，除兰州、白银外，其余6个地市级图书馆购书经费都在10万元以下。据2008年文化统计报告，甘肃人均购书经费为0.33元，不到全国人均购书经费0.71元的一半。据了解，有的图书馆已经两年没有购买新书，而所订阅的报刊数量又屈指可数，根本无法满足读者日益增长的文化需求，部分图书馆对读者来说完全失去了吸引力。由于缺少后续投入保障，造成部分基层公益文化单位文化活动较少，不能提供优质服务，缺乏对当地群众的吸引力，难以形成先进文化的凝聚力、承担起社会主义文化主阵地的作用。

（五）图书馆和文化馆规划滞后，一些城市面临土地约束

一些地级市的图书馆和文化馆建设没有切实可行的规划，也没有把图书馆和文化馆设施建设纳入城市建设统一规划和土地利用总体规划，导致图书馆和文化馆建设与城市建设步伐不相协调。目前，一些城市的中心城区已没有可供建造图书馆和文化馆等文化设施的土地。

（六）人员队伍不稳定，人才匮乏阻碍文化事业发展

新时代、新形势对图书馆工作人员素质的要求很高，特别是计算机在图书馆的广泛应用，网络信息技术的普及，知识的不断更新及信息资源的深层开发，对图书馆和文化馆工作人员的素质要求越来越高。目前地市级公共图书馆馆员素质的突出问题是缺乏既懂图书馆业务，又精通各专业的复合型、外向型人才，如能承担深层参考咨询、信息开发、学术研究的人员不够，能组织策划大型读书活动、讲座活动的人才不够，图书馆的宣传、营销人才不够，等等。地级市各馆还有一批工作人员是从文化单位分流过来的，这批人年龄较大、学历较低、学习意识不强，加上各馆均有一批外聘的编外人员，这些因素都影响了图书馆的馆员整体素质的提高。而且由于条件差、待遇低等原因，甘肃等偏远省份的文化人才队伍流失严重，引进人才又十分困难，造成人才队伍总量偏少，艺术拔尖人才、经营管理综合人才缺乏，图书馆专业人员队伍有待强化。目前，兰州市图书馆有在职职工 56 人，其中大专以上学历 45 人，全馆专业技术人员中，高级职称仅有 6 人。

三、加强文化馆、图书馆建设的建议

地市级图书馆和文化馆建设是文化事业发展的一个基础平台，在满足广大群众多层次的精神文化需求方面有着不可替代的作用。加快建设、完善图书馆和文化馆等文化设施，保障人民群众基本文化权益，提升城市品位是"十二五"期间地级市公共文化服务的重要任务，必须引起高度重视，切实加以解决。

（一）高度重视地市级图书馆和文化馆的规划和建设

各级政府和职能部门要充分认识加快图书馆和文化馆设施建设的重要性、紧迫性，把图书馆和文化馆等公共文化设施建设摆上重要议事日程，纳入经济社会发展规划和财政支出预算。结合城市规划，结合当地经济社会发展水平和群众文化需求，

对今后一个时期的图书馆和文化馆设施布局、建设规模等做出统筹规划，因地制宜地发展本地区图书馆和文化馆，优先保证图书馆和文化馆等文化设施的建设用地、项目安排，加快解决建设中存在的问题和困难。建设项目的规划设计和建筑装修要有一定的前瞻性，避免短视行为，同时又不宜过分超前，贪大求洋，要量力而行，避免承受超负荷的投资和管护压力，确保文化设施的建筑和投资规模与城市的经济实力、发展规模、人口数量和文化消费水平相匹配。健全政府投资文化项目的决策程序，完善咨询评估论证制度，规范政府资金管理。对于重大文化事业和文化创意服务业项目，要列入政府的重点工程，加强服务、协调和监督，为项目创造良好的建设环境。加强图书馆和文化馆等公益文化设施建设项目的监督管理，建立严格的资金落实和监督机制。组成工作组，对建设项目的设计、招标、监理等进行检查和监督，通过严格的监督手段保证文化设施项目的建设进度和质量。

(二) 加大政府对图书馆和文化馆设施建设的投入力度

公共文化设施的公益性决定公共文化设施建设必须以政府投入为主。因此，一方面，要建立以政府投入为主的投资保障机制，加大财政投入，加快建设图书馆和文化馆，使得图书馆和文化馆的建设资金、场地、馆藏等基本物质条件得到保障；另一方面，每年还要在财政预算中设立专项资金，专门用于城区公共文化设施的管理维护和活动开展。同时要创新公共文化设施投入机制，鼓励、引导社会力量参与城区文化设施建设，逐步形成政府投入为主，集体、个人、社会相结合的多渠道、多层次、多体制的投资格局，保证图书馆和文化馆等公共文化设施建设和运营所需经费。首先，是切实保障图书管理员能够得到合理报酬，以解除他们的后顾之忧，稳定图书馆管理员队伍；其次，是保障乡镇图书馆每年购图书、订报刊经费及开展读者活动所需经费，由文化主管部门协调采购新书，每年定时调拨，实现资源共享；再次，是改善乡镇图书馆的环境条件，添置必要的设备，有条件的图书馆可建立电子阅览室，以满足读者网上查询、网上阅读的需求。应多增加纸媒体外的资料，如增加光盘、数据库等电子文献资源，普及电子阅览室，地级市图书馆还应提供电脑查询和电子阅览服务。

美国、英国等西方发达国家对图书馆经费预算是根据国民总收入，确定图书馆一定的投资比例，或者根据人口数量确定图书馆事业的总投资，把图书馆经费列入政府预算，它的总量随着国民经济收入变化而变化。地市级图书馆也可借鉴这种做法，把图书馆经费纳入财政预算体系，并建立该经费随财政收入增长和书价上涨而逐年增加的机制。

（三）加快在建图书馆和文化馆的建设步伐

建议各市政府抓紧对图书馆和文化馆的选址和设计方案进行调整和完善，早日动工兴建，尽快建成并投入使用。建设中应充分考虑图书馆和文化馆馆舍结构、内部设计、安全保障等方面的特殊要求，使其成为地级市的标志性文化建筑。规范图书馆的开放时间、馆内布局、图书馆标识等方面。为保证工程进度和质量，可以借鉴先进经验，建立文化设施联席会议制度，由政府牵头，各有关部门参加，及时研究解决建设过程中出现的各种问题，为文化设施建设提供"绿色通道"，以确保建设资金、建设责任、工作措施、监督检查"四到位"。同时，在新的图书馆和文化馆未建成使用之前，市政府要适当提高文物保护经费，加强文物的安全保卫工作，确保文物安全。

（四）创新机制、强化管理，充分发挥现有文化设施的作用，实现资源共享

探索图书馆和文化馆等设施建设和利用新机制，在创新上下工夫。目前，随着各种形式文化产品的涌入，人民群众对文化服务不仅仅是听戏读书看节目，正向着多元化、宽领域、全方位的文化服务需求发展，对文化单位服务的要求更多，标准也更高。各级文化部门应在坚持公益文化建设正确方向的前提下，不断拓宽思路，树立"不求所有，但求所用"的观念，充分利用大型企业、科研院所、高等院校等单位的文化设施、文艺人才等文化资源，开展丰富多彩、形式多样的群众文化活动，活跃群众的文化生活。利用互联网服务投资少、传播力强的优势，配合文化资源共享工程建设，尝试开展公益文化项目推介会等活动，吸引社会资金进入公益文化建设的新方法。通过这样的新思路、新办法，逐步建立政府主导、社会共建、资源共享的公益文化建设新机制，推动公益文化建设的繁荣发展。建议树立一批先进典型，总结经验，以点带面，推动图书馆和文化馆等公益文化设施建设。不断创新管理机制和运作模式，提高图书馆和文化馆的使用绩效。要整合、盘活城市现有的文化基础设施，实行资源共享，提高场馆利用率，充分发挥现有文化设施作用，以活跃城区群众文化生活，缓解公共文化设施的不足。在新馆建设和自动化管理的建设中，要主动咨询和开展馆际协作，在适当的时候，有组织、有目的地到先进图书馆参观、考察。学习别人成功的经验，吸取教训，少走弯路，把有限的经费使用好，把现有的条件充分利用好，以出色的服务，赢得读者的信任和领导的大力支持。实施文献

信息资源共享，通过跨馆书目查询、有计划的图书流动，实实在在地在基层建立起文献服务能力。购书经费要划拨给图书馆，由图书馆制订方案，合理使用。树立文献资源共建共享观念，解决区内文献通借通还问题，包括解决部分图书馆一馆多卡的问题；建立制度使文献能够定时地在基层图书馆之间流动；将解决图书物流问题与建立流动借书点结合起来考虑；鼓励图书馆购买新书，国家和地方文化部门给予一定补贴，多买多补贴。

（五）拓展办馆思路，有针对性地吸引服务对象

以丰富多彩的读者活动拓展图书馆的服务内容，引导全民阅读，吸引越来越多的市民走进图书馆，充分利用图书馆，真正发挥公共图书馆倡导读书、传播知识、提高全民思想素质和文化素质的社会职责。尽快调整图书馆现有的藏书结构，改变武侠小说、言情小说占较大比例的局面，增加少儿图书与科普读物，用先进文化来占领图书馆这一文化园地。在读者中广泛开展导读工作，引导广大市民多读书、读好书，特别是要引导读者多读一些含金量较高的科技书。图书馆要树立创新意识，拓宽服务领域，大力开展形式多样、活泼生动的读书活动，吸引更多的市民走进图书馆。在继续做好常规性公共图书馆和文化馆服务的同时，针对在城市化进程中人口结构的巨大变化，图书馆和文化馆应办出自己的特色，体现图书馆和文化馆适应新的变化形势，不断完善服务的理念。如选择若干试点单位（镇或社区图书馆），由市图书馆进行业务指导和支持，探索搞好特殊地区公共图书馆服务等。如关心弱势群体，继续开辟视障读者阅览室，为视障读者提供盲文图书的借阅服务、通过电脑进行有声读物和电子读物的阅读服务、通过读屏软件提供互联网上网服务等。还可以联合青年志愿者开展爱心助盲活动，让更多的弱势群体享受到人性化的服务。重点抓好中小学生的读书活动及各类培训，利用本地人才资源的优势，在寒暑假期间，举办书法、绘画、摄影、音乐、舞蹈、写作、朗诵、手工制作等各类培训班。通过各项有效服务、有益活动来体现图书馆和文化馆自身的价值。

（六）加强业务培训，努力提高文化人才队伍的素质，提升图书馆和文化馆的吸引力

图书馆和文化馆馆员除了要树立良好的服务思想外，还要具备现代化的服务技能，如计算机的使用，及时准确地给当地读者提供信息服务，担负起"文化传播"使者的责任。因此，图书馆应当经常组织馆员进行业务培训，改善和提高现有馆员

的知识结构和业务水平。要高度重视做好培育人才、吸引人才、使用人才工作，努力为全市文化建设提供人才支撑。要着力发掘文化名人，培养一批优秀的名作家、名画家、名艺人等，打造一支高水平的文化创作人才队伍。要结合机构改革，切实加强文化人才队伍建设，善于发现并放手使用乡土文化人才，扶持一批文化志愿者、社区文化积极分子、企业文化活动骨干。要建立完善有效的分配激励机制，充分调动各类文化人才的积极性和创造性。

当今全球公共图书馆都面临读者流失的问题，因此公共图书馆对于图书馆宣传十分关注，甚至出现了借阅图书数量多有奖的做法。由于各地区群众文化需求不一，读书积极性有很大差距，所以图书馆应当加大宣传力度，设立咨询点，把印有区内各图书馆位置、开放时间、联系方式等信息的宣传资料送发给当地群众，或者置于图书馆内由读者自行取阅，并当场为居民办理借书证件等，同时要在图书馆附近街道设立醒目的路标，通过对宣传的重视和良好的宣传方法有效吸引读者走进图书馆和文化馆。

第十二章 我国城市影院建设与国产影片发展：扶持与引导

为进一步掌握我国城市影院建设和经营情况、科学制定相关发展政策，加快推进我国电影产业繁荣健康发展，国家发展和改革委员会、国家广播电影电视总局电影局与国家发展改革委产业经济与技术经济研究所就"我国城市影院和国产影片发展"课题组织调研。调研内容包括：目前我国城市影院、院线发展现状及经营情况；我国城市影院发展面临的环境；我国城市影院发展的路径选择；我国国产影片放映的总体情况、存在的主要问题和原因分析及相关的政策建议等。

一、我国城市影院建设和经营情况

随着我国市场经济体制的建立和经济社会的发展，通过不断探索和自我完善，我国城市影院获得了快速发展，先后兴建和改建了一批标准较高、设施完善、观映条件较好的专业电影院，观众人次、电影票房收入也有了较大幅度的提高，电影市场日趋繁荣，为支持国产影片发展、繁荣电影市场、丰富人民群众的精神文化生活发挥了重要的作用。

(一) 全国城市影院数量快速增加

院线制改变了 50 年来我国计划经济时期所形成的旧的发行放映体制和格局，是电影市场的一次重要改革，变多层次发行为以院线制为主的一级发行，构建了电影发行放映的新机制，为进一步提高电影市场的规范经营和市场的开放竞争奠定了基础。目前，我国拥有发行放映院线经营权的电影院线公司 37 家。自 2002 年 6 月国内电影市场实行院线制以来，影院和银幕数显著增加。到 2010 年年底，全国共有城市影院 2000 座，同比增长 18%；银幕 6256 块，同比增长 32.5%。到 2009 年年底，全国共有主流电影院线 37 条，其中：跨省院线 28 条，省内院线 9 条。票房超过亿元的院线 14 条，其中超过 5 亿元的 5 条。

（二）城市影院建设水平不断提高

实行院线制后，各大电影集团公司、各条院线、民营公司及外国影业公司，开始了建设与改造多厅影院的热潮，符合市场需求的多厅影院显著增加，专业影院的档次、规模、环境、服务等均有了质的飞跃和提升。如浙江省 3 厅以上的影院为 34 家，211 块银幕，32147 个座位，占全省银幕数的 65.7%，占全省座位数的 37.3%。

各省（市、区）在加大城市影院建设步伐时，还创新了投融资机制和改造模式。特别是伴随着近年来全国电影市场的复苏，在国家电影专项资金以及各省（市、区）出台的鼓励多厅影院建设、改造政策的带动下，许多省（市、区）通过不断深化电影发行放映体制机制改革，积极吸收社会资本和引进国外、境外资金，电影放映逐步形成了国有、民营、股份制、中外合资等多种所有制结构并存的格局。如在北京市出台的鼓励多厅影院建设、改造政策的带动下，北京市影院、银幕数量大幅增长。从 2005 年至 2008 年 3 月，北京市共新建、改造影院 38 家，涉及银幕 209 块，37825 个座位。政府提供的支持资金为北京市带来了近 20 倍的影院建设资金投入，社会资本投入北京市影院建设资金总额近 6 亿元；这些影院为 1400 余人提供就业岗位；2005 年至 2007 年累计上缴国家电影事业发展专项资金 1950 万元；上缴营业税超过 1800 万元；带动北京电影票房每年不低于 25% 的快速增长。

自 2000 年开始，湖南省相继利用省外资金和民营资本新建了长沙横店小巷王府井影城等 16 个多厅现代化地级城市影院和 12 个县级城市影院，使城市影院设施得到了较大的改善。

（三）电影放映收入持续增长

有利的市场政策、院线制的市场体系、城市影院建设以及国产影片质量和数量的提高等综合因素，使得我国电影市场综合效益不断提高。2010 年，国内城市影院电影票房达到 101.72 亿元，海外票房折合为人民币 35.17 亿元，电视播映收入 20.32 亿元，三项收入总计 157.21 亿元，实现了历史上电影产品综合收入的最高值。国产影片的市场优势地位得到巩固，票房收入已连续 7 年超过进口影片。以国产主流影片为支柱、以商业大片为龙头、以中小成本影片为补充的健康、良性的市场格局正在逐步形成。

（四）体制机制改革不断深化

近年来，各级文化行政部门积极引导电影发行放映单位按照市场经济的要求深化改革，大胆探索适合自身生存和发展的经营方式，建立起充分调动每个干部职工积极性和创造性的内部机制。

许多电影发行放映单位找准自身优势，大力发展多种经营，走事业与实业并重、服务与经营相结合的路子，不断提高单位经营效益，增强经济实力，努力扭转经营困难的被动局面。

一些单位还根据自身情况，在当地党委、政府的统一领导下，大胆进行企业改制，建立现代企业制度，成为市场竞争新主体。如株洲电影院通过全资并入株洲千金药业的方式实现资产重组，组建了株洲千金文化广场，以全新的机制开展电影经营，一跃成为湖南省票房收入前四名的影院。

二、我国城市影院发展面临的主要问题

（一）基础设施设备陈旧，缺乏市场竞争力

随着市场竞争日益加剧，受影院设施设备陈旧、缺乏新影片等因素影响，中小城市的影院市场大幅萎缩，大部分县级传统影院年久失修，设备老化，在电影放映市场中严重落伍，有的面对市场竞争甚至不再经营电影。目前，多数3厅以下的影院只能依靠团体票房、场地出租等方式勉强生存。这些影院大多为国营机构，机制陈旧，包袱沉重，收入和效益都有下降趋势，面临严峻的市场压力。特别是我国中西部城市影院因为经营状态每况愈下、资金缺乏等原因，导致影院得不到维修、改造和维护。通过对陕西调研资料的分析和实地走访，可以看出，陕西省影院的75%修建于20世纪50年代至80年代，距今已有近半个世纪的历史，房屋破损，座椅陈旧，设备老化。待修影院占50%，有的影院屋顶漏雨，甚至天花板脱落；危房、成为危房已拆除、待建在建的为24%，全省仅有26%的影院能够正常使用。影院内的设施设备，除了西安市几个新开业的星级影院外，其他县（市、区）影院的硬板座椅已经磨损破烂，没有空调，变压器承载能力不足，线路老化，声光效果较差，与现时观众的观影消费需求相去甚远，无法开展放映工作，更无法进行改造。从目前市场对电影放映多元化要求看，现存影院当年设计多考虑放映电影、会议、群众集会和演出等多功能使用要求，几乎都是千座左右规模，难以满足不同消费群体多层次、多元化文化生活需求。

（二）放映设备落后濒于淘汰，难以引入新片大片

据调查，全国很多县级影院目前使用的放映设备仍是 20 世纪 80 年代的松花江 35 毫米放映机和 16 毫米放映机，其中有近一半的机器已经老化无法使用而被搁弃。这种胶片放映形式的片租、拷贝及其运转、交流等造成放映成本较高，加之自身财力困难，使影院不能加入到城市院线，无法取得国产新片的放映权，更难以引进国外大片，造成新片、大片片源不畅，直接制约着影院的良性发展。

（三）城市电影院线加入率低，县级影院运行机制不灵活

目前只有电影院线公司和部分市级的代理公司才具有一定的影片发行权或业务，而我国中西部地区的城市影院加入院线的比例并不高。如陕西省 141 家城市影院（包括县级影剧院）中，加入院线的共 13 家，不到 1/10。市县（区）影院作为电影放映的二级市场，在经营电影放映的同时，引入配套餐饮等其他产业化服务极为有限，仅占收入的 17%，而且这一现象在省会西安市以外的其他市县更为严重，仅为 12%。

城市影院运行机制的不灵活，且机构臃肿，负担较重，严重制约着中西部地区电影二级市场的活力，也阻碍着电影二级市场的再造血功能发展。

（四）农村和大城市电影放映势头强劲，市县（区）级中小城市电影市场有待开拓

2006 年以来，国家在全国农村实施农村电影放映工程，对农村公益放映实行场次补贴，进一步巩固了一村一月一场电影的目标。同时，全国各大院线在省会城市快速建立一批五星级专业影城，上座率和票房收入显著上升。对比省会（或首府）城市和农村，市县（区）二级放映市场发展缓慢，形成大城市和农村电影市场两头热、中间的市县电影院二级市场冷清的局面。

（五）管理、技术人才紧缺，影院建设人力资源匮乏

由于 20 世纪 90 年代以来，我国文化体制改革尚待深入，城市影院建设发展不平衡；中西部地区当地财政紧张困难，无力投资影院建设发展；城市电影受多元化市场冲击自身经营状况不容乐观，致使电影放映单位的管理、技术人才流失严重，新的懂技术、会管理的人才又不能及时补给，导致出现队伍削弱，人员老化，知识结构单一，新老不接等人才匮乏局面。

三、我国城市影院和国产影片发展的机遇与挑战分析

（一）我国城市影院和国产影片发展的机遇

1. 党和政府的重视将为城市电影市场的发展提供良好的政策支持

党的十七大报告明确了"推动社会主义文化大发展大繁荣"的指导方针，提出要兴起社会主义文化建设的新高潮，提高文化软实力，使人民基本文化权益得到更好保障，使社会文化生活更加丰富多彩。这不仅为包括城市电影发展在内的文化事业和文化创意服务业发展指明了方向，也对电影业加快发展提出了新的更高的要求。近些年来，国家有关部门制定和出台了一些鼓励和支持电影产业发展的政策，如2004、2005年国家广电总局制定出台了《关于促进广播影视产业发展的意见》、《关于加快电影产业发展的若干意见》（广发影字〔2004〕41号）、《电影数字化发展纲要》、《电影企业经营资格准入暂行规定》、《<外商投资电影院暂行规定>补充规定》、《<电影企业经营资格准入暂行规定>补充规定》等，提出了今后一个时期全国电影产业发展的指导思想、目标任务、具体的政策措施，并针对电影剧本审查、合拍片、非公资本的市场准入做了规定。同时，为进一步贯彻落实党的十七大精神，国家还将陆续出台新的政策措施，必将对促进城市影院的建设和发展起到积极的推动作用。而且国家在加大投入、大力推进实施农村电影放映工程的同时，对城市电影的发展也给予了高度的重视，已经在着手研究制定促进城市电影市场发展的方针政策。各级政府也相继制定了关于加强公共文化服务体系建设的规划，政府对文化建设的日益重视，为城市电影的发展和影院市场的复苏提供了新的机遇。

2. 社会经济的快速发展为城市电影市场的健康、持续发展提供了良好的保障

电影作为一种文化产品，是一种广大人民群众喜闻乐见的文化娱乐形式，对人民大众具有较强的宣传教育功能，是其他任何娱乐形式所难以替代的，具有较大的市场发展空间。随着人民群众生活的日益富裕，文化素质的不断提高，城镇人口的不断增多，城市化的快速推进，为城市影院的发展提供了客观需求，生活于城市的广大群众要求看电影的精神文化需求愈来愈明显，加之近年来数字电影在农村的推广普及，二级市场数字影院放映还有待加强。城市影院的发展必须适应城市经济社会的发展节奏，从而推动整个城市的协调发展。

3. 技术创新将促使城市电影的发行放映迈上一个新台阶

数字电影与传统胶片电影相比具有视听效果好、运营成本低、节目传输快、管理信息化和有利于版权保护、环保等诸多优点，随着数字电影的普及，有利于利用

数字技术构建一个结构合理、网络连通、规模放映、服务优质的电影发行放映体系，有利于提高城市电影发行放映的经济效益和社会效益，有利于促进我国中西部地区电影走出困境并通过数字技术改造得到产业升级，为探索城市电影发展的新运营模式创造了极为有利的条件。

4. 国产优秀影片的不断推出为城市电影快速发展提供了良好的产品支持

2007 年，全国共生产故事影片 402 部，一大批思想性、艺术性、观赏性俱佳的优秀作品获得了市场的广泛认可，使 2007 年国产片全国票房达到 18.01 亿元，大大超过了进口影片的票房。随着《集结号》、《投名状》、《长江七号》等国产大片的市场成功，将会有越来越多的优秀电影作品进入市场，为城市电影市场的快速发展提供良好的产品，为赢得观众创造机会。

5. 多数城市影院的改造基础较好

从实地调研看，各地影院基本位于城市中心或商业繁华地带，地理位置比较优越，消费群体比较稳定，而且城市影院的场所面积较大，有利于更新改造。

(二) 我国城市影院和国产影片发展面临的挑战

1. 文化娱乐形式多元化，使电影市场竞争更加激烈

尽管电影作为一种大众化的文化娱乐形式，已被广大人民群众所认可。但随着社会的发展和科技的进步，文化娱乐形式日趋丰富多彩，电视、网络、音像等多种多样的文化娱乐及文化传播形式已经在全社会普及，人们足不出户便可欣赏到在影院里能够看到的所有电影，这些都无形中分流了一大批电影观众，导致电影市场面临的市场竞争越来越大，加大了城市电影发展的难度。

2. 各级政府扶持影院发展的政策强度不够，城市影院发展缺少必要的政策扶持

尽管国家在近些年出台了一些鼓励城市影院建设和电影产业发展的政策，但多数过于宏观，原则性较强，缺乏针对性和可操作性。同时，在一些鼓励政策中，都设有相对较高的门槛，中小城市一些老影院改造几乎难以享受到保障。而且中西部一些经济欠发达省份的大部分市县财力困难，不能从根本上解决影院重建、改造和设施设备更新所需资金，使影院设施设备和放映环境难以跟上时代发展的消费需求，迫切需要国家尽早出台加快市县影院二级市场发展的相关政策。

3. 院线制改革有待于进一步深化，小影院利益难以得到保证

近些年来，我国在电影体制和机制改革方面取得了很大成绩，对我国电影事业的发展起到了至关重要的作用。特别是推行院线制改革以来，从国家整体来看，全

面推动了电影产业的蓬勃发展。但是从调查中我们了解到，对于一些较小规模的影院，由于设施条件、观众群体的限制，很难完成保底票房收入，也难以加入院线。同时城市电影市场竞争日趋激烈，城市影院的经营和发展面临着前所未有的挑战。

4. 盗版现象仍屡禁不绝，电影知识产权保护形势严峻

电影产业的核心是版权利益，保护电影版权是电影立法的重中之重。我国知识产权立法体系虽然日趋完善，但是，知识产权的保护意识和水平还有待于进一步提高。在知识产权的竞争能力上，特别是在参与国际竞争的自主知识产权的数量和质量上，我国与发达国家还有比较大的差距。往往一个好的电影节目刚在影院上映，甚至还没有上映，盗版影碟就已经上市，互联网非法下载就能轻易实现，各级各有关部门曾对此进行过一定的整治，但并未彻底解决这一问题。此外，电视台特别是基层电视台侵权放映电影节目的问题比较突出，严重影响了电影产业的发展。

四、加快我国城市影院和国产影片发展的政策建议

在调研的基础上，我们认真分析了全国城市影院和国产影片发展过程中存在的问题，并综合研究，提出以下政策建议：

（一）加快电影发展立法进程，为城市影院发展提供必要的法律支持

抓紧修订和完善促进我国电影产业发展的现行政策法规，制定深化电影体制改革的相关配套政策，尽快完善相关法律、法规、政策体系。建议国家在现有《电影管理条例》的基础上，制定《电影法》或《电影促进法》等促进电影产业和保障电影事业发展的相关法律，对城市影院的性质进行准确的定位，在电影法规中明确将促进城市影院建设和发展的内容写入其中，并提出具有一定可操作性的政策措施。

（二）进一步深化体制改革，建立多渠道投入机制

推动电影单位改革改制。总结电影发行放映单位体制改革的经验，加快国有电影发行放映单位特别是县级电影公司事业转企和股份制改造，区别不同地区、不同情况，分类指导、逐步推进，推动其真正面向市场，转换机制，增强活力，提高效益。

改革政府的投入方式，各级政府在加大投入的同时必须把着力点放在体制机制创新上来，放在开放市场、培育市场上来，放在为企业、为经营者营造良好的市场

环境和政策环境上来。大力推进政企分开，运用政策杠杆，鼓励公平竞争，变扶持企业为扶持场次。政府投入也必须按照市场规律办事，让所有的企业同在公平竞争的起跑线上。

畅通电影产业的融资渠道，创造吸引多渠道投资的政策条件，加快完善以政府投入为导向，以电影企业、社会化投资、个人为主体，引进外资为补充的多元化投资机制，特别是要积极鼓励和吸引社会资金、有实力的电影院线公司投资新建和改造影院，进一步提升影院的硬件条件和服务水平。

（三）加大对城市影院建设的扶持力度，努力提高城市影院经营水平

（1）研究制定城市影院建设规划，并将其纳入经济社会发展的总体规划之中。建议国家从构建社会主义和谐社会的高度，组织研究编制全国"十二五"城市影院建设规划，并以城市人口数量为依据提出电影院的建设标准、基本功能和投资补助标准。通过规划的形式，对各地影院建设统一提出新建或改扩建要求，国家对影院建设区分各地不同情况，给予一定的扶持，从而充分发挥城市电影应有的功能和作用，促使城市电影实现健康、可持续发展。

（2）建议国家制定具体的鼓励和支持城市影院建设和发展的政策，在财政、税收、专项资金收缴和使用等方面实行分地区指导、扶持政策。参考各地不同情况实行分类指导，建立试点，使城市影院全部实现管理院线化、放映数字化、配套服务连锁化、设施设备现代化，将影院建成集文化交流、演出、餐饮、购物、健身等多功能于一体的时尚场所，形成互相促进的良好业态环境。鼓励社会企业等各种主体积极参与，投资市县影院建设，拓展城市电影市场。鉴于中西部地区中小城市地方财政困难，为了更好地发展电影业，建议国家建立支持中西部城市影院建设的专项发展资金，支持城市影院的维修改造并配备相应的数字化放映设备和音响设备，为电影的发展创造良好的硬件环境。适应当前电影放映发展趋势，在新建规划中，充分结合实际，建立多厅小型化影院，满足不同层次消费需求和视听享受。出台支持城市影院发展的政策，特别是相关财税优惠减免政策，鼓励和支持二级城市和县城影院的经营，填补大城市和农村电影市场两头热而二级城市、县城市场冷清的空白，不断完善覆盖城乡的公共文化服务体系。

（3）大力推动影院计算机售票管理和星级影院评定工作，探索合理票价体系，鼓励通过灵活的票价措施扩大观众群，培养观众的观影习惯，形成符合电影产业发展要求的供应机制和价格机制。

（四）加强发行渠道建设，切实保障影片供应

（1）改进电影发行放映审批管理，进一步放宽准入条件，简化审批手续，提高服务水平，为社会资本特别是民营资本投入到国产电影发行放映行业创造良好的条件。

（2）建立省级电影二级市场院线公司，对中小城市与大城市区别对待，相应降低准入门槛，使县城影院的供片渠道畅通，促使更多的优秀国产影片快速传播到二级城市和县城，扩大优秀文化内容的传播和宣传。

（3）实行公益放映补贴机制。中西部地区的农村数字电影放映为广大人民群众传播先进文化知识和科学技术发挥了巨大作用，而城市居民近几年由于影院建设发展滞后缓慢，一直没有享受到数字化电影机制创新为观众带来的良好效果。建议国家参照农村数字化电影放映模式，改革城市影院放映和管理机制，对于二级城市及县城影院分配一定的公益场次，按比例实行场次补贴，配发数字化放映设备，同时鼓励进行相关配套产业化经营，这样不但可以解决城市居民看不到数字化电影的问题，而且使城市影院有了相对稳定的经济收入，很大程度上保证了城市影院队伍的稳定。

（4）扶持、鼓励影院放映国产影片。积极倡导全社会都来关爱国产影片，加强对电影市场细分的引导，逐步形成不同类型影院、不同放映轮次、不同价格体系，降低观看电影的平均票价，为国产电影产业及其产品的商业化创造稳定、宽松的发展环境。

（五）扶持行业协会，创新城市影院管理体制

充分发挥各专业协会、学会和中介组织的职能和作用。一方面促使这些团体从根本上加强对本行业权益的维护，制定行业规则，健全行业自律机制，提高行业队伍素质，规范行业管理，更好地参与政策的制定；另一方面促使这些团体成为政府与企业、企业与社会之间的沟通桥梁。电影发行放映协会是由从事电影发行放映的企事业单位自愿联合发起成立的社团组织，是企业、政府、社会之间的桥梁纽带，应大力扶植行业协会建设，敦促其切实履行行业代表、行业自律、行业管理、行业协调、行业服务等项职能，充分发挥其"提供服务、反映诉求、维护权益、规范行为"的作用，创新城市影院管理体制。敦促行业协会加强人才培训，提高电影行业从业人员的政治素质和业务素质。

（六）进一步加强知识产权保护，形成良好的社会氛围

抓住《国家知识产权战略纲要》出台的有利时机，把知识产权战略纳入地方、行业及企业的发展战略中，引导企事业单位建立知识产权保护制度。在司法和行政执法工作中，要打破地方保护和部门分割，遵循"有法可依、有法必依、执法必严、违法必究"的原则，依法查处并制裁侵犯电影作品知识产权的行为。侵权行为情节严重、构成犯罪的，要依法追究有关人员的刑事责任，切实维护电影作品权利人的合法权益。要大力加强培养电影知识产权专业人才和对广大领导干部以及人民群众宣传普及电影知识产权保护知识的工作。电影管理部门要深入开展知识产权宣传工作，加强知识产权法制教育，并加强与其他部门的协调和配合，加大打击盗版影片力度，逐步提高全社会的电影知识产权保护意识和法制观念，形成有利于保护电影知识产权的良好社会环境。

参考文献

1.〔德〕马·霍克海默,特·阿多诺.启蒙辩证法.重庆:重庆出版社,1990

2.阿多诺.文化创意产业的再思考.文化研究.第1辑.天津：天津社会科学出版社,2000

3.白银亮.中西文化产业概念分析.燕山大学学报,哲学社会科学版,2002(1)

4.包松.文化产业、文化经济、文化社会.求索,2003(4)

5.鲍德里亚.消费社会.刘成刚、全志钢译.南京:南京大学出版社,2006

6.本社编辑部.中国产权市场年鉴2008.上海:上海社会科学院出版社,2009

7.卜庆军,古赞歌,孙春晓.基于互动机理的共用技术研发服务业风险投资机制研究.商业研究,2009(9)

8.蔡尚伟,李志伟,曹旭.文化产业:破冰扬帆正逢——当前我国文化产业的机遇、挑战与政策建议.光明日报,2010-01-07

9.蔡尚伟,温洪泉.文化产业导论.上海:复旦大学出版社,2007

10.蔡武.改革开放三十年中国文化的发展.人民日报,2008-12-04

11.曹海峰.创意产业的经济学意义分析.甘肃社会科学,2007(2)

12.曹和平.中国产权市场发展报告(2008~2009).北京：社会科学文献出版社,2009

13.曹俊文.精神文化消费指标体系的探讨.上海统计,2002(4)

14.常修泽.产权交易:理论与运作.北京:经济日报出版社,1995

15.车建.世界制造业的发展趋势和中国制造企业的路径选择.现代管理科学,2008(9)

16.陈长永.浅谈我国产权交易市场的定位.产权导刊,2007(3)

17.陈庆德.论文化产业的生产特征与组织多样性.思想战线,2006(4)

18.程恩富.文化生产力与文化资源的开发.生产力研究,1994(5)

19.程恩富等.文化经济学通论.上海:上海财经大学出版社,1998

20.楚天骄,杜德斌.跨国公司研发全球化研究的热点与展望.软科学,2004(4)

21.大卫·赫斯蒙德夫.文化创意产业.张菲娜译,北京:中国人民大学出版社,2007

22. 戴元光,邱宝林.当代文化消费与先进文化发展.上海:上海人民出版社,2009

23. 丹增.发展文化产业与开发文化资源.求是,2006(1)

24. 邓军瑞,颜克高,周家文.跨国公司海外研发投资动因的研究综述.特区经济,2005

25. 丁源,唐震.跨国公司海外研发的国外研究综述.科技进步与对策,2009(18)

26. 范兆斌,苏晓艳.跨国公司研发投资国际化理论脉络及进展综述.商业时代,2006(19)

27. 冯洁,何男."创意"大都会,还有多远?——杭州创意产业消费观念调查.浙江经济,2007(21)

28. 冯强.我国文化消费差异性分析.理论观察,2006(3)

29. 傅守祥.论文化经济时代的中国文化产业发展与管理.深圳大学学报,2007(2)

30. 傅守祥.文化与经济交融.学习时报,2004-01-12

31. 高汝熹,张国安,谢曙光.上海 R&D 产业发展前景.上海经济研究,2001(9)

32. 葛红兵,谢尚发.文化消费与文化产业振兴——兼评 2009 年上海文化消费状况.http://blog.sina.com.cn/gehongbing,2010-01-5

33. 郭丽峰,王光辉.加快我国研发服务业发展的几点思考.科技部战略院调研报告,2009(29)

34. 国家统计局.文化及相关产业分类.国家统计局官方网站,2004-04-1

35. 国务院发展研究中心.中国的市场中介服务业.调查研究报告,2002(40)

36. 韩可胜,杜德斌,张仁开.上海市发展 R&D 产业的战略研究.科技进步与对策,2006(7)

37. 侯建会.刍论我国文化产业的发展.理论导刊,2003(11)

38. 胡惠林.文化产业概论.昆明:云南大学出版社,2005

39. 胡同泽,贾利华,谢曼.我国居民文化消费水平分析.商业研究,2002(18)

40. 胡正荣.创意何在——对当代文化创意产业的解读.数据 DATA MAGAZINE,2006(5)

41. 胡正荣.创造力是文化创意产业的核心.台州数字报,2009-08-26

42. 花建.文化产业竞争力的内涵、结构和战略重点.北京大学学报,哲学社会科学版,2005(2)

43. 花建,巫志南.文化产业竞争力.广州:广东人民出版社,2005

44. 黄斌.文化发展转型与国家的作用——中国文化产业中的政府角色研究.暨南

大学网,2001-11-10

45. 黄鲁成,陈曦. 研发服务业主体研究. 科技进步与对策,2008(9)

46. 贾保文,王坤岩. 中国产权市场发展的现状、前景与抉择. 产权导刊,2007(5)

47. 贾正宏、魏杰.西方国家文化产业发展现状简析. 山东经济战略研究,1999(8)

48. 江蓝生等. 2006年中国文化产业发展报告. 北京:社会科学文献出版社,2006

49. 蒋三庚. 文化创意产业研究. 北京:首都经济贸易大学出版社,2006

50. 蒋正华. 文化产业——21世纪的潜能产业. 贵阳:贵州人民出版社,2004

51. 金冠军,郑涵. 文化创意产业引论. 北京:中国书籍出版社,2011

52. 金元浦. 创意产业的全球勃兴. 社会观察,2005(2)

53. 金元浦. 创意产业发展进入园区和孵化器时代. 中国高新技术产业导报,2006-07-31

54. 金元浦.当代世界创意产业的概念及其特征. 电影艺术,2006(3)

55. 金元浦.文化:在全球舞台上的竞争. 人民日报,2008-02-15

56. 金元浦.文化创意产业:创新型中国的战略选择. 人民日报,2006-12-29

57. 金元浦.文化创意产业:面向未来的重大战略转移. 光明日报,2006-01-20

58. 金元浦. 文化生产力与文化产业. 北京:中国人民大学出版社,2002

59. 金元浦. 文化研究:理论与实践. 开封:河南大学出版社,2004

60. 金元浦. 我国文化产业发展的新阶段. 中国文化报,2003-07-20

61. 金元浦. 我国文化创意产业发展的三个阶梯与三种模式. 中国地质大学学报,社会科学版,2010(1)

62. 金元浦.中国当代文化发展研究报告——跨越世纪的文化变革. 北京:首都师范大学出版社,2001

63. 李保民. 加快建立中国产权交易市场体系. 经济参考报,2008-07-11

64. 李博婵.文化创意产业概念辨析. 中国论文下载中心,2010-01-10

65. 李冬,陈红兵.文化产业的基本特征及发展动力. 东北大学学报,社会科学版,2005(3)

66. 李建军.西方国家创意产业研究综述.边境经济与文化,2008(3)

67. 李金蓉.关于我国文化消费领域主要问题的分析及宏观引导的思路. 消费经济,2001(3)

68. 李钧.跨国公司在华研发影响效应研究. 北京:经济科学出版社,2008

69. 李康化. 中国文化消费现状及趋势报告. 中国文化管理与传播网,http://www.

yinxiangcn.com

70. 李新家. 关于文化经济的几个理论问题. 思想战线，2006（1）

71. 理查德·E. 凯夫斯. 创意产业经济学. 孙绯等译. 北京：新华出版社，2004

72. 厉无畏. 创意产业导论. 上海：学林出版社，2006

73. 林小森. 文化创意产业在香港旅游业成功的有益启示. 探索与争鸣，2007（8）

74. 刘鸿儒. 尽快建立多元和多层次资本市场体系. 证券时报网，2010-12-31，http://www.tianjinwe.com/business/gs/201012/t20101231_3027336.html

75. 刘书瀚，王炳才，闫素仙. 研发中介服务业与创新网络的发展. 山西大学学报，哲学社会科学版，2004（27）

76. 刘轶. 我国文化创意产业研究范式的分野及反思. 现代传播，2007（1）

77. 鲁阳. 我国产权市场统计工作有待完善. 产权导刊，2010（6）

78. 吕庆华. 近 20 年中国文化资源的产业开发理论研究述评. 重庆工商大学学报，西部论坛，2005（5）

79. 罗晓玲. 近年来我国文化消费研究述评. 华中农业大学学报，社会科学版，2004（3）

80. 马春，宋鸿. 国外研发服务业发展现状及对我国的启示. 科技管理研究，2008（12）

81. 孟晓驷. 文化产业发展机理解析. 光明日报，2004-06-2

82. 孟晓驷. 中外文化产业之比较研究. 中外文化交流，2004（1）

83. 欧翠珍. 文化消费研究述评. 经济学家，2010（3）

84. 欧阳友权. 文化产业通论. 长沙：湖南人民出版社，2006

85. 祁述裕. 中国文化产业国际竞争力报告. 北京：社会科学文献出版社，2004

86. 荣跃明. 超越文化产业：创意产业的本质与特征. 毛泽东邓小平理论研究，2004（5）

87. 深圳特区报评论员. 以创新创意促文化产业发展——学习贯彻胡锦涛总书记考察深圳重要讲话精神. 深圳特区报，2011-08-16

88. 施润倩. 我国创意产业保护与产业链衍生研究. 合作经济与科技，2009（23）

89. 司金銮. 我国文化消费与消费文化研究之概观. 兰州大学学报，哲学社会科学版，2001（6）

90. 孙安民. 文化产业理论与实践. 北京：北京出版社，2005

91. 孙坚，孙一帆. 中国创意产业发展现状分析及对策. 企业经济，2007（8）

92. 孙晶,余昶颖.关于大力发展我省研发服务业的思考与建议(一). 2010-03-4. www.hbstd.gov.cn/html/2010_3_4_16_06_52_874.htm

93. 王安琪.文化创意产业相关概念阐释.经济师,2011(2)

94. 王光辉, 刘峰.我国台湾地区促进研发服务业发展的政策措施分析及启示. www.casted.org.cn.战略院调研报告,2009(30)

95. 王慧,陈卫平.我国产权交易市场发展实证分析.当代经济,2009-05-31

96. 王慧炯.对发展中国文化创产业的思考.北京工业大学学报,社科版,2002(2)

97. 王克西.关于发展文化消费的思考.宝鸡文理学院学报,社会科学版,2010-09

98. 王兴全,创意的经济系统分析框架,社会科学,2008(11)

99. 吴芙蓉.我国文化旅游资源开发问题初探.南京财经大学学报,2005(2)

100. 谢名家."文化经济"历史嬗变与民族复兴的契机.思想战线,2006(1)

101. 熊焰.资本盛宴:中国产权市场解读.北京:北京大学出版社,2008

102. 徐淳厚.关于文化消费的几个问题.北京商学院学报,1997(4)

103. 闫海.论产权交易市场发展与法律规制.沈阳工程学院学报社会,科学版,2005(4)

104. 叶维根,浅析我国产权交易市场的制度创新与转型.淮南师范学院学报,2009(2)

105. 佚名.国外文化创意产业发展启示录.中国文化报,2010-07-19

106. 余晓.英国科技中介服务机构的现状、主要做法及经验.全球科技经济瞭望,2001(2)

107. 约翰·霍金斯,创意经济:如何点石成金.洪庆福,孙薇薇,刘茂玲.上海:上海三联文化出版社,2006

108. 张锦.关于文化消费的理性思考.理论与现代化,2009(6)

109. 张京成主编.中国创意产业发展报告(2007).北京:中国经济出版社,2007

110. 张沁.对文化消费可持续发展的思考.宏观经济管理,2004(4)

111. 张曦.文化创意产业的内涵和分类.首钢日报,2007-05-15

112. 张晓明,胡惠林,章建刚.中国文化产业发展报告.北京:社会科学文献出版社,2004~2009

113. 张艳辉. 价值链视角下创意产业功能演化研究.上海：华东理工大学出版社,2011

114. 章建刚.利用资源优势走可持续的文化产业发展道路.民族艺术研究,2003(8)

115. 赵东坡. 当前我国文化消费的特征及发展趋势. 商业时代, 2009(10)

116. 赵弘, 汪江龙. 研发服务业与 GDP 增长的关联分析——以北京为例. 产业与科技论坛, 2008(3)

117. 赵晶媛. 跨国公司海外研发转移的区位分析. 商业研究, 2009(9)

118. 赵卫东. 什么因素制约了中国文化消费增长. 人民日报, 2009-07-6

119. 柘晶, 林月平. 创意与"结构转型"当偕行. 浙江经济, 2007(21)

120. 中国社会科学院文化研究中心. 2006 年中国文化产业发展报告——文化发展蓝皮书. 北京: 社会科学文献出版社, 2006

121. 中华人民共和国统计局. 中国统计年鉴. 北京: 中国统计出版社, 2005~2010

122. 钟鸣. 日本的科技中介服务机构. 全球科技经济瞭望, 2000(7)

123. 周振国. 论我国产权交易市场的规范化. 社会科学家, 1997(6)

124. 周振华. 城市转型与服务业发展. 上海: 上海人民出版社, 2009

125. 邹晓东. "十五"期间上海市文化消费变动因素研究. 上海经济研究, 2007(6)

126. 左鹏. 中国城市居民文化产品消费行为研究. 上海: 上海财经大学出版社, 2010

后 记

自 2003 年参加中宣部组织的文化体制改革调研后，本人对文化产业的发展产生了浓厚的兴趣。2004～2010 年，本人连续参加了中宣部、国家广电总局、文化部等委托的"十一五"时期我国广播电影电视业发展战略研究、"十一五"时期我国农村电影发展规划、"我国文化发展战略研究"、"十二五"时期我国公共文化设施建设规划"等重大课题的研究工作，近两年又主持完成了"旅游业在扩大内需中的作用及相关政策"、"我国城镇影院建设与国产影片发展系列研究"、"文化产业生产过程特点研究"、"文化消费的特征及增长空间研究"等相关课题，对文化创意服务业的发展越来越关注，认识越来越深刻，产生了将其系统深入研究下去的愿望，并将其作为自己的主要研究方向。

应该说，我研究文化创意服务业的时间还不是很长，从服务业角度来探讨文化创意问题尚属首例，明确文化创意服务业在国民经济产业结构中的归类，也是非常作者一己之力之所能完成的工作，运用一些现有数据又会有统计口径是否一致等问题，在日新月异的发展变化中，把握文化创意服务业的发展规律和趋势也并非易事，因此，完成本书的写作中，心里既宽慰又不安。

谢秦长云主任的悉心帮助和鼓励；其次，要感谢山西经济出版社的热情支持，特别是负责编辑季慧平主任的悉心努力；再次，要感谢为我的各项专题研究提供数据等相关资料的各地发改委，文化部门，正是在他们的积极帮助下，我才能够以第一手资料和数据进行较为全面、翔实的典型研究，最后，还要感谢在服务业及文化创意相关领域，相关课题的主持人和同师兄弟、姐妹，正是大家们，其中有产业领导，相关课题的主持人和同师兄弟、姐妹，正是大家的共同支持，才使得本书得以顺利面世。

在写作本书的过程中笔者曾广泛参阅了许多经济、文化、社会等方面的相关研究者论著，为了避免掠人之美，笔者在行文中尽量注出，遗漏之处敬请谅解；在此一并致以谢忱！希望我们共同成为深化文化创意服务业研究的积极促进者。

王佳元

2011 年 12 月于国宏大厦

图书在版编目(CIP)数据

文化创意服务业:发展与选择 / 王佳元著. —太原:山西经
济出版社,2012.1
(中国服务经济丛书)
ISBN 978 - 7 - 80767 - 496 - 2

Ⅰ.①文… Ⅱ.①王… Ⅲ.①文化产业—研究—中国
Ⅳ.①G124

中国版本图书馆 CIP 数据核字(2012)第 005355 号

文化创意服务业:发展与选择

著　　　者:王佳元
责任编辑:李慧平
封面设计:卫　玮

出　版　者:山西出版传媒集团·山西经济出版社
社　　　址:太原市建设南路 21 号
邮　　　编:030012
电　　　话:0351 - 4922133(发行中心)
　　　　　　0351 - 4922085(综合办)
E — mail:sxjjfx@163.com
　　　　　jingjshb@ sxskcb. com
网　　　址:www. sxjjcb. com
经　销　者:山西出版传媒集团·山西经济出版社
承　印　者:山西人民印刷有限责任公司
开　　　本:787 毫米 ×960 毫米　1/16
印　　　张:13
字　　　数:230 千字
印　　　数:1—3000 册
版　　　次:2012 年 1 月第 1 版
印　　　次:2012 年 1 月第 1 次印刷
书　　　号:ISBN 978 - 7 - 80767 - 496 - 2
定　　　价:28. 00 元